Hit Refresh

Hit Refresh

히트 리프레시

마이크로소프트의 영혼을 되찾은
사티아 나델라의 위대한 도전

개정증보판

 **Microsoft CEO 사티아 나델라**

빌 게이츠 서문 | 최윤희 옮김

흐름출판

2014년 2월 4일 아침, 나는 40여 년 역사상 단 2명의 CEO였던 빌 게이츠와 스티브 발머 사이에 서서 마이크로소프트의 세 번째 CEO로 직원들에게 소개됐다.

미래에는,
다른 이들에게 능력을 부여하는 사람이 리더가 될 것이다.

- 빌 게이츠

빌 게이츠 Bill Gates

나와 사티아 나델라$^{Satya\ Narayana\ Nadella}$의 인연은 20여 년 전으로
거슬러 올라간다. 나는 1990년대 중반 사티아를 만났다. 나는 마
이크로소프트^{MS} 최고 경영자^{CEO}로, 사티아는 마이크로소프트의
서버 소프트웨어 엔지니어로 일하던 시절이었다. 서버 소프트웨
어는 당시 막 날갯짓을 시작한 분야였다. 우리는 서버 소프트웨
어 사업을 성장시키기 위해 장기적으로 접근했다. 서버 소프트
웨어는 두 가지 면에서 회사에 이익을 가져다주었다. 회사에 새
로운 성장 동력을 제공했고, 사티아와 같은 오늘날 마이크로소
프트를 이끄는 수많은 리더를 키웠다.

이후 사티아는 검색 엔진을 구축하는 팀의 책임자가 됐다. 당
시 나와 사티아는 정말 열심히 일했다. 우리는 구글^{Google}보다 뒤
처진 데다 우리의 검색 엔진을 만든 사람들은 다른 곳으로 떠났

다. 사티아는 이런 상황을 수습하기 위해 투입되었다. 사티아는 겸손했고 선견지명이 있었으며 현실적이었다. 사티아는 우리 전략에 대해 현명한 질문을 던졌고 핵심 엔지니어와 효율적으로 협력했다.

그래서 사티아가 마이크로소프트 CEO가 되자마자 회사를 변화시킨 것이 놀랍지 않았다. 이 책의 제목이 암시하듯이 사티아는 과거와 완전히 결별하지 않았다. 브라우저에서 '새로고침' 버튼을 누르더라도 페이지의 일부 내용은 남아 있는 것과 같은 이치다. 하지만 사티아의 지휘 아래 마이크로소프트는 윈도우Windows 중심으로 접근하던 관점에서 서서히 벗어날 수 있었다. 사티아는 회사를 위해 새롭고 대담한 도전을 이끌었다. 사티아는 사용자와 전문가, 경영진과 끊임없이 대화했다. 무엇보다 사티아는 인공지능AI과 클라우드 컴퓨팅 같은 몇 가지 핵심적인 기술에 회사의 미래를 걸었다. 마이크로소프트가 차별화할 분야다.

이는 마이크로소프트뿐만 아니라 디지털 시대에 성공하고자 하는 모든 기업이 채택할 만한 현명한 전략이다. IT업계가 지금처럼 복잡했던 적은 없었다. 이제 마이크로소프트 외에도 구글과 애플Apple, 페이스북Facebook, 아마존Amazon 같은 수많은 공룡 기업이 혁신을 계속하고 있다. 미국뿐만 아니라 전 세계에 첨단 기술에 익숙한 사용자가 포진하고 있다. 이제 개인용 컴퓨터PC는 컴퓨팅 환경을 제공하는 유일한 기기가 아니며 심지어 사용자와 가장 많이 접촉하는 기기도 아니다.

이런 변화가 빠르게 찾아온 듯이 보이지만 아직 우리는 디지털 혁명 시대의 초입에 있을 뿐이다. 인공지능을 예로 들어보자. 회의 일정을 결정하는 일에서부터 요금을 결제하는 일까지 일상적인 업무에 투입하는 시간을 생각해보자. 미래에는 직장에 출근한 사용자에게 10분의 여유 시간이 생기면 인공지능 비서가 이를 파악하여 우선순위가 높은 일을 처리하도록 도와줄 것이다. 인공지능이 더욱 생산적이고 창조적인 삶을 가능하게 해주는 시대가 목전에 이르렀다.

혁신은 삶의 다른 영역들도 개선해줄 것이다. 나와 게이츠 재단이 함께하는 작업도 이런 것이다. 게이츠 재단은 세상에 남아 있는 가장 심각한 불평등을 줄이기 위해 노력한다. 디지털 기술로 추적 도구를 만들고 유전자 염기 서열을 파악한 덕분에 우리는 소아마비를 뿌리 뽑기 직전에 이르렀다. 머지 않아 소아마비는 지구상에서 완전히 퇴치된 질병이 될 것이다. 케냐와 탄자니아 등지에서는 디지털 화폐의 탄생으로 저소득 사용자가 이전과는 달리 돈을 저축하고 빌리고 이체하는 길이 열렸다. 미국 교실에서는 학생들이 개인 맞춤형 교육 소프트웨어를 사용해 자신에게 맞는 속도로, 자신에게 가장 필요한 기술을 배우고 있다.

물론 이런 신기술이 등장했음에도 과제는 남아 있다. 인공지능 비서와 로봇에게 일자리를 빼앗기는 사람들을 어떻게 도울 것인가? 인공지능 비서가 사용자에 관한 모든 정보를 안다고 해도 과연 신뢰를 받을 것인가? 인공지능 비서가 능력을 갖췄다 해도 사람들이 조언을 받아들일 것인가?

이 책의 중요함이 바로 여기에 있다. 사티아는 이 책에 기술이 낳은 기회를 최대한 활용하는 과정을 기록했다. 그 과정에서 해결하기 어려운 문제가 나타나기도 했다. 사티아는 자신이 겪은 대단히 흥미로운 이야기를 담았고 자신이 사랑하는 크리켓에서 배운 교훈도 몇 가지 덧붙였다.

우리는 미래를 낙관적으로 받아들여야 한다. 세상은 점점 나아지고 진보는 그 어느 때보다 빠르게 진행되는 중이다. 이 책은 흥미롭고 도전적인 미래를 헤쳐나가기 위한 친절한 안내서다.

차례

Hit Refresh

| 제1장 |

하이데라바드에서
레드먼드까지

누구에게나 새로고침의 순간이 찾아온다

HIT REFRESH

나는 1992년 마이크로소프트에 입사했다. 이 회사에는 세상을 바꾸고 싶어 하는 사람들이 가득했기 때문이다. 이 26년 전의 결정을 한 번도 후회한 적이 없다.

마이크로소프트는 PC혁명을 일으킨 주역이다. 이전 세대인 IBM이 유일한 비교 대상일 정도로 마이크로소프트는 신화적인 성공을 거두었다. 하지만 오랫동안 경쟁 상대가 없었던 탓에 결국 어떤 변화를 맞이해야 했다. 긍정적인 변화는 아니었다. 관료주의가 혁신을 대체했고, 사내 정치가 팀워크를 대신했다. 우리는 낙오했다.

이런 어수선한 시기에 한 만화가가 마이크로소프트의 내부 상황을 그렸다. 만화 속에서 직원들은 마치 이권 다툼을 하는 조직 폭력배처럼 서로에게 총을 겨누고 있었다. 익살스러운 만화가 전하는 메시지를 부정하기란 불가능했다. 마이크로소프트의 베테랑 직원이자 순도 100퍼센트의 내부자였던 나는 만화를 보고 말할 수 없이 괴로웠다. 하지만 나를 더 괴롭게 한 건 직원들이 만화 내용을 순순히 받아들인다는 사실이었다. 다양한 직무를 수행하면서 불협화음을 겪은 건 나 역시 예외가 아니다. 하지만 결코 해결하지 못할 문제라고 여긴 적은 없었다. 그래서 2014년 2월 마이크로소프트의 세 번째 CEO로 지명됐을 때 회사 문화를 쇄신하는 것이 나의 첫 번째 사명이라고 밝혔다. 나는 직원 모두가 마이크로소프트에서 이루고자 했던 목표, 즉 **세상을 변화시키겠다는 목표로 다시 돌아가기 위해 혁신을 가로막는 장벽을 제거하겠다고 말했다.**

마이크로소프트는 개인의 열정이 더욱 광범위한 목표와 연결되도록 항상 최선을 다했다. 윈도우, 오피스^{Office}, 엑스박스^{Xbox}, 서피스^{Surface}, 마이크로소프트의 서버, 그리고 마이크로소프트 클라우드^{Microsoft Cloud}. 이러한 마이크로소프트의 모든 제품은 디지털 초석이 되어 개인과 조직이 꿈을 이룰 수 있게 했다. 이는 고귀한 성과였다. 나는 마이크로소프트의 직원들이 훨씬 더 유능하고, 더 많은 성취에 목말라하는 걸 알고 있었다. 그것이 내가 마이크로소프트 문화에 담고자 했던 천성이자 가치였다.

리더로서의
첫 발걸음을 내딛다

CEO 임기가 시작되고 얼마 지나지 않아 내가 주재하는 가장 중요한 회의에서 한 가지 실험을 해보기로 했다. 매주 한 번씩 CEO를 포함해 SLT^{시니어 리더십팀}의 구성원들이 모임을 갖는다. 이 자리에서는 여러 가지 중대한 기회와 어려운 결정에 대한 검토와 브레인스토밍이 이루어진다. SLT는 대단한 재능을 지닌 엔지니어와 연구원, 관리자, 마케팅 담당자로 구성된다. 그들은 기술을 사랑하고 자신이 세상을 바꿀 수 있다고 믿었기 때문에 마이크로소프트에 입사한 사람들이었다.

당시 SLT에는 페기 존슨Peggy Johnson이 있었다. 그녀는 제너럴 일렉트릭GE의 군용 전자 기기 부문 엔지니어로 일하다가 퀄컴Qualcomm 글로벌 사업 개발 사장을 거쳐 마이크로소프트 사업 개발 부문 수장으로 활동하고 있었다. 또한 SLT에는 캐슬린 호건Kathleen Hogan도 있었다. 그녀는 오라클의 애플리케이션 개발자로 일하다가 마이크로소프트의 인사 책임자로 이직하여 나와 함께 회사 문화를 쇄신하고 있었다. 노련한 경영인인 커트 델빈Kurt Delbene은 오바마 행정부 시절 회사를 떠나 연방정부의 건강보험 공식 사이트Healthcare.gov를 안정화시키고 다시 전략 책임자로 돌아왔다. 루치Lu Qi는 10년간 근무하던 야후에서 옮겨와 마이크로소프트의 애플리케이션 및 서비스 그룹을 총괄했다. 그는 미국 특허청에 20가지 특허를 출원하기도 했다. 마이크로소프트 최고 재무 책임자CFO인 에이미 후드Amy Hood는 골드만삭스에서 투자 전문가로 활약했다. 마이크로소프트 최고 법무 책임자인 브래드 스미스Brad Smith는 커빙턴 앤드 벌링의 변호사였다. 그는 1986년 100년 전통의 로펌에 취업하면서 자신의 책상에 PC를 설치해줄 것을 요구한 최초의 변호사였다. 커빙턴 앤드 벌링에서는 그의 일화가 지금까지도 회자된다고 한다. 내게서 클라우드와 엔터프라이즈 부문을 넘겨받은 스콧 구스리Scott Guthrie는 듀크 대학교를 졸업한 직후 마이크로소프트에 입사했다. 마이크로소프트의 윈도우 및 디바이스 총괄 부사장인 테리 마이어슨Terry Myerson 역시 듀크 대학교를 졸업하고 최초의 웹 소프트웨어 회사인 인터제Intersé를 설립했던 인물이었다. 마이크로소프트의 최고 마케팅 책임자CMO인 크리스 카포셀라Chris Capossela는 보스턴 노스엔드에서 이탈리안 식당을 운영하는 집안에서 성장했고 하버드 대학교를 졸업한 직후 우리 회사에 합류했다. 내가 입사하기 1년 전이었다. 월마트 수석 부사장을 지낸 케빈 터너Kevin Turner는 최고 운영 책임자COO로 전 세계 영업 부문을 총괄했다. 마이크로소프트 인공지능 및 리서치 그룹을 지휘하는 해리 셤Harry Shum은 카네기 멜론 대학교에서 로봇공학으로 박사 학위를 받았으며 컴퓨터 시각 장치와 컴퓨터 그래픽 분야의 세계적인 권위자다.

스티브 발머Steve Ballmer가 CEO였던 시절 SLT 일원이었던 나는 SLT의 모든 팀원이 서로를 더욱 깊이 이해해야 한다고 느꼈다. 다시 말해 각각의 팀원을 움직이는 요인이 무엇인지 철저히 파악해야 하고, 개인의 철학을 회사 내의 역할과 연결해야 한다고 느꼈다. 나는 우리가 만화 속의 총을 버리고 지혜와 힘을 모아 회사에 새로운 활력을 불어넣는다면 빌 게이츠와 폴 앨런Paul Allen을 자극했던 꿈, 즉 최첨단 컴퓨터 기술을 널리 보급하겠다는 꿈으로 되돌아갈 수 있음을 깨달았다.

내가 CEO로 지명되기 직전 마이크로소프트 본사가 있는 지역을 연고지로 삼은 미식축구 팀 시애틀 시호크스Seattle Seahawks가 슈퍼볼에서 우승을 차지했다. 많은 임직원들이 홈팀의 우승에서 영감을 얻었다. 나는 시호크스의 감독 피트 캐럴Pete Carroll이 심리학자 마이클 저베이스Michael Gervais를 고용했다는 점이 인상적이었다. 저베이스는 고도의 성과를 이끌어내는 명상 훈련 전문가였다. 쿰바야Kumbaya('주여, 이곳에 임하소서'라는 뜻 – 옮긴이)처럼 들릴지 모르겠지만 그런 외침과는 거리가 멀다. 저베이스 박사는 시호크스 팀과 함께 움직이면서 선수와 코치진의 마음을 완벽하게 하나로 엮어 운동장 안팎에서 최고의 성과를 거두게 했다. 운동선수와 마찬가지로 우리도 우리만의 거대한 판돈이 걸린 경기에서 뛴다. 나는 우리 팀이 저베이스 박사와 같은 접근법에서 뭔가를 배울 수 있다고 생각했다.

어느 금요일 이른 아침, SLT 팀원이 모였다. 이번만은 답답한 이사회 회의실이 아닌 다른 장소가 선택됐다. 우리는 회의실 반대편에 자리한 더 편안한 공간에서 만났다. 소프트웨어 개발자와 게임 개발자가 자주 찾는 장소였다. 사방이 탁 트여 바람이 잘 통했지만 탁자와 의자는 없었다. 컴퓨터를 켜고 이메일과 뉴스 피드를 들여다볼 자리는 없었다. 우리는 바지 주머니든 가방이든 눈에 보이지 않게 휴대전화를 쑤셔 넣고 원 모양으로 놓인 편안한 소파에 몸을 기댔다. 숨을 곳은 없었다. 나는 모두에게 판단을 미루고 되도록 이 순간에 집중해달라고 했다. 희망적이기는 했지만 나 역시 어느 정도는 초조한 상태였다.

첫 훈련에 참석한 저베이스 박사는 우리에게 특이한 경험을 하고 싶은지 물었다. 우리는 모두 고개를 끄덕였다. 그러자 저베이스 박사가 자원자는 일어서 달라고 했다. 아무도 일어서지 않았다. 잠시 굉장히 조용하고, 굉장히 어색한 시간이 흘렀다. 이윽고 저베이스 박사가 질문을 퍼부었다.

"어째서 다들 벌떡 일어나지 않았지요? 여러분은 고도의 성과를 추구하는 집단 아닌가요? 모두 특이한 경험을 하고 싶다면서요?"

휴대전화도 컴퓨터도 없던 우리는 신발을 내려다보거나 서로에게 어설픈 미소를 날렸다. 우리 모두 혀끝에서 맴도는 대답을 선뜻 내뱉지 못했다. 바로 두려움 때문이었다. 웃음거리가 될지도 모른다는, 실패할지도 모른다는, 여기서 가장 멍청한 사람으로 찍힐지도 모른다는 두려움. 그리고 오만 때문이었다. 나는 이런 게임을 하기에는 너무나 중요한 사람이라는. 우리는 듣는 것에 익숙했다.

저베이스 박사는 사람들을 격려했다. 그러자 다들 숨소리가 편안해지고 얼굴에 조금씩 웃음기가 돌기 시작했다. 어둑어둑하던 하늘이 여름 태양빛에 밝아왔다. 한 명씩 돌아가며 말을 꺼내기 시작했고, 결국 모든 이가 입을 열었다.

우리는 개인적인 열정과 철학을 공유했다. 저베이스 박사는 가정과 직장에서 우리가 어떤 사람인지를 곰곰이 생각해보게 했다. 우리는 직장 안에서의 모습과 직장 밖에서의 모습이 어떤 식으로 연결되는지를 떠올렸다. 팀원들은 정신적인 측면에 대해, 즉 가톨릭적 뿌리나 공자의 가르침 등에 대해 이야기했다. 또한 부모로서 최선을 다하는 자신의 모습에 대해서도 이야기했다. 일이나 취미에 사용될 제품을 만들기 위해 끊임없이 노력하는 모습도 공유했다. 마이크로소프트에 입사한 이래 이런 사적인 대화를 나누는 건 처음이었다. 심지어 두어 명의 눈에는 눈물이 맺히기까지 했다.

내 차례가 되자 나는 감상에 흠뻑 젖어 입을 열었다. 나는 내 인생에 대해, 부모님과 아내와 아이들과 일에 대해 생각하던 중이었다. 나는 이 자리에 오기까지 기나긴 여정을 겪었다. 내 머릿속은 과거로 돌아갔다. 인도에서 보낸 유년 시절과 미국에서 보낸 청년 시절로. 남편으로서, 특별한 보살핌이 필요한 아이의 아버지로서, 전 세계 수십억 명이 접하는 기술을 설계하는 엔지니어로서 보낸 시간들로. 심지어 크리켓에 홀딱 빠져 프로 선수를 꿈꾸던 먼 옛날로. 나를 구성하는 모든 부분이 CEO라는 새로운 역할 속에서 하나로 뭉쳤다. 우리의 과제가 그날 모인 모든 이에게, 마이크로소프트에서 근무하는 모든 이에게 도움을 청하는 것이었듯이 CEO는 자신의 열정과 기술과 가치에 도움을 청하는 사람이었다.

나는 동료들에게 우리가 직장에서 별 의미 없는 일에 너무 많은 시간을 보낸다고 말했다. 만약 우리가 자신의 목표와 회사의 역량을 연결할 수만 있다면 해내지 못할 일은 거의 없을 것이다. 내가 기억하는 한, 대상이 시든, 친구와의 대화든, 스승의 가르침이든 나는 늘 배움에 굶주렸다. 오랜 시간 서로 다른 경험들을 통해 철학과 열정이 발전하면서 공감 능력을 새로운 아이디어에 연결할 수 있게 되었다. 아이디어는 가슴을 뛰게 했고 공감 능력은 나의 기반이자 중심이 되었다.

특별한 영감은 공감에서부터 탄생한다

아이러니하게도 20여 년 전에 나는 공감 능력 부족으로 마이크로소프트에 입사할 기회를 놓칠 뻔했다. 당시 꼬박 하루 동안 다양한 기술 부문의 수장들과 면접을 보면서 내 용기와 배짱, 그리고 빈약한 지식을 시험받은 다음 리처드 테이트Richard Tait를 만났다. 전도유망한 관리자였던 리처드는 훗날 유명한 보드게임인

크레니엄 Cranium을 개발하기도 했다. 리처드는 내게 화이트보드 위에서 풀어야 할 기술 관련 문제나 상대방에게 완벽히 이해시켜야 할 복잡한 코딩 시나리오를 안기지 않았다. 리처드는 과거에 내가 어떤 경험을 했는지, 어떤 공부를 했는지를 묻지도 않았다. 그저 간단한 질문 하나를 던졌을 뿐이다.

"만약 아기가 거리에 누워서 울고 있다면 어떻게 할 겁니까?"

리처드가 물었다.

"911을 부를 겁니다."

나는 별 생각 없이 대답했다. 그러자 리처드는 자리에서 일어나 내게 다가오더니 나를 감싸 안았다.

"당신은 공감 능력이 조금 필요하군요. 아기가 거리에서 울고 있다면 아기를 안아 올려야지요."

이유는 모르겠지만 어쨌든 나는 마이크로소프트에 입사했다. 리처드의 말은 지금까지도 내 머릿속에 남아 있다. 하지만 그때는 내가 머지않아 공감을 뼛속 깊이 배우리라는 사실을 알지 못했다.

몇 년 후 우리 부부의 첫아이인 자인이 태어났다. 나와 아내 아누는 양쪽 집안의 외동 아들딸이었다. 그래서 온 가족이 자인의 탄생을 간절히 기다리고 있었다. 아누는 새로 태어날 행복하고 건강한 아기를 위해 부지런히 집을 꾸몄다. 그러면서도 우리 부부는 건축가로서 급성장하던 아누가 출산 휴가를 마치고 언제

일에 복귀할 것인가를 더 집중적으로 고민했다. 여느 부모와 마찬가지로 우리도 부모가 되는 순간 주말과 휴가가 어떤 모습으로 바뀔지 궁금했다.

임신 36주 차를 지나던 어느 날 밤 아누가 이상한 낌새를 포착했다. 배 속의 아기가 평소처럼 움직이지 않았던 것이다. 우리는 병원 응급실로 달려갔다. 그때만 해도 우리가 첫아이라서 불안감을 느낄 뿐이지 별일 아닐 것이라고, 정기 검진 수준의 검사만 받으면 될 것이라고 생각했다. 실제로 응급실에서 기다리느라 짜증났던 것이 선명하게 기억난다. 의사들은 검사 중에 당황한 기색을 보이더니 응급 제왕절개 수술을 지시했다. 자인은 1996년 8월 13일 밤 11시 29분에 태어났다. 몸무게는 고작 1.4킬로그램이었다. 자인은 울지 않았다.

자인은 워싱턴 호수 건너편에 자리 잡은 시애틀 아동병원의 최첨단 신생아 집중치료실로 이송됐다. 아누는 회복을 위해 잠시 입원해야만 했다. 나는 밤마다 병원에서 아누와 함께 시간을 보낸 뒤 아침에는 곧바로 자인을 보러 갔다. 당시에는 우리 삶이 얼마나 크게 바뀔지 알지 못했다. 이후 우리는 신생아가사(분만 직후의 신생아가 심장 박동은 있으나 호흡이 곤란하거나 또는 정지되어 있는 상태－옮긴이)가 아기에게 어떤 악영향을 미치는지, 자인에게 휠체어가 얼마나 필요할지, 심각한 뇌성마비에 시달리는 자인이 우리에게 얼마나 의존하게 될지 점차 알아가게 되었다.

나는 충격에서 헤어 나오지 못했다. 내 슬픔은 주로 '어떻게 이렇게 힘든 일이 나와 아누에게 일어났는가?'라는 의문에서 비롯됐다. 다행히 아누의 도움으로 이런 힘든 일이 내게 일어난 것이 아님을 깨달았다. **나는 부모의 책임을 받아들이는 동시에 모든 일이 자인에게 일어난 것임을 가슴 깊이 이해했다. 그리고 자인이 겪는 고통과 환경을 차츰 공감하게 되었다.**

남편과 아버지가 되는 동안 나는 감정이 풍부해졌다. 결과적으로 나는 사람들이 갖가지 재능을 지녔음을 깨달았다. 그리고 사랑과 창의력이 어떤 성과를 내는지도 더욱 깊이 이해하게 됐다. 그 과정에서 인도가 낳은 가장 유명한 위인인 고타마 싯다르타(석가모니)의 가르침을 확인하기도 했다.

나는 특별히 종교적인 사람은 아니다. 하지만 인도의 위인임에도 석가모니를 따르는 인도인의 수는 어째서 그렇게 적은지 궁금했고 그 대답을 찾고 싶었다. 석가모니는 세계적인 종교를 창시하기 위해 길을 떠난 것이 아니었다. 석가모니는 사람들이 고통받는 이유를 이해하기 위해 길을 떠났다. 나는 삶의 부침을 통해서만 공감 능력을 발전시킬 수 있다는 것을 알게 되었다. 그리고 고통받지 않기 위해서는, 적어도 깊이 고통받지 않기 위해서는 모든 일이 지나간다는 사실을 깨달아야 한다는 것도 알게 되었다. 의사들은 어린 자인의 상태가 "영구적"이라고 했다. 그 말에 얼마나 괴로웠는지 상상할 수 없을 것이다. 하지만 세상은 항상 변하기 마련이다. 일시성을 마음 깊이 이해할 수만 있다면 모든 일을 더욱 차분하게 받아들이게 된다. 또한 좋은 일에든 나쁜 일에든 지나치게 흥분하지 않게 된다. 그리고 그런 순간이 와야 비로소 공감 능력을 더욱 키우고 주변의 모든 존재에게 측은지심을 느끼게 된다. 나는 컴퓨터 엔지니어의 본능에 따라 이런 간결한 교훈을 사랑했다.

오해하지 않았으면 한다. 나는 결코 완벽하지 않다. 분명히 말하건대 깨달음을 얻거나 열반의 경지에 있지도 않다. 그저 그동안의 경험 덕분에 나날이 많은 사람에게 더욱 깊이 공감하는 법을 배웠을 뿐이다. 나는 장애를 겪는 사람들에게 공감한다. 도시빈민가와 러스트 벨트Rust Belt(미국 북동부 5대호 주변 쇠락한 공장 지대 – 옮긴이), 그리고 개발도상국에서 어렵게 생계를 꾸리는 사람들에게 공감한다. 성공을 위해 열심히 노력하는 소규모 자영업자에게 공감한다. 나는 피부색이나 종교 또는 사랑하는 사람 때문에 폭력과 증오의 대상이 된 모든 사람에게 공감한다. 나는 마이크로소프트 제품에서부터 마이크로소프트의 시장, 직원, 소비자, 파트너들에 이르기까지 내가 따르는 모든 존재의 한가운데 공감이라는 말을 심고자 한다.

물론 나는 첨단 기술 전문가로 일하면서 컴퓨터가 어떻게 생활수준을 향상시키는지 지켜보았다. 집에서는 자인의 언어 치료사가 세 명의 고등학생과 함께 윈도우용 애플리케이션을 제작했다. 덕분에 자인은 직접 음악 재생 목록을 바꿀 수 있게 되었다. 자인의 음악 취향은 레너드 코언Leonard Cohen에서부터 아바Abba와 누스라트 파테 알리 칸Nusrat Fateh Ali Khan에 이르기까지 시대와 장르, 음악가를 불문하고 굉장히 광범위하다. 모든 음악을 좋아하는 자인은 재생 목록을 넘겨가며 어떤 순간에든 자신의 기분에 맞는 음악으로 방을 채우기를 바랐다. 문제는 자인이 직접 음악을 고르지 못한다는 사실이었다. 자인은 늘 누군가의 도움을 기다려야 했다. 자인과 우리가 좌절할 만한 대목이었다. 그때 컴퓨터 공학을 공부하는 세 고등학생이 도와주겠다고 나섰다. 이제 자인의 휠체어 옆에는 센서가 부착돼 있다. 자인은 고개를 움직여 재생 목록을 이리저리 쉽게 넘길 수 있다. 10대 고등학생들의 공감 능력이 내 아이에게 얼마나 큰 자유와 행복을 가져다주었는지 모른다.

직장에서는 바로 그 공감이 영감을 불러일으켰다. 나는 어떤 팀이 진행했던 프로젝트에 대해 SLT 팀원들과 이야기를 나눴다. 그 프로젝트는 공감 능력과 새로운 아이디어를 결합시킨 시선 추적 기술과 관련되어 있었다. 이 기술은 (이른바 루게릭병이라고도 부르는) 근위축증 환자와 뇌성마비 환자의 독립적인 생활을 돕는 획기적이고 자연적인 사용자 인터페이스의 토대가 됐다. 모두 마이크로소프트 역사상 최초로 열린 직원들의 해커톤hackathon(짧은 시간 동안 마라톤을 하듯 집중적인 토의와 협업을 통해 아이디어를 기획하고 프로그래밍해서 시제품 형태로 결과물을 도출하는 과정 – 옮긴이) 덕분이었다. 해커톤은 창의성을 개발하고 꿈을 이루는 온상이었다. 우리의 해커톤에는 전직 프로 미식축구 선수인 스티브 글리슨Steve Gleason이 초대되었다. 그는 근위축증 때문에 휠체어를 타고 있었고 우리 직원들은 그와 시간을 보내며 공감 능력을 키웠다. 그 덕분에 앞서 설명한 사용자 인터페이스가 탄생하게 되었던 것이다. 이제 스티브도 내 아이와 마찬가지로 컴퓨터 기술을 이용해 더 나은 일상생활을 누린다. 나를 신뢰해도 좋다. 나는 이 기술이 스티브와 내 아이를 비롯해 전 세계 수백만 명의 장애인에게 어떤 의미가 있는지 잘 안다.

SLT 팀원의 역할이 그날부터 바뀌기 시작했다. 개별적인 목적으로 마이크로소프트에서 일하던 시간은 끝났다. 팀원들은 각 부문의 수장으로서 더욱 중요한 목표를 향해 다가갔다. 그들은 다른 사람들에게 힘을 실어준다는 목표를 추구하기 위해 마이크로소프트에서 일했다. 그날은 감정에 휩쓸려 진이 모두 빠졌다. 하지만 곧 새로운 분위기가 마련됐으며 SLT가 하나로 뭉치기 시작했다. 그날이 끝날 무렵 우리는 함께 냉혹한 현실에 다가섰다. 어느 한 리더도, 어느 한 조직도, 어느 한 CEO도 마이크로소프트를 부활시킬 수는 없었다. 마이크로소프트를 재탄생시키려면 우리 모두와 우리의 모든 능력들이 필요할 것이다. 회사 문화를 쇄신하는 작업은 열매를 맺기까지 더디고 고통스러울 것이다.

누구에게나 새로고침의
순간이 찾아온다

이 책은 혁신에 관한 이야기다. 다시 말해 다른 사람에 대한 공감 능력과 그들을 돕겠다는 열망을 원동력 삼아 현재 나와 마이크로소프트가 진행하는 변화에 관한 이야기다. 하지만 무엇보다 일상생활에서 일어날 변화에 관한 이야기다. 우리는 이미 기술이 일으킨 가장 큰 변화의 물결을 목격하고 있기 때문이다. 여기에는 인공지능^AI과 혼합현실^mixed reality(가상 세계와 현실 세계를 합쳐서 새로운 환경이나 시각화 등 새로운 정보를 만들어내는 것 – 옮긴이), 양자 컴퓨팅이 포함될 것이다. 또한 이 책은 새로운 에너지와 아이디어, 현대 사회의 문제와 우리의 관계에 관한 이야기다. 끊임없는 혁신 속에서 사람과 조직, 그리고 사회가 어떻게 변화(새로고침)할 수 있는지, 어떻게 변화해야 하는지에 관한 이야기이기도 하다. 그리고 근본적으로는 인간과 공감(이 독특한 자질은 기술이라는 급류 속에서 그 어느 때보다 중요해질 것이다)에 관한 이야기다.

신비주의의 시선으로 세상을 바라본 독일의 시인 라이너 마리아 릴케^Rainer Maria Rilke는 이렇게 노래했다.

"미래는 우리 안으로 들어온다 / 우리 내부에서 변화하기 위해 / 아주 오래전부터."

기계를 움직이는 우아한 프로그램 코드만큼이나 실존주의적인 시가는 우리를 깨우치고 가르친다. 다른 세기에 살면서 우리에게 말을 거는 릴케는 우리 앞에 놓인 시간이 바로 우리 내부에 있다고 말한다. 그리고 그 시간은 오늘 우리가 걷는 길에 의해 결정된다고도 이야기한다. 나는 그 길을, 그 결정을 설명하려고 한다.

이 책은 세 부분으로 나뉜다. 첫 번째 부분에서는 인도를 떠나 미국에 새로운 터전을 잡기까지 내 자신이 겪은 변화에 대해 프롤로그처럼 이야기할 것이다. 여기에는 미국 중부 지방에서 실리콘밸리를 거쳐, 마이크로소프트에 자리잡기까지의 여정이 그려질 것이다. 이후 나는 사람들의 예상을 깨고 빌 게이츠와 스티브 발머의 뒤를 잇는 세 번째 CEO로 지명됐다.

두 번째 부분에서는 CEO로 지명된 이후 내가 어떤 새로고침 작업을 했는지에 초점을 맞춘다. 마이크로소프트의 쇄신 작업은 아직 끝나지 않았다. 하지만 나는 이제까지의 작업에도 충분히 자부심을 느낀다.

세 번째 부분에서는 4차 산업혁명이 우리 앞에 놓여 있고 그때가 되면 인공지능이 인간 지능과 경쟁할 것이라는 주장에 관해 설명할 것이다. 이 책에서는 몇 가지 자극적인 질문을 탐구할 예정이다. 인간의 역할이 어떻게 바뀔 것인가? 불평등이 해소될 것인가 악화될 것인가? 정부가 어떤 식으로 도울 수 있는가? 다국적기업과 다국적기업 리더의 역할은 무엇인가? 어떻게 우리가 조화롭게 하나로 뭉쳐 새로고침을 실행할 수 있는가?

이 책을 쓰면서 신나기도 했지만 조금 주저하기도 했다. 과연 누가 내게 관심을 보일까? 마이크로소프트 CEO라는 직함을 단지 불과 몇 년밖에 되지 않았기 때문에 내 임기 중에 마이크로소프트가 얼마나 성공했는지 혹은 실패했는지를 쓰기에는 시기가 이르다고 생각했다. 그날 SLT 모임 이후 많은 일을 겪기는 했지만 아직 우리가 가야 할 길은 멀다. 내가 회고록 집필에 관심이 없는 이유다. 나는 노년을 위해 회고록을 아낄 참이다. 하지만 몇몇 주장으로 인해 이 시점에 약간의 시간을 내서 글을 써야겠다는 생각이 들었다. 나는 내 관점에서 우리 이야기를 사람들에게 알려야 한다는 책임감을 느꼈다.

최근 기술이 획기적으로 발전하면서 사회적으로나 경제적으로 거대한 혼란이 촉발되었다. 클라우드 컴퓨팅과 센서, 빅 데이터big data, 머신 러닝machine learning(경험적 데이터를 기반으로 학습을 하고 예측을 수행하고 스스로 성능을 향상시키는 시스템과 이를 위한 알고리즘을 연구하고 구축하는 기술 – 옮긴이), 인공지능, 혼합현실, 로봇공학이 하나가 되어 공상과학소설 속의 한 장면 같은 사회적, 경제적 변화를 일으킬 조짐이 보인다. 앞으로 지능형 기술이 어떤 물결을 일으킬지에 대해 각계각층에서 광범위하게 논의가 벌어지고 있다. 픽사가 제작한 〈월-EWALL-E〉에는 육체적으로 고된 일을 로봇에게 맡긴 채 끊임없이 즐거움을 찾아다니는 인간의 모습이 그려진다. 하지만 스티븐 호킹Stephen Hawking 같은 과학자는 비극적인 결말을 경고한다.

가장 설득력 있는 건 내 동료들, 그러니까 마이크로소프트 직원들을 위해, 그리고 수백만 명의 소비자와 파트너를 위해 글을 쓰라는 말이었다. 어쨌든 마이크로소프트 이사회에서 나를 CEO로 지명한 2014년 2월의 추운 겨울 날 나는 회사 문화를 가장 중요한 안건으로 삼았다. 우리가 마이크로소프트의 영혼을 되찾아야 한다고, 그것이 우리가 존재하는 이유라고 주장했던 것이다. 나는 내 첫 번째 사명이 10만 명의 마이크로소프트 직원이 영감을 얻고 더욱 훌륭한 미래를 설계하도록 회사 문화를 준비하는 일임을 깨달았다.

기업 리더가 자신의 임기를 회고한 책은 너무 흔하다. 하지만 그들은 이미 전쟁터를 떠난 사람들이다. 그러나 내가 겪은 여정, 다시 말해 내가 CEO로서 거대한 변화 한가운데에서 고민한 흔적을 함께 나눌 수 있다면 어떨까? 마이크로소프트의 뿌리, 즉 마이크로소프트의 존재 이유는 컴퓨터 기술을 널리 보급하는 것이었다. 모든 사람이 컴퓨터를 사용할 수 있게 하는 것이었다. "모든 책상과 모든 가정에 컴퓨터를!"은 마이크로소프트의 첫 번째 사명이었다. 이 말이 마이크로소프트 문화를 정의했다. 하지만 이제 상황이 많이 변했다. 지금은 거의 모든 가정과 기업의 책상에 컴퓨터가 있다. 많은 사람이 PC 대신 스마트폰을 사용한다. 마이크로소프트는 여러 분야에서 성공을 거뒀지만 여러 분야에서 뒤처지기도 했다. PC 판매는 줄어들었고 모바일 부문은 상당히 뒤떨어졌다. 검색 부문에서 밀렸고 게임 분야에서는 재도약이 필요하다. 우리는 소비자에 대한 공감 능력뿐만 아니라 한 번도 충족된 적이 없는 소비자의 잠재적인 요구사항에 대한 공감 능력도 키워야 했다. 새로고침을 해야 하는 순간이었다.

나는 엔지니어로서, 그리고 마이크로소프트의 한 부문을 이끄는 수장으로서 22년을 보냈다. 그래서인지 새로운 CEO를 찾는 과정에 대해 불안감보다는 초탈감을 느꼈다. 누가 스티브의 뒤를 이을지에 대해 여러 추측이 돌았지만 아누와 나는 소문을 대부분 무시했다. 우리는 자인과 두 딸을 돌보느라 정말 눈코 뜰 새 없이 바빴다. 직장에서 나는 치열한 각축전을 벌이는 마이크로소프트 클라우드를 지속적으로 성장시키느라 다른 곳에는 신경 쓸 겨를이 없었다. 나는 이사회가 가장 적합한 사람을 뽑을 것이라고 생각했다. 내가 된다면 개인적으로 정말 뿌듯해할 일이었다. 하지만 누구든 이사회가 신임하는 사람이라면 나는 그를 위해서도 즐겁게 일할 수 있었다. 실제로 면접 중에 이사회 임원이 내게 이런 말을 했었다. 만약 CEO가 되고 싶다면 그런 열망을 분명하게 표현해야 한다고. 나는 이 말에 대해 고민했고 심지어 스티브에게 말하기까지 했다. 스티브는 웃으며 한마디로 끝냈다.

"다른 사람이 되기에는 너무 늦었어."

그의 말대로 나는 개인적인 야심을 드러내는 사람이 아니었다.

2014년 1월 24일 CEO 물색 작업을 지휘하던 수석 사외 이사 존 톰슨John Thompson이 내게 이메일을 보내 이야기를 나누자고 했다. 나는 그의 요청을 어떻게 이해해야 할지 판단이 서지 않았다. 그래서 존이 이사회의 결정이 어떤 단계에 이르렀는지를 알려주려는 것으로 추측했다. 그날 저녁 존이 전화하더니 지금 앉아 있냐고 물었다. 나는 앉아 있지 않았다. 사실 나는 웃는쿠카부라(오스트레일리아에 서식하는 물총새의 일종 – 옮긴이) 그림이 그려진 크리켓 공을 조용히 만지작거리고 있었다. 사무실에서 스피커폰으로 대화할 때면 늘 하던 버릇이었다. 존은 내가 마이크로소프트의 새 CEO가 됐다는 소식을 전했다. 한참 만에야 존의 말을 이해했다. 나는 영광이라고, 자신은 없지만 흥분된다고 말했다. 계획에 없던 말이었지만 내 기분을 완벽하게 표현하는 대답이었다.

몇 주 뒤, 나는 언론 앞에서 우리가 더욱 분명하게 초점을 맞추고 더욱 빠르게 움직이면서 끊임없이 회사 문화와 사업을 바꿔야 한다고 말했다. 하지만 사실 마이크로소프트를 이끌려면 내 마음속에 있는, 아니 궁극적으로는 모든 마이크로소프트 직원의 마음속에 있는 몇 가지 생각을 정리해야 한다는 것을 알고 있었다. 마이크로소프트의 존재 이유는 무엇인가? CEO라는 새로운 역할 속에 내가 존재하는 이유는 무엇인가? 모든 조직에서 모든 이가 스스로 답을 찾아야 할 질문이었다. 내가 이 질문을 던지지 못하고 제대로 답을 찾지 못한다면 과거의 실수가 계속되고 심지어 마이크로소프트는 정직하지 못한 조직이 될 거라는 걱정이 앞섰다. **사람이든 조직이든 사회든 스스로 새로고침을 해야 하는 순간이 찾아온다. 그 순간이 오면 다시 열정을 불러일으키고 새로운 마음으로 목표를 재설정하고 치열하게 고민해야 한다.**

이런 과정이 웹브라우저에 있는 새로고침 버튼을 누르는 일만큼 쉬우면 얼마나 좋을까. 물론 상시 접속 기술always-on technology(항상 인터넷에 연결해 온라인 상태를 유지하는 기술. 스마트폰을 통해 이메일, 메신저, 소셜미디어에 연결되는 현상을 설명하는 기술이기도 하다-옮긴이) 덕분에 직접 찾지 않아도 최신 정보가 끊임없이 쏟아지는 이 시대에 새로고침 버튼을 누른다고 하면 촌스럽게 들릴 것이다. 하지만 제대로 새로고침을 해낸다면, 사람과 문화가 다시 탄생한다면 르네상스가 찾아올 수 있다. 이것이 시호크스 같은 스포츠 구단이 하는 일이다. 애플이 해낸 일이다. 디트로이트가 하고 있는 일이다. 페이스북같이 새롭게 떠오르는 기업이 어느 날 성장을 멈춘다면 그들 역시 해야 할 일이다.

마르크스와 락슈미, 그리고
크리켓 영웅

그래서 이야기를 시작하게 됐다. 바로 내 자신의 이야기를 말이다. 이 말은 이런 의미다. 존재에 관한, 이를테면 우리가 존재하는 이유는 무엇인가 같은 질문을 던지는 CEO는 어떤 인물일까? 문화와 생각, 공감 능력 같은 개념이 어째서 내게는 그토록 중요한가? 내 아버지는 마르크스의 가르침을 따르는 공무원이었고 어머니는 산스크리트어 학자였다. 아버지는 지적 호기심과 역사에 대한 애정 등 많은 가르침을 주었지만 나는 항상 어머니의 아들이었다. 어머니는 내가 행복하고 자신만만하고 후회 없이 순간을 즐기기를 바라셨다. 어머니는 가정에서든 대학 강단(어머니는 고대어와 문학, 그리고 인도 철학을 가르쳤다)에서든 열심히 일했다. 어머니는 집을 기쁨이 넘치는 장소로 만드는 사람이었다.

그렇지만 유년기의 기억 속에 어머니는 일과 결혼 생활을 병행하기 위해 고군분투하는 모습으로 남아 있기도 하다. 내 인생에서 어머니는 흔들리지 않고 한결같이 자신의 자리를 지킨 존재였고 아버지는 영웅이었다. 젊은 시절 아버지는 풀브라이트 장학금을 받고 기회의 땅 미국으로 건너가 경제학 박사 학위를 계속할 예정이었다. 하지만 인도 고위 공무원단[IAS]에 뽑히는 순간 아버지는 계획을 보류했다. 1960년대 초였다. 인도 총리로 취임한 자와할랄 네루는 간디의 뒤를 이어 인도 독립 운동을 계속해나갔다. 아버지 세대에게는 행정 조직에 뛰어들어 새로운 국가의 탄생에 한 역할을 하는 것이 진정으로 꿈을 이루는 행위였다. 본질적으로 IAS는 1947년 영국이 통치권을 인도인에게 넘기고도 인도를 계속 지배하기 위해 남긴 낡은 체제였다. 해마다 젊은 전문 인력 100명 정도가 IAS로 뽑혔다. 그 말은 아버지가 아주 젊은 나이에 인구 수백만의 행정구역을 책임졌다는 의미다. 내 어린 시절 내내 아버지는 인도 안드라프라데시 주의 여러 행정구역으로 전근을 다녔다. 나는 이곳저곳으로 이사 다니던 기간을, 한적하고 낡은 식민지 시대 건물에서 성장한 시간을, 변화를 겪던 인도의 1960년대와 1970년대 초를 기억한다.

온갖 불리한 조건 속에서도 어머니는 교수라는 직업을 지키고, 나를 키우고, 사랑스러운 아내가 되기 위해 최선을 다했다. 그러던 중 내가 여섯 살 무렵 생후 5개월이던 여동생이 죽었다. 우리 가족은 커다란 충격을 받았다. 어머니는 일을 포기해야 했다. 여동생의 죽음이 결정적인 계기였던 게 분명했다. 남편이 먼 타지에서 일하는 동안 딸을 잃고 남은 아이를 키우면서 직업을 지키는 것은 너무나 벅찬 일이었다. 어머니는 당시 상황에 대해 푸념을 늘어놓은 적이 한 번도 없었다. 하지만 오늘날 기술 산업 현장에서 다양한 사람들과 대화를 나누며 어머니에 대해 많은 생각을 한다. 모든 사람과 마찬가지로 어머니도 모든 것을 갖기를 원했고 그럴 자격이 있었다. 하지만 어머니가 몸담은 직장 문화와 당시 인도의 사회규범이 겹쳐져 어머니는 가정생활과 자아실현의 열정 사이에서 균형을 잡지 못했다.

아버지가 IAS에 소속된 아이들 사이에서는 치열한 경쟁이 벌어졌다. IAS 공무원들 중에는 힘겨운 IAS 선발 시험에 통과하기만 하면 인생을 위한 모든 준비가 끝난 것이라고 생각하는 사람들이 많았다. 그들에게 IAS 선발 시험은 최후의 시험이었다. 하지만 내 아버지는 IAS 선발 시험에 합격하는 것은 훨씬 중요한 시험에 도전할 수 있는 시작 지점에 불과하다고 생각했다. 아버지는 전형적인 평생 학습자였다. 그러나 남들보다 뛰어난 성과를 거두고 자식에게도 똑같은 성과를 강요하는 부모 밑에서 자라던 내 친구들과 달리 나는 어떤 형태로도 압박을 받지 않았다. 어머니는 자식을 엄격하게 가르치는 타이거 맘^{tiger mom}(엄격하게 훈육하고 간섭하면서 자녀를 혹독하게 키우는 엄마 유형 – 옮긴이)이 아니었다. 어머니는 행복하게 살라는 당부 외에는 어떤 것도 강요한 적이 없었다.

어머니의 방식은 내게 딱 맞았다. 어린 시절 나는 크리켓 외에는 어떤 일에도 관심을 두지 않았다. 한번은 아버지가 내 방에 카를 마르크스의 사진을 걸었다. 그러자 어머니가 힌두교 신화에 등장하는 풍요와 번영의 여신 락슈미의 초상화를 걸었다. 서로 반대되는 두 이미지가 전하는 메시지는 명확했다. 아버지는 내가 지적인 야망을 품기를 바랐고 어머니는 내가 어떤 신조에도 사로잡히지 말고 행복하게 살기를 바랐다. 나는 어땠을까? 내가 정말 걸고 싶었던 것은 하이데라바드에서 활약한 위대한 크리켓 선수 자이심하M. L. Jaisimha의 포스터였다. 나의 영웅이었던 그는 매력적이고 잘생긴 외모뿐만 아니라 경기장 안팎의 품위 있는 행동으로도 유명했다.

돌이켜보면 나는 지적 활동을 향한 아버지의 열정과 균형 잡힌 삶을 향한 어머니의 바람으로부터 골고루 영향을 받았다. 그리고 크리켓은 지금도 내가 즐기는 취미다. 비록 영국에서 시작되기는 했지만 인도만큼 크리켓에 열광하는 나라는 없다. 나는 하이데라바드 학교에서 선수로 뽑힐 만큼 크리켓에 소질이 있었다. 하이데라바드는 크리켓에 관한 전통과 열정을 가진 지역이다. 나는 오프 스핀 볼러였다. 야구로 말하자면 예리한 변화구를 던지는 투수다. 전 세계적으로 팬 수를 비교하자면 야구는 약 5억 명이고 크리켓은 대략 25억 명에 달한다. 열정적인 팬을 거느린 크리켓과 야구는 품위와 열정, 그리고 복잡한 경쟁 구도가 매력적인 스포츠다. 조지프 오닐Joseph O'Neill은 소설 《네덜란드Netherland》에서 크리켓 경기의 아름다움에 대해 이야기한다. 수비 중에는 공을 치는 배트맨에게 일제히 시선을 집중하다가 공격이 시작되면 차례로 타석에 오르는 11명의 선수에 대해서 말이다.

"폐가 움직이듯 규칙적으로 반복되는 리듬. 경기장은 반짝거리는 관중들을 통해 숨을 쉬는 것 같았다."

오닐의 묘사는 성공을 위해 어떤 문화가 필요한지를 고민하는 현대 CEO의 모습을 은유하는 것 같다.

나는 스리카쿨람, 티루파티, 무수리, 델리, 하이데라바드 같은 인도의 여러 지역에서 학교를 다녔다. 모든 지역이 내게 흔적을 남겼고 아직까지 내 안에 존재한다. 예를 들어 무수리는 인도 북부 히말라야 산맥 기슭에 자리 잡은 도시로 해발 1800미터가 넘는 고원에 둘러싸여 있다. 벨뷰의 집에서 레이니어 산(워싱턴 주 남쪽에 있는 산)을 바라볼 때마다 어린 시절에 보던 난다데비 산과 반다르푼치 산이 떠오른다.

나는 '예수와 성모마리아 수녀회'가 운영하는 유치원에 다녔다. 이 수녀회에 소속된 학교는 인도에서 가장 오래된 여학교였지만 유치원만은 남자아이들도 다닐 수 있었다. 내가 열다섯 살이 되었을 때 우리 가족은 이사를 멈추고 한곳에 정착했다. 나는 하이데라바드 공립학교HPS에 진학했다. 인도 각지에서 몰려온 학생들이 다니는 학교였다. 이사를 다니던 모든 시간이 축복이기는 했지만(그 덕분에 나는 새로운 환경에 빠르게 적응할 수 있었다) 하이데라바드로 이사한 일은 내 인생에 중대한 영향을 미쳤다. 1970년대 하이데라바드는 외딴 시골이었다. 오늘날처럼 인구가 680만명에 달하는 대도시가 아니었다. 사실 나는 아라비아 해에 면한 뭄바이 서쪽 세상에 대해서는 알지도 못했고 관심도 없었다. 하지만 HPS 기숙학교에 다닌 기간은 내 인생에서 최고의 휴식기였다.

HPS 시절 나는 고대 불교 대학의 이름을 붙인 청색 기숙사인 날란다에 소속되어 있었다. HPS는 다문화 학교였다. 이슬람교도와 힌두교도, 기독교도와 시크교도가 함께 공부하고 생활했다. 학교에는 내륙 부족 출신으로 장학금을 받는 아이들은 물론 성적이 우수한 학생들도 있었다. 주지사의 아들이 발리우드 배우의 아이들과 나란히 HPS를 다녔다. 우리 기숙사에는 경제적으로 인도 내의 모든 계층에 속한 아이들이 함께 살았다. 평등이라는 놀라운 힘이 작용한 결과였고 기억에 남을 만한 순간이었다.

졸업생 목록이 HPS의 성공을 대변한다. 어도비Adobe CEO 샨타누 나라옌Shantanu Narayen, 마스터카드 CEO 아제이 싱 방가Ajay Singh Banga, 캐비엄 네트웍스Cavium Networks 대표 사이에드 알리Syed B. Ali, 토론토에 자리 잡은 페어팩스 파이낸셜 홀딩스Fairfax Financial Holdings 설립자 프렘 왓사Prem Watsa, 그리고 의회 지도자, 영화계 스타, 운동선수, 학자, 작가. 많은 이들이 이 작은 시골 학교 출신이었다. 나는 학문적으로 훌륭한 성과를 거두지 못했고 학교도 학업을 강요하지 않았다. 학생들은 물리학을 공부하고 싶으면 물리학을 공부했다. 역사를 공부하고 싶으면 역사를 공부했다. 동급생들끼리 특정 방식을 강요하는 일은 없었다.

HPS에서 두어 해를 보냈을 무렵 아버지가 방콕에 있는 UN

사무실에서 일하시게 됐다. 아버지는 나의 느긋함을 그다지 좋아하지 않았다. 아버지는 이렇게 말씀하셨다.

"널 전학시킬 예정이다. 방콕에 있는 국제 학교에서 11학년과 12학년을 마쳐야 한다."

나는 그럴 일은 없을 거라고 대답했다. 그러고는 하이데라바드에서 꼼짝하지 않았다. 모든 사람이 이렇게 말했다.

"너 미쳤어? 도대체 왜 그러는 거야?"

하지만 나는 절대로 떠나고 싶지 않았다. 당시 내 인생에서 가장 중요한 건 크리켓이었다. HPS에 다닌 덕분에 나는 가장 멋진 추억을 간직할 수 있었고 엄청난 자신감을 얻었다.

12학년 무렵 누군가 내 꿈을 물었다면 나는 소규모 대학교에 진학하고 하이데라바드에서 크리켓 선수로 뛰다가 최종적으로는 은행에서 일하는 것이라고 대답했을 것이다. 그것이 전부였다. 엔지니어가 되어 서구 세계로 간다는 생각은 결코 해본 적이 없었다. 어머니는 내 계획을 듣고 좋아하셨다.

"멋지구나, 아들!"

하지만 아버지는 다그치셨다.

"넌 하이데라바드에서 벗어나야 해. 안 그러면 네 인생은 엉망진창이 될 거야."

당시 상황을 생각하면 아버지의 조언은 타당했다. 하이데라바드가 기술 허브 도시가 되리라고 누가 상상이나 했겠는가.

어떤 면에서는 아버지가 옳았다. 친구 무리에서 떨어져 나오기란 쉽지 않았다. 나는 나만의 포부를 지닌 편협한 사람이 되어갔다. 내게는 균형 잡힌 시각이 필요했다. 나는 크리켓에 열정을 쏟아붓기는 했지만 컴퓨터도 그에 맞먹을 정도로 좋아했다. 내가 열다섯 살이 됐을 때 아버지가 싱클레어 ZX 스펙트럼 컴퓨터를 선물해주셨다. 이 컴퓨터에 들어간 Z80 CPU는 1970년대 중반 8080 프로세서를 만든 인텔 출신 엔지니어들이 회사를 나와 개발한 프로세서다. 8080 프로세서는 아이러니하게도 빌 게이츠와 폴 앨런이 오리지널 마이크로소프트 베이식Microsoft BASIC을 개발할 때 사용했었다. ZX 스펙트럼에 자극받은 나는 소프트웨어와 공학 기술에 대해, 심지어 PC 기술이 모든 사람에게 보급될 수 있다는 생각에 대해 진지하게 고민했다. 인도 벽지에 사는 아이가 프로그램을 배울 수 있다면 누구나 배울 수 있음이 분명했다.

목표를 잃지 말고
즐겁게 온 마음을 기울여라

나는 인도 공과대학교IIT 입학시험에서 낙방했다. 인도 공과대학은 당시 인도 중산층 출신 아이들이 학문적으로 거둘 수 있는 최고의 성과였다. 합격하지 못한 시험이 하나도 없었던 아버지는 화내기보다는 재미있어하셨다. 하지만 다행히도 내게는 공학 공부를 계속할 길이 두 가지 남아 있었다. 메스라에 있는 비를라 공과대학교 기계공학과나 마니팔 공과대학교 전기공학과에 진학하는 길이었다. 나는 전기공학을 계속한다면 컴퓨터와 소프트웨어에 더 다가갈 수 있을 것이라는 예감에 따라 마니팔 대학교를 선택했다. 뜻밖에도 내 예감은 옳았다. 전기공학은 실리콘밸리로, 최종적으로 마이크로소프트로 이어지는 학문적인 길을 열어주었다.

학교 친구들은 의욕적이고 야심만만한 기업가적 자질을 지니고 있었다. 나는 많은 친구로부터 가르침을 얻었다. 몇 년 뒤에는 마니팔 출신 동창생 여덟 명과 함께 캘리포니아 주 서니베일에 집을 빌리고 대학교 기숙사에서처럼 생활하기도 했다. 하지만 크리켓을 생각하면 마니팔은 아쉬운 점이 너무나 많았다. 크리켓 경기는 더 이상 내가 가장 열정을 불태우는 대상이 되지 못했다. 나는 대학팀 소속으로 한 차례 경기를 치른 뒤 장비를 벽에 걸었다. 크리켓 대신 컴퓨터가 내 인생에서 가장 중요한 존재가 되었다. 마니팔 시절 나는 마이크로일렉트로닉스 microelectronics(초정밀 전자 부품에 대해 연구하는 전자 공학 – 옮긴이)를 공부하면서 컴퓨터 제작에 가장 중요한 원칙과 회로를 결합시켰다.

사실 나는 전기공학 학사 학위를 받은 뒤 무엇을 할지 구체적으로 계획을 세우지 않았다. 어머니의 인생철학에 대해서는 하고 싶은 말이 많다. 어머니의 인생철학은 내가 미래와 기회에 대해 어떤 식으로 고민할지에 영향을 미쳤다. 어머니는 항상 자신의 속도로 자신의 일을 하는 것이 옳다고 생각했다. 자신의 일을 하다 보면 자신에게 맞는 속도가 붙기 마련이다. 이면에 숨은 진정한 목적을 잊지 않고 즐겁게 온 마음을 기울여 최선을 다한다면 인생은 나를 저버리지 않을 것이다. 이 말은 평생 내게 큰 도움을 주었다.

　졸업 후에는 뭄바이에 있는 유명한 산업 공학대학교에 진학할 기회를 얻었다. 나는 미국에 있는 몇몇 대학교에도 원서를 냈다. 당시 학생 비자는 일종의 도박이었다. 솔직히 말하자면 나는 비자가 취소되기를 바랐다. 나는 인도를 떠나고 싶었던 적이 한 번도 없었다. 하지만 마치 운명처럼 비자가 나왔고 나는 다시 한 번 선택의 기로에 섰다. 인도에 남아 산업공학 석사 과정을 이수할 것인가, 아니면 밀워키에 있는 위스콘신 대학교에 진학하여 전기공학 석사 학위를 받을 것인가. 마침 HPS에 함께 다녔던 절친한 친구가 위스콘신 대학교에서 컴퓨터 과학을 공부하고 있었다. 그것이 나의 결정을 도왔다. 나는 위스콘신 대학교 컴퓨터 과학 석사 과정에 입학했다. 나는 내 결정에 만족했다. 학생을 위해 시간과 노력을 아끼지 않는 교수들이 포진한 소규모 학과였기 때문이다. 특히 당시 학과장이었던 바이라반 박사와 내 석사 과정 지도교수인 호세이니 교수에게 감사한다. 두 분은 내가 쉬운 길을 버리고 컴퓨터 과학에서 가장 중요하고 어려운 문제와 씨름하도록 자신감을 심어주었다.

당시 누군가 지도를 펴고 밀워키가 어디인지 짚어달라고 했다면 나는 하지 못했을 것이다. 하지만 1988년 21번째 생일날 나는 뉴델리에서 시카고 오헤어 공항으로 날아갔다. 공항으로 마중 나온 친구가 나를 차에 태우고 캠퍼스에 데려다주었다. 내게 남은 기억은 고요함이다. 모든 것이 고요했다. 밀워키는 정말 깜짝 놀랄 만큼 멋지고 깨끗한 곳이었다. 나는 생각했다. '와, 여기가 지상낙원이구나.' 때는 여름이었고 주변은 아름다웠다. 미국에서 내 인생은 그렇게 시작되었다.

여름이 지나고 겨울이 찾아왔다. 인도 남부 출신에게 위스콘신의 추위는 만만치 않았다. 담배를 피우려면 누구나 건물 밖으로 나가야 했다. 나 역시 예외는 아니었다. 흡연 구역에 가면 전 세계 다양한 지역에서 온 사람들을 만날 수 있었다. 가장 먼저 인도 학생들이 추위를 견디지 못하고 담배를 끊었다. 다음으로 중국 친구들이 끊었다. 하지만 러시아 친구들은 차가운 겨울 날씨에도 아랑곳하지 않고 계속 담배를 피워댔다.

여느 학생들처럼 나도 향수병에 걸렸다. 미국은 더 이상 이방인을 따뜻하게 맞이해주는 곳이 아니었다. 내 이야기가 어느 곳에서든 통용될 것이라 생각하지는 않는다. 지금 나는 미국 시민권자다. 하지만 돌이켜보면 내 이야기가 마치 누가 짜놓은 대본처럼 약간 계획적으로 전개되어 왔다고 느껴지기도 한다. 인도 공무원의 아들이 열심히 공부해서 공학 학사 학위를 따고 미국으로 건너가 공학 분야에서 성공한다. 하지만 그렇게 간단한 이야기는 아니다. 나는 사실 학문적으로 그렇게 대단한 성과를 거두지 못했다. 나는 실리콘밸리의 성장과 밀접한 관계가 있는 인도 공과대학교에 진학하지 못했다. 오로지 미국이기 때문에 나 같은 사람이 출신 학교에 따라 역할을 배분받는 대신 자신의 능력을 증명할 기회를 얻었던 것이다. 나는 내 이야기가 이전 세대 이민자에게는 물론 새로운 이민자에게도 똑같이 적용된다고 생각한다.

인도가 영국의 지배에서 벗어나고 미국에서 인권 운동이 일어나고(인권 운동은 미국의 이민 정책을 바꿨다) 전 세계적으로 첨단 기술 산업이 호황을 맞이하는 등 거대한 사회적 지각 변동이 한꺼번에 일어나면서 나를 비롯한 많은 사람들이 대단한 행운을 누렸다. 인도 독립으로 나 같은 평범한 인도 국민을 위한 교육 제도에 거대한 자본이 투자되었다. 1965년 제정된 미국 이민법Immigration and Naturalization Act에 따라 출신 국가별로 이민자 수를 할당하던 제도도 폐지되었다. 덕분에 숙련된 노동자가 미국으로 건너와 미국 경제에 이바지할 길이 열렸다. 이전에는 연간 100명 정도의 인도인만이 이민 허가를 받을 수 있었다. 역사가 테드 위드머^{Ted} Widmer는 이민법 제정 50주년을 맞이해 〈뉴욕타임스^{New York Times}〉에 글을 기고했다. 그는 새 이민법이 제정되면서 5900만 명에 가까운 이민자가 미국으로 건너왔다고 말했다. 하지만 아무 제약도 없었던 것은 아니다. 새 이민법은 기술 교육을 받은 사람과 가족이 이미 미국에 거주하는 경우를 선호했다. 나는 나도 모르는 사이에 커다란 선물을 받은 셈이었다. 새로운 움직임 덕분에 나는 1990년대 첨단 기술 산업이 호황을 맞이하기 직전 미국에서 소프트웨어 관련 기술을 과시할 기회를 얻었다. 마치 복권 당첨자의 사연 같지 않은가.

위스콘신에서 첫 학기를 보내는 동안 나는 이미지 프로세싱(디지털 카메라의 센서에 들어오는 신호를 사진으로 만들거나 포토샵처럼 사진에 효과를 입혀 이미지를 만들거나 가공하는 과정 – 옮긴이)과 컴퓨터 아키텍처(하드웨어와 소프트웨어를 포함한 컴퓨터 시스템 전체의 설계 방식 – 옮긴이), 그리고 오래된 컴퓨터 프로그래밍 언어인 LISP 수업을 수강했다. 첫 번째 과제는 대규모 프로그래밍 프로젝트였다. 그동안 조금씩 해보기는 했지만 나는 코딩에 능숙하지 못했다. 미국인들은 인도인이 코딩을 위해 태어났다고 생각한다. 하지만 누구에게나 처음이 있기 마련이다. 과제는 기본적으로 이런 식이었다.

"자, 여기 문제가 있습니다. 이제 코드를 쏟아내십시오."

고된 작업인 데다 빠르게 수행해야 하는 과제였다. 하지만 일단 끝내고 나니 결과는 엄청났다. 나는 마이크로컴퓨터가 세상을 바꾸리라는 것을 상당히 일찍 깨달았다. 처음에는 마이크로컴퓨터가 칩 제작에만 사용될 것이라고 생각했다. 훗날 대부분의 대학 친구들이 멘토 그래픽스Mentor Graphics나 시놉시스Synopsys, 주니퍼Juniper 같은 영향력 있는 회사에서 칩 설계 전문가로 일했다.

나는 특히 컴퓨터 과학의 이론적인 분야에 관심이 생겼다. 엄청난 불확실성과 한정된 시간 속에서 빠른 결정을 도출할 목적으로 고안된 영역이었다. 나는 그래프 채색graph coloring이라고 불리는 컴퓨터 과학 문제에 집중했다. 오해하지 마시길. 크레용을 들고 그래프를 색칠하지는 않았다. 그래프 채색은 특정한 제약 조건에 따라 그래프를 구성하는 요소에 '색깔'이라고 불리는 꼬리표를 붙이는(칠하는) 복잡한 이론 문제다. 예를 들어, 미국 지도를 색칠한다고 하자. 모든 주가 이웃한 주와 같은 색으로 덮이지 않게 색칠하려면 최소한 몇 가지 색이 필요할까? 내 석사 학위 논문은 비결정론적 다항 시간nondeterministic polynomial time 안에 복잡한 그래프에 색칠을 하는 문제, 다시 말해 NP-완전NP-complete 문제(답을 이끌어내는 다항식이 만들어지지 않고 직접 모든 경우의 수를 대입해야 답을 얻을 수 있는 문제-옮긴이)에 대한, 가장 좋은 경험적 접근법을 개발하는 과정을 다뤘다. 다시 말하자면 이렇다. 가능성이 제한된 문제를 빠르고 훌륭하지만 항상 최적은 아닌 방법으로 해결하는 길은 무엇인가? 지금 당장 동원할 수 있는 가장 좋은 방법으로 이 문제를 해결할 것인가, 아니면 가장 좋은 해결책을 계속 찾아볼 것인가?

나는 이론 컴퓨터 과학에 사로잡혔다. 컴퓨터가 어디까지 해낼 수 있는지를 보여주었기 때문이다. 이론 컴퓨터 과학 덕분에 나는 수학자이자 컴퓨터 과학자인 존 폰 노이만John Von Neumann과 앨런 튜링Alan Turing에, 그리고 양자 컴퓨팅에 매료됐다. 양자 컴퓨팅에 관해서는 이 책 후반부에서 인공지능과 머신 러닝의 미래를 살펴보면서 다시 다룰 것이다. 잘 생각해보면 이론 컴퓨터 과학은 CEO를 위한 훌륭한 학문이었다. CEO는 여러 조건 하에서 빠르게 결정을 내려야 하기 때문이다.

위스콘신 대학교에서 컴퓨터 과학 석사 과정을 마친 후에는 독립 소프트웨어 개발 업체independent software vendor, ISV에서 일을 했다. 나는 오라클 데이터베이스용 애플리케이션을 제작하면서 석사 학위 논문을 마무리했다. 관계 대수(데이터베이스에 관한 여러 모델 중 현재 가장 많이 사용되는 모델이 키key와 값value의 관계를 정형화된 테이블로 구성해 다양한 방법으로 데이터에 접근하거나 데이터를 조합할 수 있게 하는 관계형 데이터베이스이다. 관계 대수는 관계형 데이터베이스에서 테이블로 표현된 데이터를 조작하기 위한 대수학적 연산 체계를 말한다 – 옮긴이)를 잘했기 때문에 데이터베이스와 SQL 프로그래밍(관계형 데이터베이스에서 데이터를 관리하기 위해 설계된 프로그래밍 언어 – 옮긴이)을 능숙하게 다룰 수 있었다. 키보드로 문자 형태의 명령어를 입력하던 방식(워크스테이션에 탑재된 유닉스UNIX에서 사용되었다)에서 그래픽 사용자 인터페이스GUI 방식(윈도우 등에 사용되었다)으로 기술이 변화하던 1990년대 초였다. 당시 나는 마이크로소프트에 대해서는 한 번도 생각해본 적이 없었다. PC를 전혀 사용하지 않았기 때문이었다. 내 시선은 더욱 강력한 워크스테이션workstation(전문 분야의 작업을 염두에 두고 설계한 고성능 개인용 컴퓨터 – 옮긴이)에 고정돼 있었다.

실제로 나는 첫 직장인 실리콘밸리의 선 마이크로시스템스Sun Microsystems(이하 '선')에서 일하기 위해 1990년 밀워키를 떠났다. 선은 워크스테이션 업계의 최강자였다. 마이크로소프트가 정조준하던 시장이었다. 선은 자바를 개발한 제임스 고슬링James Gosling과 최고 기술 책임자 에릭 슈미트Eric Schmidt(훗날 노벨과 구글의 CEO로 선임되었다)는 물론 설립자인 스콧 맥닐리Scott McNealy와 빌 조이Bill Joy 등 놀라운 재능을 지닌 사람들의 집합소였다.

내가 선에서 보낸 2년간 컴퓨터 업계는 엄청난 과도기를 겪고 있었다. 선은 마이크로소프트가 제공하는 그래픽 사용자 인터페이스를 간절하게 바라보았고 마이크로소프트는 선이 개발한 아름답고 강력한 32비트 워크스테이션과 운영 체제를 애타게 쳐다보았기 때문이다. 다시 한 번 나는 우연히도 적절한 시기와 적절한 장소에 있었다. 선에서 내게 이메일 프로그램 같은 데스크톱 소프트웨어를 개발하라고 지시했다. 몇 달 동안 나는 매사추세츠 주 케임브리지로 파견돼 로터스^{Lotus} 직원들과 함께 로터스의 스프레드시트 소프트웨어인 로터스 123을 선 워크스테이션에서 동작하도록 변환했다. 이후 나는 두려움을 느끼기 시작했다. 선이 2개월마다 새로운 그래픽 사용자 인터페이스 전략을 채택하려 했기 때문이다. 이 말은 내가 계속 프로그램을 재작업해야 한다는 의미였다. 선의 설명은 날이 갈수록 이치에 맞지 않았다. 선은 뛰어난 리더와 놀라운 역량을 갖추기는 했지만 합리적인 소프트웨어 전략을 수립, 고수하지 못하고 있었다.

1992년 나는 또다시 인생의 갈림길에 섰다. 세상을 바꿀 소프트웨어를 만들고 싶었다. 대학원에서 MBA를 따고 싶기도 했다. 그리고 아누가 그리웠다. 결혼해서 아누를 미국으로 데려오고 싶었다. 아누는 마니팔로 돌아가 건축학 과정을 끝마치고 있었다. 우리는 미국에서 합류할 계획을 세우기 시작했다.

이전에도 늘 그랬듯이 내게 세부적인 계획은 없었다. 하지만 어느 오후 워싱턴 주 레드먼드에서 걸려온 전화가 예상하지 못한 새로운 기회를 주었다. 또다시 내가 새로고침 버튼을 누르는 순간이었다.

마이크로소프트와의 하이파이브

태평양에 면한 미국 북서부 지역에서 맞이한 11월의 어느 쌀쌀한 아침, 나는 마이크로소프트 본사에 처음으로 발을 내디뎠다. 목적지는 빌딩 22라는 상상력 없는 이름이 붙은 건물에 자리 잡은 평범한 사무실이었다. 우뚝 솟은 미송 때문에 520번 주도(시애틀과 레드먼드를 잇는 부교로 유명하다)에서조차 거의 보이지 않는 건물이었다. 때는 1992년, 마이크로소프트 주가가 엄청나게 치솟을 무렵이었다. 하지만 설립자인 빌 게이츠와 폴 앨런은 여전히 알아보는 사람 없이 거리를 돌아다닐 수 있었다.

윈도우 3.1이 막 공개돼 윈도우 95를 위한 토대를 마련하고 있었고 가장 중요한 제품은 아직 출시되지 않았다. 소니가 시디롬^{CD-ROM}을 발표했고 최초의 웹사이트가 등장했지만 인터넷이 거대한 물결을 일으키기까지는 2년을 더 기다려야 했다. 세계 최대 케이블 TV 사업자인 TCI가 디지털 케이블을 소개했고 FCC(미국 연방 통신 위원회)가 디지털 라디오를 승인했다. PC 판매량은 빠른 속도로 상승하기 시작했다. 지금 생각해보면 나는 어느 때보다 적절한 시기에 마이크로소프트에 합류했다.

마이크로소프트에는 다른 기업과 경쟁하고 업계를 이끌 자원과 재능, 그리고 비전이 있었다. 나는 내 앞에 놓인 길을 따라 인도의 집에서 위스콘신의 대학원과 실리콘밸리의 선을 거쳐서 레드먼드로 향했다. 여름 내내 채용 과정을 단계적으로 거친 끝에 나는 윈도우 NT 담당자로 마이크로소프트에 입사했다.

32비트 운영 체제인 윈도우 NT는 마이크로소프트의 개인 소비자용 프로그램을 훨씬 강력한 기업용 시스템으로 확장해주는 제품이었다. 윈도우 NT는 향후 출시될 윈도우 버전의 근간이 됐다. 현재 사용되는 윈도우 버전, 즉 윈도우 10도 NT의 초기 설계도를 토대로 제작됐다. 나는 선에서 근무하던 시절 NT에 대해 들어보기는 했지만 사용한 적은 없었다. 마이크로소프트가 주최한 콘퍼런스에 동료가 참석한 적이 있었다. 이때 마이크로소프트 직원들이 개발자들에게 NT를 소개했다고 한다. 동료는 회사로 돌아와 NT에 대해 이야기했다. 그 순간 나는 '와, 큰일 낼 제품이네.'라고 생각했다. 나는 NT가 실제 영향을 미치는 현장에 있고 싶었다.

나를 마이크로소프트 직원으로 채용한 리처드 테이트와 제프 테퍼Jeff Teper는 유닉스와 32비트 운영 체제를 잘 아는 사람이 필요하다고 말했다. 나는 살짝 망설였다. 내가 정말 하고 싶은 일은 경영대학원 진학이었기 때문이다. 나는 관리자 수업을 받아야만 엔지니어 교육이 완성된다는 것을 잘 알고 있었고 언젠가는 투자 은행 쪽으로 진로를 전환할 생각을 하고 있었다. 나는 시카고대학교에서 풀타임 석사 과정을 시작했다. 하지만 테퍼는 이렇게 말했다.

"지금 당장 우리 쪽에 합류해야 하네."

나는 둘 다 하기로 마음먹고 풀타임 과정을 파트타임 과정으로 전환했다. 그리고 당시에는 아무에게도 말하지 않고 주말 동안 비행기로 시카고를 오갔다. 나는 2년 만에 MBA 학위를 취득했고 내가 해냈다는 사실에 기뻐했다.

주중에는 기업 소비자인 조지아 퍼시픽^{Georgia-Pacific}이나 모빌^{Mobil} 같은 회사의 최고 정보 책임자를 만나 마이크로소프트의 새롭고 강력한 기업용 운영 체제가 다른 운영 체제에 비해 훨씬 뛰어난 이유를 설득하고 이들의 선택을 받기 위해 거대한 컴팩 컴퓨터를 끌고 미국 전역을 비행기로 돌아다녔다. 주말에는 시카고에 있는 학교에서 수준 높은 재무 수업을 들으며 공대생 시절보다 더 많이 수학을 배웠다. 스티븐 캐플런^{Steven Kaplan}과 마빈 조니스^{Marvin Zonis}, 그리고 다른 유명한 교수진에게서 들은 전략과 재무, 그리고 리더십에 관한 수업은 MBA 과정을 마친 후에도 내 생각과 지적 호기심에 영향을 미쳤다.

마이크로소프트에서 보내는 시간은 상당히 재미있었다. 입사하고 얼마 지나지 않았을 때 나는 스티브 발머를 처음 만났다. 내 사무실에 들른 스티브는 마이크로소프트 입사를 축하하는 의미로 나와 뜨겁게 하이파이브를 했다. 그것이 이후 수십 년간 스티브와 수없이 나눈 흥미롭고 즐거운 대화 가운데 첫 번째 대화였다. 그때 마이크로소프트에는 진정한 사명감과 에너지가 존재했다. 한계란 없었다.

윈도우 NT 팀에서 몇 년을 보낸 뒤에 폭넓은 지식과 교양을 갖춘 네이션 마이어볼드Nathan Myhrvold가 꾸린 신기술 그룹에 합류했다. 마이크로소프트는 릭 라시드Rick Rashid와 크레이그 먼디Craig Mundie 등과 손을 잡고 혁신적인 기술 개발로 유명한 실리콘밸리의 제록스 파크Xerox PARC(현 팰로앨토 연구소)의 뒤를 이어 가장 뛰어난 기술 인재들을 모으고 있었다. 타이거 서버Tiger Server라는 암호명으로 불린 프로젝트에 제품 관리자로 합류하라는 지시를 받았을 때 나는 겸허해졌다. 타이거 서버는 VOD(주문형 비디오) 서비스를 구축하기 위해 거액을 투자한 프로젝트였다. 케이블 회사가 VOD 제공에 필요한 기술과 비즈니스 모델을 개발하고 넷플릭스가 동영상 스트리밍 서비스를 대세로 정착시키기 몇 년 전이었다.

운이 좋게도 나는 마이크로소프트 본사 바로 옆에 살았다. 마이크로소프트의 놀라운 광대역 통신망 시설이 끝나는 지점이었다. 그 덕분에 상업용 VOD 서비스가 제공되기 한참 전인 1994년에 이미 내 작은 아파트에서 마이크로소프트의 VOD 시범 서비스를 이용할 수 있었다. 타이거 서버가 제공하는 15편 정도의 영화들을 보고 또 보던 기억이 난다. 그러나 우리 팀이 ATM(비동기 전송 방식) 네트워크를 이용해 타이거 서버를 출시하려던 바로 그 순간 인터넷이 탄생하면서 하룻밤 사이에 타이거 서버는 퇴물로 전락했다.

인생의 동반자를 만나다

내 머리는 정신없이 돌아가고 있었지만 내 마음은 싱숭생숭했
다. 마이크로소프트에 입사하기 직전 인도에 다녀왔을 때 아누
와 나는 결혼을 약속했다. 나는 아누와 평생 알고 지냈다. 그녀
와 나의 아버지는 IAS에서 함께 일했고 두 가족은 친구 이상이
었다. 실제로 아누의 아버지와 나는 끝도 없이 크리켓에 관해 이
야기를 나누며 크리켓에 대한 열정을 공유했고 지금까지도 이런
관계가 이어지고 있다. 아누의 아버지는 학창 시절 주장으로 크
리켓 팀을 이끌었다. 정확히 언제 내가 아누와 사랑에 빠졌느냐
는 질문은 컴퓨터 과학자들이 NP-완전이라고 부르는 문제와 똑
같다. 수많은 순간과 장소를 댈 수는 있지만 하나를 콕 찍지는 못
한다. 다시 말해 단순하게 답할 수 있는 문제가 아니다. 두 가족
은 가까운 사이였다. 두 가족의 사회적 반경은 일치했다. 어린 시
절 우리는 늘 함께였다. 우리의 학창 시절은 겹쳤다. 우리 가족은
아누네 개가 낳은 새끼를 길렀다. 하지만 내가 미국으로 떠나면
서 아누와 연락이 끊겼다. 그러다 내가 인도를 방문하면서 우리
는 다시 만났다. 아누는 마니팔 대학교 건축학과에서 마지막 학

년을 보내는 동시에 뉴델리에서 인턴 사원으로 일하고 있었다.

어느 날 저녁 두 가족이 저녁 식사를 같이했다. 그날 밤 나는 내가 찾던 사람이 아누임을 그 어느 때보다 확신했다. 우리가 품은 가치와 세상을 향한 시선은 일치했다. 우리는 비슷한 미래를 꿈꾸었다. 여러 가지 관점에서 아누의 가족은 이미 우리 가족이었고 우리 가족은 이미 아누의 가족이었다. 다음 날 나는 아누에게 안경을 수리해야 하니 안경점에 데려다달라고 부탁했다. 안경점에 다녀온 뒤에는 로디 가든스(로디 왕가의 무덤이 있는 곳으로 지금은 유명한 관광지가 되었다) 주위를 몇 시간 동안 걸으며 이야기를 나눴다. 건축학도였던 아누는 델리 곳곳에 흩어진 역사적인 건축물을 사랑했다. 그날 이후 며칠 동안 우리는 함께 건축물을 보러 다녔다. 예전에 봤던 건축물들이 뭔가 달라 보였던 걸 나는 기억한다. 우리는 판다라 로드에서 점심을 먹었고 국립 드라마학교에서 상연하는 연극을 보았으며 칸 마켓의 서점에서 책을 샀다. 우리는 사랑에 빠졌다. 1992년 10월의 어느 오후 초목이 우거진 로디 가든스에서 나는 아누에게 청혼했다. 감사하게도 아누가 고개를 끄덕였다. 우리는 후마윤 로드에 있는 아누네 집으로 가서 아누 어머니에게 소식을 알렸다. 정확히 두 달 후인 12월 우리는 결혼식을 올렸다. 행복한 시간이었다. 하지만 얼마 후에 우리가 미국에서 함께하는 것이 만만치 않은 문제임이 드러났다.

아누는 건축학과 졸업을 1년 앞두고 있었다. 아누는 남은 과정을 마치고 레드먼드에서 나와 합류하기로 했다. 1993년 아누가 마지막 여름 방학 중에 나와 함께 지내기 위해 비자를 신청했다. 하지만 아누의 비자 신청은 거부당했다. 영주권자와 결혼했기 때문이다. 아누의 아버지는 뉴델리 주재 미국 총영사에게 면담을 신청했다. 그러고는 미국 비자법이 미국 정부가 추구하는 가족에 관한 가치와 일치하지 않는다며 총영사와 논쟁을 벌였다. 아누 아버지의 설득력 있는 주장과 미국 총영사의 친절 덕분에 아누는 단기 관광 비자를 받았다. 극히 드물고 예외적인 사례였다.

방학이 끝나자 아누는 학부 과정을 마치기 위해 인도로 돌아갔다. 영주권자와 결혼한 배우자를 위한 비자 발급 대기자 명단을 고려하면 아누가 미국에 입국하는 것은 매우 어려운 일이었다. 마이크로소프트의 이민법 전문 변호사는 현재의 이민법 체제에서는 아누가 미국에 입국하기까지 5~6년이 걸릴 것이라고 말했다. 나는 마이크로소프트를 떠나 인도로 돌아갈까 고민했다. 하지만 변호사인 아이라 루빈스타인Ira Rubinstein이 흥미로운 이야기를 했다.

"영주권을 포기하고 H1B 비자를 다시 발급받으면 어떨까요?"

아이라는 영주권을 포기하는 대신 전문직 종사자를 위한 임시 취업 비자를 재신청하는 것이 어떠냐고 제안했다. 제라르 드

파르디외^{Gerard Depardieu}가 출연한 영화 〈그린 카드^{Green Card}〉를 봤다면 미국에 사는 사람들이 영주권을 받기 위해 얼마나 길고 우스꽝스러운 시간을 보내야 하는지 알 것이다. 그런데 내가 임시 취업 비자를 받기 위해 다른 사람들이 그토록 원하는 영주권을 포기해야 할까? H1B 비자(미국 연방 정부가 발급하는 전문직 종사자를 위한 단기 취업 비자 – 옮긴이) 소지자가 미국에서 일하는 동안에는 그들의 배우자도 미국에 입국할 수 있다. 이민법의 괴상한 논리였다. 이민법 문제라면 내게는 어떤 선택지도 없었다. 내가 내릴 수 있는 결정은 하나뿐이었다.

1994년 6월 델리 주재 미국 대사관을 방문한 나는 엄청나게 늘어선 비자 발급 신청자들을 지나쳤다. 그러고는 직원에게 영주권을 반납하고 H1B 비자를 신청하겠다고 말했다. 직원은 어이없어했다.

"이유가 뭡니까?"

직원이 물었다. 나는 괴상한 이민 정책에 관해 이야기했다. 직원은 고개를 가로젓더니 내게 새로운 문서를 내밀었다.

"빈 칸을 작성하시면 됩니다."

다음 날 미국 대사관을 다시 방문해 H1B 비자 신청서를 제출했다. 놀랍게도 이 방법이 통했다. 아누가 시애틀로 날아와 나와 (영구적으로) 하나가 됐다. 우리는 시애틀에서 신혼 생활을 시작했다. 그러나 나는 잠깐 동안이지만 회사에 고약한 소문이 돌 거라고는 예상하지 못했다.

"저 친구가 영주권을 포기했대."

함께 일하던 쿠날 바흘Kunal Bahl도 훗날 비자 문제로 마이크로
소프트를 퇴사했다. H1B 비자의 유효 기간이 만료됐으나 영주
권은 아직 손에 넣지 못했기 때문이다. 바흘은 인도로 돌아가 스
냅딜Snapdeal을 설립했다. 스냅딜은 현재 가치가 10억 달러 이상으
로 평가되며 직원 수가 5000명에 이르는, 인도 전자 상거래 기
업 중 하나다. 아이러니하게도 스냅딜 같은 클라우드 기반의 온
라인 기업이 내 미래와 마이크로소프트의 미래에 중요한 역할을
담당할 예정이었다. 내가 모국에서 배운 가르침이 계속해서 내
현재를 빚었다.

Hit Refresh

| 제2장 |

리더로서의
자질을 통찰하다

윈도우를 넘어 클라우드를 보다

HIT REFRESH

나는 크리켓에 열광한다. 내가 어디에 있든 이 아름
다운 운동 경기는 늘 내 마음 한구석을 차지한다. 그 속에는 기쁨
과 추억이, 극적이고 복잡 미묘한 광경이, 환희와 절망이, 그리고
무한한 가능성이 있다.

잘 모르는 사람들을 위해 설명하자면 크리켓은 여름과 초가을
에 초록색 잔디가 깔린 커다란 타원형 경기장에서 벌어지는 국
제적인 스포츠다. 현재 영연방에 속해 있거나 과거에 속했던 국
가에서 가장 인기가 높다. 야구와 마찬가지로 크리켓에서도 투
수가 타자에게 공을 던진다. 타자는 공을 치고 최대한 많이 달려
서 점수를 낸다. 크리켓에서 투수는 볼러, 타자는 배트맨, 내야는
피치라고 부른다. 필더(야수 혹은 수비수)들은 배트맨을 아웃시키
려 한다. 크리켓 경기는 며칠간 진행되기도 한다. 그렇지만 야구
에서도 두 팀이 연속적으로 세 번이나 다섯 번, 심지어 일곱 번에
걸쳐 경기를 벌이지 않는가. 두 스포츠 모두 한없이 복잡해 보이
지만 주자가 가장 많이 달린 팀이 이긴다는 규칙만 알면 충분하
다. 이 책은 크리켓에 대해 속속들이 설명하는 책은 아니지만, 그
래도 크리켓과 사업을 연결 지은 비유를 피하기란 불가능하다.

왠지 모르지만 대부분의 남아시아 출신들처럼 나도 인도 남
부 데칸고원의 먼지투성이 피치 위에서 벌어지는 가장 영국적인

스포츠와 사랑에 빠졌다. 경기장에서 나는 내 자신에 대해, 볼러와 배트맨과 필더의 성공과 실패에 대해 여러 가지를 배웠다. 지금도 나는 잠시 일을 멈추고는 크리켓 규칙의 의미와 11명의 선수가 서로 협력하는 모습에서 자연스럽게 드러나는 아름다움에 대해 생각한다.

공무원인 아버지 때문에 안드라프라데시의 여러 도시로, 오늘날 우타라칸드 주에 속한 고원 도시 무수리로 이리저리 떠돌아다니던 유년 시절에는 크리켓이 지금만큼 인기를 끌지 못했다. 하지만 이제는 인도 프리미어 리그^{IPL}가 10년 치의 TV 중계권을 수십억 달러에 판매한다. 내가 크리켓에 마음을 빼앗긴 건 여덟 살 때였다. 우리 가족이 하이데라바드로 이사했을 때였다. 우리는 소마지구다 지역에 집을 빌렸다. 집주인인 알리 씨는 친절하고 자부심 강한 하이데라바디(하이데라바드 출신자)였다. 알리 씨는 자신의 자동차 정비소에서 일하는 동안 오스마니아 대학교 크리켓 팀의 모자를 썼다. 알리 씨는 1960년대에 뛰어난 활약을 펼친 하이데라바드 출신 크리켓 선수들에 대해 훤히 꿰고 있었다. 한번은 알리 씨가 나를 데리고 하이데라바드 팀과 봄베이(오늘날 뭄바이) 팀의 퍼스트 클래스 매치$^{first-class\ match}$(하루 여섯 시간씩 여러 날에 걸쳐 경기를 벌이는 방식)를 보러 갔다. 거대한 파테 마이단 경기장에 처음으로 가본 것이었다.

그날 나는 크리켓의 화려한 매력에 홀딱 빠져들었다. 자이심하, 아바스 알리 베이그, 아비드 알리, 뭄타즈 후사인 같은 선수들이 내 영웅으로 자리 잡았다. 봄베이 팀에는 수닐 가바스케르와 아쇼크 만카드, 그리고 다른 많은 스타가 있었다. 봄베이 팀이 하이데라바드 팀을 손쉽게 이겼음에도 그중 누가 인상 깊은 경기를 펼쳤는지 기억이 나지 않는다. 나는 유행에 맞게 위로 세운 셔츠 깃과 독특한 걸음걸이 등 자이심하의 모습에 감탄을 금치 못했다. 나는 지금까지도 뭄타즈 후사인이 던지는 "수수께끼 같은 공"에 대한 알리 씨의 해설과 아비드 알리가 피치를 따라 미디엄페이스 볼러(중간 속도로 위켓에 바로 공을 던지는 볼러)에게 달려가던 광경을 기억한다.

아버지가 다른 곳으로 전근을 가면서 나는 델리에 있는 학교로 전학했다. 나는 델리 페로즈 샤 코틀라에서 처음으로 테스트 매치test match(퍼스트 클래스 매치 형식으로 열리는 국가 간의 대항 경기)를 구경했다. 인도와 잉글랜드 대표팀이 벌이는 경기였다. 그 경기는 내게 지워지지 않는 인상을 남겼다. 나는 잉글랜드 팀의 배트맨인 데니스 아미스와 볼러인 존 레버가 한 이닝만에 인도 팀을 박살내던 모습을 기억한다. 나는 몇 주 동안 제정신이 아니었다. 아미스는 200점을 쳤다. 처음으로 테스트 매치에 참가한 레버는 길었던 그날 오후 내내 중간 속도로 공을 던졌다. 공의 방향을 이리저리 바꿔가면서. 나는 그런 것을 한 번도 본 적이 없었다.

열 살이 됐을 때 나는 하이데라바드로 돌아갔다. 이후 6년 동안 HPS 대표팀 선수로 뛰면서 크리켓과 진심으로, 그리고 확실하게 사랑에 빠졌다. 자이심하 선수의 두 자녀가 나와 같은 학교에 다녔다. 덕분에 우리는 크리켓의 매력과 전통에 둘러싸여 자랐고 크리켓에 열중했다. 당시 모든 사람이 HPS가 배출한 두 학생 선수에 대해 이야기했다. 그중 한 명이 (인도 크리켓 팀의 주장 타이거 파타우디의 조카로 알려졌던) 사아드 빈 중이었다. 사아드는 우리 지역인 인도 남부를 대표하는 사우스 존 팀에서 뛰는 동안 웨스트 인디언 팀과의 경기에서 100점을 기록했다. 나는 B팀에서 뛰다가 시니어 팀으로 넘어갔다. 시니어 팀은 하이데라바드 A 리그 소속이었다. 우리는 A리그에서 경기하는 유일한 학생 팀이었다. A리그에 속한 다른 팀은 은행이나 기업 등의 후원을 받았다. 란지 트로피(인도 최고 크리켓 토너먼트)에서 뛰는 선수들은 리그 경기 중에 두각을 나타내곤 했다. 이렇게 흥미롭고 복잡한 구조 덕분에 치열한 경쟁이 벌어졌다.

이제 크리켓에 관심이 없는 나라에 사는데도 나는 (그렇지만 100여 년 전에는 미국도 오스트레일리아나 잉글랜드와 함께 정기적으로 크리켓 대회를 주최했다) 여전히 크리켓에 열광한다. 내게 크리켓은 커다란 줄거리 안에서 부차적인 줄거리와 복선이 복잡하게 얽힌 채로 여러 막에 걸쳐 진행되는 경이로운 러시아 소설 같다. 배트맨의 멋진 배팅 혹은 볼러의 멋진 공 세 개가 경기의 흐름을 바꿀 수 있다는 점에서 말이다.

크리켓이 가르쳐준
리더십의 원칙

너무나 짧은 이력으로 남은 크리켓은 내가 CEO로 일하는 지금까지도 세 가지 비즈니스 및 리더십 원칙에 직접적으로 영향을 미치고 있다.

첫 번째 원칙은 불확실하고 위협적인 상황에서도 열정적이고 씩씩하게 경쟁해야 한다는 것이다. 학창 시절 크리켓 시즌이 한창이던 어느 여름날 우리는 오스트레일리아 선수가 몇 명 소속된 팀과 경기를 치렀다. 경기 중에 우리 팀의 감독이던 체육 선생님이 우리가 오스트레일리아 선수들의 경기 모습을 감탄하며 바라보는 것을 알아차렸다. 사실 우리는 상대 팀에 상당히 주눅이 들어 있었다. 우리는 한 번도 외국 선수와 경기를 치른 적이 없었다. 물론 인도 크리켓 리그에서 오스트레일리아 선수들의 비중은 컸다. 지금 생각해보면 감독을 맡은 선생님은 미국 미식축구 감독과 정말 비슷했다. 그러니까 목소리가 크고 경쟁심이 굉장히 강했다. 사실 우리는 선생님을 존경하거나 두려워하지 않았다. 선생님은 더 공격적으로 나서라고 주장에게 고함을 지르기 시작했다. 나는 볼러이자 형편없는 필드맨이었지만 선생님은 내게 쇼트 레그short leg(두 위켓 사이의 레그에서 수비하는 필드맨) 역할을 맡기고는 오스트레일리아 출신의 힘센 배트맨 오른편에 배치했다. 나는 운동장 구석에 서 있는 것을 좋아했지만 선생님은 경기 진행 상황이 바로 코앞에 보이는 자리에 나를 데려다놓았다. 시간이 흐른 뒤 우리는 새로운 에너지를 얻고 새로운 상황에 집중하게 되었으며 마침내는 경쟁력 있는 팀으로 변신했다. 이 사건을 통해 항상 경쟁자를 존경해야 하지만 그렇다고 두려워할 필요는 없음을 배웠다. 일단 나가서 맞서야 한다.

과거를 되짚어보면 자신에 대한 확신이나 평판보다는 팀을 우선시해야 한다는, 간단한 두 번째 원칙이 떠오른다. 우리 팀에는 빠른 공을 던지는 걸출한 볼러가 있었다. 우리 지역에서 가장 촉망받는 크리켓 선수 중 한 명이었다. 사우스 존에서 19세 이하 선수를 대상으로 실시한 특별 훈련에 참가한 이후 이 친구의 실력이 훨씬 향상됐다. 볼의 속도와 정확도가 그야말로 눈이 부셨다. 가장 마지막 타순에 배치되는 내가 (야구에서 배팅 케이지와 비슷한) 그물망으로 둘러싸인 타격 연습장으로 들어가 이 친구를 상대하기란 매우 어려웠다. 하지만 이 친구는 스스로 무너지는 유형이었다. 경기를 치르는 동안 주장이 이 친구를 배트맨의 오른쪽 22~27미터 지점에서 수비하는 미드 오프로 보냈다. 그리고 다른 볼러가 투입됐다. 얼마 후에 새로 등판한 볼러가 배트맨을 유인하여 공을 허공으로 쳐올리게 했다. 미드 오프로 빠진 불평 많은 친구가 쉽게 잡을 수 있는 공이었다. 하지만 이 친구는 편하게 공을 잡는 대신 양손을 주머니 깊숙이 찔러 넣고 공이 눈앞에 떨어질 때까지 멀뚱히 쳐다보기만 했다. 이 친구는 뛰어난 실력으로 많은 사람에게 사랑받는 선수였다. 도저히 믿기지 않는 장면이었다. 내가 얻은 교훈은? 실력은 뛰어나지만 팀을 우선시하지 않는 선수는 팀을 완전히 망가뜨릴 수도 있다.

물론 크리켓에서 얻을 수 있는 교훈이나 원칙은 많다. 하지만 이제부터 이야기할 세 번째 원칙은 리더십에서 가장 중요한 원칙이다. 기억을 되돌려보면 내가 던진 오프 스핀 공이 상대팀에게 두들겨 맞았던 경기가 떠오른다. 나는 굉장히 평범한 공을 던졌다. 돌이켜보면 우리 팀 주장은 진정한 리더십이 무엇인가를 보여주었다. 내 오버(볼러가 정상적으로 투구한 네 개나 여섯 개의 공으로 구성되는 한 세트로 한 선수가 두 오버를 연속으로 투구하지 못한다 - 옮긴이)가 끝나자, 그러니까 내가 여섯 개의 공을 다 던지자 주장이 나 대신 볼러 자리에 섰다. 주장은 볼러보다는 배트맨으로서 실력이 더 좋은데도 말이다. 주장이 재빨리 위켓을 빼앗으면서 배트맨이 아웃됐다. 대개는 그토록 효율적으로 위켓을 빼앗았다면 볼러로 남겠다고 주장할 법했다. 하지만 주장은 볼러로 남는 대신 즉시 내게 공을 넘겼다. 이후 나는 혼자 힘으로 일곱 차례 위켓을 빼앗았다. 주장이 왜 그랬을까? 내 추측에 주장은 내가 자신감을 회복하기를 바랐던 것 같다. 그때는 시즌 초반이라서 내가 시즌 내내 유능한 볼러로 뛰어주는 것이 중요했다. 주장은 공감 능력이 뛰어난 리더였기 때문에 내가 자신감을 잃으면 다시 회복하기 어려우리란 사실을 알았다. 공감 능력은 리더십의 처음이자 마지막이다. 모든 사람에게서 최선을 이끌어내는 힘이기도 하다. 공감 능력은 개인이나 팀에 자신감을 심어주는 노력과 관련된 것으로 리더십 수업에서 가르치기는 하지만 쉽게 체득하기 어렵다. **나는 공감 능력이 리더의 가장 중요한 덕목이라고 생각한다. 그것은 자신이 이끄는 구성원들의 자신감을 키우기 때문이다.** 당시 우리 팀을 이끌었던 주장은 훗날 권위 있는 란지 트로피에서 오랫동안 선수로 활약했으며 내게 대단히 귀중한 가르침을 주었다.

어린 시절 크리켓에서 얻은 교훈이 남편으로서, 아버지로서, 마이크로소프트의 젊은 엔지니어로서, 새로운 사업 영역을 구축하는 중역으로서 살아오는 동안 내 리더십 스타일을 빚었다. 내 접근법은 기존의 방식을 유지하는 것이 결코 아니었다. 그 대신 문화에 초점을 맞추고 무엇을 할 수 있는지를 상상하는 방식이었다. 이렇게 축적된 경험이 변화의 원료를 공급했다. 바로 목표와 혁신과 공감 능력이 일으키는 놀라운 화학작용의 토대들 말이다.

클라우드 컴퓨팅,
세상을 변화시키는 힘

1996년 8월, 아들 자인이 태어난 순간은 아누와 내 인생에서 분수령이 됐다. 자인이 신생아가사를 겪으면서 우리 인생은 예상대로 흘러가지 않게 되었다. 우리는 모든 문제가 항상 우리가 원하는 방식대로 해결되는 것은 아니라는 사실을 깨달았다. 우리는 대응 방법을 배워야 했다. 자인이 집중치료실ICU에서 나와 집으로 왔을 때 아누는 이런 깨달음을 바로 체득했다.

매일 자인에게 다양한 치료가 실시됐다. 물론 자인은 부모의 신경을 곤두서게 하는 ICU 시절을 보낸 뒤에도 여러 차례 수술을 받아야 했다. 그다음에 아누는 매일 사랑이 어린 손길로 자인을 신생아용 카시트에 눕히고는 차를 몰고 병원으로 가서 몇 시간 동안 치료를 받게 했다. 정말 사람을 지치게 하는 과정이었다. 시애틀 아동병원 신생아 집중치료실에 문이 닳도록 드나들었음은 두말할 필요도 없었다. 자인의 진료 기록부가 점점 두꺼워져 한 뼘을 넘어서는 동안 우리 가족에게 시애틀 아동병원은 두 번째 집이 되었다. 우리 가족은 지금까지도 시애틀 아동병원 직원들에게 큰 빚을 지고 있다. 그들은 자인이 태어나 청년으로 자랄 때까지 자인을 사랑해주고 지극히 보살폈다.

나는 CEO라는 새로운 역할을 맡고 난 후 자인이 입원한 집중치료실을 둘러보았다. 의료 기기들이 부드럽게 웅웅대고 삐삐대는 소리가 가득한 방이었다. 내 눈에 사물들이 이전까지와는 다르게 보였다. 나는 얼마나 많은 기기가 윈도우 위에서 동작하는지, 어떤 식으로 기기가 클라우드(오늘날 우리가 당연하게 생각하는 첨단 기술의 근간을 이루며 거대한 데이터 저장소와 강력한 컴퓨팅 기능을 제공하는 네트워크 서비스다)와 연결되는지 알아차렸다. 우리가 마이크로소프트에서 하는 일이 상업적 행위를 뛰어넘어 연약한 젊은이가 삶을 이어나가게 도와주었다는 날카로운 깨달음이었다. 내 깨달음은 마이크로소프트의 클라우드 및 윈도우 10 업그레이드와 관련된 결정에 중요한 역할을 했다.

자인 덕분에 나는 부모님에게서 배웠던 아이디어와 공감 능력을 매일 끌어내야 했다. 나는 가정에서든 직장에서든 열심히 살았다. 라틴아메리카 출신을 만나든, 중동 출신을 만나든, 미국 내의 다른 도시 출신을 만나든 나는 늘 사람들의 사고방식과 생각, 그리고 감정을 이해하기 위해 노력한다. 아이들에게 공감하는 아버지가 되고 싶다는 열망, 그리고 상대방의 깊은 마음을 이해하고 싶다는 열망을 품은 덕분에 나는 더 나은 리더가 될 수 있었다.

하지만 매일 사무실에 앉아 컴퓨터 화면만 들여다본다면 공감하는 리더가 절대 되지 못한다. 공감하는 리더가 되기 위해서는 세상으로 나가 현실 공간에서 사람들을 만나고 우리의 기술이 사람들의 일상적 행위에 어떤 영향을 미치는지 살펴야 한다. 이제 전 세계의 수많은 사람이 자기도 모르는 사이에 무선 기술과 클라우드 기술의 도움을 받는다. 병원과 학교, 기업, 연구소는 '퍼블릭 클라우드public cloud'에 의존한다. 다시 말해 개방형 네트워크를 통해 이용 가능하고 프라이버시가 보호되는 대규모 컴퓨터 및 데이터 서비스에 의존한다. 클라우드 컴퓨팅을 사용하는 경우 방대한 데이터 분석을 통해 막연한 추측이나 짐작을 합리적인 예측으로 바꾸어 현상을 명확하게 이해하고 지식을 생산할 수 있게 된다. 클라우드 컴퓨팅에는 삶과 기업, 그리고 사회를 변화시키는 힘이 있다.

CEO로 세계 곳곳을 여행하는 동안 나는 공감 능력과 기술의 상호 작용을 지속적으로 목격했다.

내가 태어난 주와 내가 지금 사는 주 모두에서 학교가 클라우드 컴퓨팅의 강력한 힘을 활용하여 대규모의 데이터를 분석하고 중퇴자 비율을 낮출 방법을 모색한다. 인도 안드라프라데시 주와 워싱턴 주 타코마에서는 너무나 많은 아이가 도중에 학교를 그만둔다. 열정 부족 때문이 아니다. 문제는 자원 부족이다. 클라우드 기술이 아이들과 그 가족을 돕기 위해 힘을 보태는 중이다. 실제로 도움이 필요한 곳에 자원이 집중되도록 클라우드 데이터에서 추출한 지식으로 어떤 학생들이 중퇴 가능성이 가장 높은지 예측하고 있다.

무선 기술과 클라우드 기술 덕분에 케냐의 스타트업 기업은 태양광 발전 패널을 제작했다. 덕분에 하루 생활비가 2달러 이하인 사람들이 위험하고 지저분한 등유등과 석유스토브 대신 안전하고 저렴한 전등과 전기스토브를 설치할 수 있게 되었다. 정말 기발한 계획이다. 또한 그 스타트업 기업 덕분에 케냐인들은 난생처음 신용 등급을 쌓고 금융 서비스에 접근할 길이 열렸다. 케냐 슬럼가 주민들은 혁신적인 휴대전화 결제 시스템을 활용하여 하루 40센트씩 태양광 발전 패널 사용료를 지불하면서 신용 기록 데이터를 축적해간다. 이렇게 쌓인 데이터는 다른 곳에 필요한 자금을 빌리는 데 활용된다.

그리스의 어느 대학교는 2007년 84명의 사망자를 내고 약 2700제곱킬로미터의 임야를 불태운 것과 같은 대규모 산불을 예측하고 예방하기 위해 클라우드 데이터를 활용한다. 이제 그리스 소방관들은 불길의 확산 속도나 강도, 화재 현장 인근의 움직임, 대략적으로 필요한 물의 양, 원격 센서가 전달하는 특정 지역의 기후 예측 등의 지식으로 무장한 덕분에 조기에 불길을 진화하고 더욱 많은 생명과 재산을 보호할 수 있게 되었다.

한편 스웨덴 연구자들은 클라우드 기술을 활용하여 아이들의 난독증을 더 빠르고 정확하게 진단하고 있다. 난독증은 수백만 명의 교육 성과에 영향을 미치는 장애 증세다. 학생들의 눈동자 움직임을 수집하여 30년 전에 난독증 진단을 받은 사람들의 데이터와 비교해본 결과 진단 정확도는 70퍼센트에서 85퍼센트로 증가했고 진단 시간은 3년에서 30분으로 줄었다. 다시 말해 학생과 부모, 그리고 학교가 더 적은 노력을 투입하고도 더 빨리 대처할 수 있게 되었다는 의미다.

한편 일본 정부는 전국에 수백 개의 센서를 설치하여 일반인이 후쿠시마 원전의 방사능을 추적 관찰하도록 돕고 있다. 식료품의 품질을 관리하고 유통 과정에서의 위험을 줄이기 위해서다. 500개의 원격 센서에서 전달된 1300만 개의 데이터를 활용하여 쌀 생산에 문제가 있음을 경고하는 히트맵heat map(데이터의 값을 시각적인 분석이 가능하도록 다양한 색깔로 변환시킨 데이터 시각화 기법의 하나 – 옮긴이)을 제작하기도 했다.

네팔에서는 2015년 4월 끔찍한 지진이 발생한 뒤 UN에서 파견한 재난 구호 요원들이 퍼블릭 클라우드로 학교와 병원, 그리고 집에 관한 방대한 데이터를 수집하고 분석했다. 도움이 필요한 사람들에게 각종 물품과 지원을 신속히 제공하기 위해서였다.

클라우드 혁명에 동참하다

이제 클라우드에 접속하지 않는 기기를 상상하기는 어렵다. 오피스 365나 링크드인LinkedIn, 우버Uber, 페이스북 같은 소비자 애플리케이션은 모두 클라우드에서 살아간다. 영화 〈록키^{Rocky}〉 시리즈를 잇는 최신 TV드라마로 실베스터 스탤론^{Sylvester Stallone}이 출연한 〈크리드^{Creed}〉에 멋진 장면이 나온다. 록키가 제자를 위한 식이 요법을 종이에 휘갈겨 쓴다. 제자는 스마트폰으로 재빨리 종이를 찍는다. 제자가 터벅터벅 가버리자 록키가 소리를 지른다.

"이 종이 없어도 돼?"

"필요 없어요. 이미 클라우드에 올라가 있는 걸요."

제자가 대답한다. 늙은 선생 록키는 하늘을 바라본다.

"구름? 어떤 구름?"

아마 록키는 클라우드에 대해 모를 것이다. 하지만 수백만 명이 클라우드에 의존한다. 이제 마이크로소프트는 나날이 판세가 바뀌는 클라우드 기반 기술 분야에서 선두를 차지하고 있다. 그러나 불과 몇 년 전만 해도 이 같은 결과를 얻을 수 있을지 확신이 서지 않았다.

2008년 마이크로소프트 위로 먹구름이 몰려들기 시작했다. 마이크로소프트의 자금 공급원인 PC 출하량이 상승세가 꺾이고 잠잠해졌다. 그사이 애플과 구글이 출시한 스마트폰과 태블릿의 매출이 증가하면서 마이크로소프트가 경쟁력을 갖추지 못한 검색과 온라인 광고 분야의 수익을 늘려갔다. 이 기간에 아마존은 조용히 아마존 웹서비스^{AWS}를 시작해 수익성이 뛰어난 고속 성장 산업인 클라우드 서비스 분야에서 이후 몇 년간 최강자로 자리 잡을 기반을 닦았다.

클라우드 이면에 깔린 논리는 간단하면서도 강력하다. 1980년 대에는 마이크로소프트와 인텔, 애플 등이 주도한 PC 혁명으로 전 세계의 가정과 직장에서 컴퓨터를 사용하게 되었다. 1990년대 에는 플로피디스크가 아닌 네트워크를 이용해 데이터를 공유하려는 수많은 사용자의 요구에 맞춰 클라이언트/서버 시대가 열렸다. 하지만 데이터의 바다가 끊임없이 커지는 시기가 오자, 그리고 아마존과 오피스 365, 구글, 페이스북 같은 새로운 사업 부문이 등장하는 시기가 오자 아무리 많은 비용을 투입하더라도 서버의 성능을 유지하기가 쉽지 않았다. 클라우드 서비스의 출현은 컴퓨팅의 경제학을 근본적으로 바꿨다. 클라우드 서비스는 컴퓨터 자원을 표준화하고 공유했으며 한때 사람이 직접 처리하던 유지 보수 작업을 자동화했다. 사용량에 따라 요금이 책정되는 방식으로 클라우드 서비스를 이용하는 경우 사용자가 직접 사용량을 탄력적으로 조정할 수 있었다. 클라우드 사업자는 전 세계에 거대한 데이터 센터를 구축한 다음 사용자에게 저렴한 비용으로 대여했다. 이것이 클라우드 혁명이었다.

AWS를 제공하는 아마존은 클라우드 서비스로 수익을 창출한 최초의 기업이다. 아마존은 책과 영화를 비롯하여 각종 소매 상품을 판매하는 클라우드 인프라를 마치 시분할 방식을 적용하듯 다른 사업자나 스타트업 기업에 대여해줄 수 있음을 일찌감치 깨달았다. 각각의 사업자나 기업은 클라우드 인프라를 자체적으로 구축할 때보다 훨씬 저렴하게 이용할 수 있다. 2008년 6월까지 아마존은 자사 클라우드 플랫폼에 애플리케이션과 서비스를 제공할 개발자 18만 명을 확보했다. 하지만 그때까지만 해도 마이크로소프트는 상업적으로 활용할 수 있는 클라우드 플랫폼을 갖추지 못한 상태였다.

모든 상황을 고려하면 마이크로소프트는 어려움을 겪고 있었다. 2008년 대침체가 찾아오기도 전에 마이크로소프트 주가는 이미 하락세를 타기 시작했다. 오랫동안 구상했던 계획에 따라 그해 빌 게이츠는 회사를 떠나 빌 앤드 멀린다 게이츠 재단에만 집중했다. 다른 사람들도 회사를 떠났다. 그중 윈도우 및 온라인 서비스 사업 부문 사장이었던 케빈 존슨Kevin Johnson은 주니퍼 네트웍스Juniper Networks CEO로 취임했다. 그해 주주들에게 보낸 편지에서 빌과 스티브 발머는 새롭게 등장한 리더들이 온라인 광고나 검색 같은 사업 분야의 역량을 강화하고 있다는 사실을 고려해 로터스 노츠Lotus Notes의 창업자 레이 오지Ray Ozzie를 마이크로소프트의 새로운 최고 소프트웨어 설계 책임자(빌의 이전 직함이었다)로 임명했다고 밝혔다.

2008년 주주들에게 보낸 편지에는 클라우드에 관한 언급이 전혀 없었다. 하지만 스티브는 명성에 걸맞게 경쟁 무대를 폭넓게 바라보는 시각과 전략을 갖췄다. 항상 대담하고 용감하며 열정적인 리더로 유명한 스티브가 내게 전화를 걸어 자신에게 좋은 생각이 있다고 말했다. 스티브는 내가 훗날 빙Bing이라는 이름으로 재출범한 온라인 검색 및 광고 부문을 이끄는 기술 책임자가 되기를 바랐다(마이크로소프트가 최초로 진출한 클라우드 서비스 분야였다).

설명을 덧붙이자면 검색 엔진은 경매라고 불리는 광고로 수익을 올린다. 광고주는 자신이 판매하는 제품이나 서비스에 어울리는 검색 키워드에 입찰한다. 키워드를 낙찰받은 광고주는 검색 결과창에 관련 광고를 게재할 기회를 얻는다. 자동차나 자동차 중개상과 관련된 검색어의 경우 광고주가 돈을 지불하고 검색 결과창에 눈에 확 띄게 광고를 게재할 가능성이 높다. 소비자와 광고주 양쪽의 입장에서 구매 이력을 도출하는 것은 컴퓨터 자원을 많이 사용하는 비싸고 복잡한 작업이다. 마이크로소프트는 검색 분야에서 낮은 시장점유율 때문에 고전하고 있었다. 하지만 스티브는 검색 사업에 투자했다. 그래야 마이크로소프트가 윈도우와 오피스가 아닌 다른 분야에서 경쟁하고 최고의 기술을 갖출 수 있기 때문이었다. 그것이 스티브가 생각한 마이크로소프트의 미래였다. 사람들은 지속적으로 성장하는 아마존의 클라우드 사업에 맞설 답을 내놓으라며 마이크로소프트를 엄청나게 압박했다. 그 답이 스티브가 나를 합류시킨 그 사업이었다. 스티브는 이렇게 덧붙였다.

"그렇지만 이걸 생각해야 하네. 어쩌면 자네가 마이크로소프트에서 맡을 마지막 직책이 될지도 몰라. 실패하더라도 낙하산은 없거든. 맨몸으로 추락해야 할 걸세."

당시 나는 스티브의 진지한 말이 진담을 가장한 농담인지, 아니면 말 그대로 경고인지 구분되지 않았다. 지금도 어느 쪽인지 확실히 알지 못한다.

그럼에도 스티브의 제안은 흥미롭게 들렸다. 당시 나는 마이크로소프트 다이나믹스$^{Microsoft\ Dynamics}$(마이크로소프트의 CRM, ERP용 기업 솔루션)에서 새로운 사업을 진행하고 있었다. 훗날 노스다코타 주지사로 선출된 더그 버검$^{Doug\ Burgum}$에게서 물려받은 일이었다. 더그는 사람들에게 영감을 불어넣는 리더로서 내가 더 완벽한 리더가 되도록 가르쳤다. 더그는 사업과 일을 별개로 생각하는 대신 사회라는 더 큰 구조의 일부로, 한 사람의 인생에서 가장 중요한 부분으로 생각했다. 더그에게서 배운 몇 가지 가르침은 CEO인 지금의 나를 이루는 중요한 한 축이다.

다이나믹스를 이끄는 것은 꿈같이 멋진 일이었다. 나는 처음으로 한 사업 부문을 운영할 기회를 얻었다. 나는 이를 위해 5년에 가까운 준비 기간을 보냈다. 내가 마이크로소프트 안팎에서 맺은 모든 관계는 다이나믹스 사업을 전진시키기 위한 것이었다. 그런데 스티브의 제안이 나를 안락한 공간 밖으로 밀어냈다. 나는 소비자와 대면하는 사업 부문에서 일한 적이 없었고 실제로 검색 엔진이나 클라우드 인프라 분야에 동참한 적도 없었다.

그래서 어느 날 밤, 회사에서 기나긴 하루를 보낸 나는 차를 몰고 88번 건물로 가보기로 마음먹었다. 인터넷 검색 기술 팀이 자리 잡은 곳이었다. 나는 복도를 따라 걸으며 어떤 사람들이 이 팀에서 일하는지 보기로 했다. 이런 방법이 아니라면 어떤 방법으로 회사가 내게 맡긴 팀과 공감할 수 있겠는가? 저녁 9시경이었다. 하지만 주차장은 꽉 차 있었다. 나는 지친 몸으로 일과를 마치고 나오는 사람들과 마주칠 것이라 예상했다. 하지만 아니었다. 모든 팀원이 책상 앞에 앉아 식당에서 포장해 온 음식을 먹으며 일하고 있었다. 나는 어느 누구에게도 말을 걸지 못했다. 하지만 내가 본 광경은 호기심을 불러일으켰다. 무엇 때문에 저렇게 일하는 거지? 88번 건물에서 중요한 일이 벌어지고 있음이 분명했다.

그날 밤 나는 인터넷 검색 기술 팀이 헌신적으로 노력하는 모습을 보고 결론을 내렸다. 나는 스티브에게 이렇게 말했다.

"네, 가겠습니다."

내 낙하산은 어떤 색이었을까. 내게는 낙하산이 없었다.

클라우드 중심의 서비스를 구축하다

나는 새로운 세상으로 들어갔다. 여기에는 행운이 뒤따랐다. 그때는 내 결정이 앞으로 내가 어떤 리더십을 발휘할지, 회사의 미래를 어떻게 이끌어나갈지를 증명하는 근거가 되리라는 걸 거의 알지 못했다.

곧바로 나는 클라우드 기반의 온라인 사업을 구축하려면 데스크톱 컴퓨터가 아닌 주로 이동 전화에서 사용되는 네 가지 기본 기술이 필수적이라는 것을 깨달았다.

나는 분산형 컴퓨터 시스템에 대해 잘 안다고 생각했다. 하지만 불현듯 분산형 시스템을 완전히 다시 배워야 한다는 생각이 머리를 스쳤다. 클라우드 때문이었다. 간략하게 설명하자면 분산형 시스템은 네트워크로 연결된 여러 컴퓨터에서 소프트웨어가 통신을 주고받으며 조직적으로 동작하는 방식을 말한다. 예를 들어 수십만 명이 동시에 검색 명령어를 입력한다고 하자. 미국 서부 해안에 있는 데이터 센터의 서버 한 대로 검색 명령어가 몰리면 서버는 고장을 일으킬 것이다. 하지만 수십만 개의 검색 명령어가 네트워크로 연결된 여러 대의 서버로 분산된다면 어떨까. 엄청난 규모로 연결된 컴퓨터들의 강력한 성능 덕분에 소비자가 원하는 결과가 즉각적으로 도출될 것이다. 접속량이 늘어나면 서버를 더 연결하면 된다. 이 같은 탄력성이 클라우드 컴퓨팅 아키텍처의 핵심 특징이다.

둘째, 우리는 소비자용 제품 설계에 능통해야 했다. 우리에게는 대단한 기술이 필요했다. 또한 엄청난 경험도 필요했다. 몇 번이고 다시 하고 싶은 경험이었다. 전통적으로 소프트웨어 설계는 개발자가 생각하는 출시 1년 후의 제품 모습을 반영했다. 현대적인 소프트웨어 설계는 지속적인 실험을 통해 업데이트되는 온라인 제품과 관련이 있다. 설계자는 '운영 중'인 페이지를 여러 개 제공한다. 그러면 일부 빙 사용자는 이전 버전 페이지로 안내되지만 일부는 테스트를 거치지 않은 새 버전 페이지로 접속하게 된다. 사용자가 매긴 점수로 어느 쪽이 더 효율적인지를 결정한다. 가끔씩 겉보기에는 아주 작은 차이가 실제로는 큰 차이로 이어질 수 있다. 글자의 색이나 크기, 폰트 같은 단순한 문제가 소비자에게 커다란 영향을 미침으로써 수천만 달러의 수익을 창출하는 자발적인 행동 변화를 가져올지도 모른다. 이제 마이크로소프트는 제품을 설계하는 이 새로운 방법을 완전히 익혀야 했다.

셋째, 우리는 양면 시장two-sided market(두 유형의 이용자 집단이 플랫폼으로 상호 작용하고 이때 창출된 가치가 네트워크 외부성의 영향을 받는 시장 – 옮긴이)을 충분히 이해하고 구축해야 했다. 새로운 온라인 사업과 관련된 경제학이었다. 한편에는 검색 결과를 얻기 위해 온라인 세상에 접속하는 소비자가 있고 다른 한편에는 자신의 사업이 소비자의 눈에 띄기를 바라는 광고주가 있다. 성공하려면 양쪽이 다 필요하다. 앞서 설명한 경매 효과는 여기에서 탄생된다. 사업에서 양측은 똑같이 중요하다. 그리고 양측을 위해 어떤 경험을 설계하느냐가 결과에 결정적인 영향을 미친다. 검색 엔진 사용자를 더 많이 끌어들일수록 광고주를 더 많이 끌어들일 수 있다. 검색어와 관련된 결과를 보여줄 때 적절한 광고를 게재하는 것이 중요하다. 따라서 온라인 경매 과정을 '자동적으로 처리'하고 검색 결과의 연관성을 높이는 작업이 반드시 필요했다.

마지막으로 응용 머신 러닝 기술을 완벽히 터득해야 했다. 머신 러닝은 인공지능의 기반이 되며 대단히 우수한 데이터 분석 결과를 도출하는 기술이다. 우리는 두 가지 일을 동시에 처리하는 방법에 대해, 다시 말해 사람들이 어떤 목적으로 웹에서 검색을 하는지 파악하고 웹에서 얻은 지식이 사람들의 의도와 일치하는지 확인할 방법에 대해 고민해야 했다.

결과적으로 빙은 오늘날의 마이크로소프트에 스며들어 있는 하이퍼 스케일(필요에 따라 시스템의 규모를 유연하게 확장하거나 줄일 수 있는 기술)과 클라우드 퍼스트cloud-first 서비스가 자리잡을 수 있는 훈련소가 된 셈이다. 우리는 단순히 빙을 만드는 데서 멈추지 않고 마이크로소프트의 미래에 연료를 공급할 기반 기술을 탄생시켰다. 빙을 만드는 과정에서 우리는 규모와 실험 주도 설계법, 응용 머신 러닝 기술, 경매에 기초한 가격 책정 기법에 대해 배웠다. 마이크로소프트에 반드시 필요할 뿐만 아니라 요즘과 같은 기술 세상에서 대단히 인기를 끄는 능력들이다.

하지만 우리는 검색 부문에서 엄청나게 뒤떨어져 있었다. 우리는 구글 검색 엔진에 필적할 만한 제품을 아직 선보이지 못했다. 그래서 페이스북, 아마존, 야후, 애플 경영진을 만나기로 했다. 곧 등장할 우리의 검색 엔진을 전도하기 위해서였다. 나는 거래가 성사되기를 바랐다. 또한 그들이 어떤 방식으로 자사 제품을 항상 새롭고 참신하게 유지하는지도 배우고 싶었다. 핵심은 '민첩하게 행동하고, 민첩하게 행동하고, 또 민첩하게 행동하라.' 였다. 소비자에게 제대로 된 경험을 선사하려면 속도를 키우고 재빠르게 대응하고 활동성을 높여야 했다. 그리고 이러한 행동이 한 번으로 그쳐서는 안 되고 일상적으로 반복돼야 했다. 우리는 지속적으로 단기 목표를 수립하고 이를 달성하면서 더욱 현대적이고 빠른 속도로 코드를 생산해야 했다.

목표를 달성하기 위해서는 주기적으로 의사 결정권자를 모두 모아 작전 회의를 열어야 했다. 2008년 9월 첫 번째 회의를 위해 검색 엔진 엔지니어들이 모였다. 이 회의는 간단하게 '1번 검색 검문소'라고 불렸다. (어쩌면 더 창의적인 이름을 붙였어야 했는지도 모른다. 이름이 그대로 굳어지면서 지금까지 우리가 통과한 검문소가 무려 수백 개에 이르기 때문이다.) 우리는 2009년 6월 빙을 출시하기로 했다. 새로운 검색 엔진이자 새로운 브랜드였다. 나는 위기감을 조성하여 서로 다른 기술과 배경을 갖춘 리더들을 결집했다. 이 과정을 통해 나는 공동의 목표로 나아가게 하는 방법에 관해 많이 배웠다. 성공한 기업에서는 새로운 기술을 습득하는 것만큼이나 낡은 습관을 버리는 것도 중요하다는 사실을 나는 깨달았다.

이 시기에 루치 박사를 온라인 서비스 총괄로 영입하면서 내 학습 속도는 더욱 빨라졌다. 야후 경영진 출신인 루치는 실리콘밸리 전체가 치열하게 영입 경쟁을 벌이는 인물이었다. 스티브와 해리 셤(현재 마이크로소프트 인공지능 및 리서치 그룹을 이끌고 있다), 그리고 내가 샌프란시스코베이 지역으로 내려가 오후 내내 루치와 대화를 나눴다. 비행기를 타고 돌아오는 길에 스티브가 내게 말했다.

"루치를 데려와야 하네. 자네가 루치를 위해 일하기 싫다면 좀 문제가 있겠지만."

나는 잠깐 만났을 뿐인데도 루치가 많은 가르침을 줄 수 있는 사람이자 마이크로소프트에 이익을 안길 사람임을 알았다. 따라서 어떤 의미에서는 내 승진을 가로막는 결정이었음에도 주저하지 않고 루치를 마이크로소프트에 영입했다. 나는 온라인 사업 부문에서 루치를 위해 일하고 루치에게 배우면서 내가 직업적으로 성장할 길이 열리는 것을 느꼈다. 나중에 내가 CEO가 되고 나서 루치는 SLT에서 중요한 역할을 맡았다. 몇 년 후 루치는 회사를 떠났지만 내게는 여전히 믿을 만한 친구이자 조언자이다.

시간이 흐른 뒤에 검색 엔진 부문에서 야후와 빙이 손을 잡았다. 야후와의 파트너십으로 우리는 미국 검색 엔진 시장에서 점유율을 4분의 1로 높였다. 검색 엔진이 생존을 위해 고군분투하던 초창기에 많은 사람이 서비스를 종료해야 한다고 말했다. 하지만 우리의 검색 엔진은 시장점유율을 계속 확대해 이제는 수십억 달러의 수익을 내는 사업 부문으로 성장했다. 하지만 수익만큼 중요한 것은 우리가 클라우드로 이동하기까지 빙이 어떻게 도움을 주었는가였다.

모든 변화는
내부에서 시작된다

마이크로소프트에는 같은 문제를 해결하기 위한 수많은 실험이 존재했다. 실험은 내부 경쟁으로, 심지어 영역 다툼으로까지 이어졌다. 2008년 이후 레이 오지가 레드 도그Red Dog라는 암호명을 붙이고 대단히 비밀스럽게 클라우드 인프라 제품을 준비했다. 마이크로소프트 전문 기자인 메리 조 폴리Mary Jo Foley가 레드 도그 팀의 엔지니어 구인 광고를 오랫동안 지켜보다가 마이크로소프트가 AWS에 맞설 제품을 준비하는 것이 틀림없다는 추측성 기사를 썼다.

당시 빙 사업부에 소속되어 있던 나는 협력을 모색하기 위해 레드 도그 팀과 만났다. 나는 서버 및 개발 도구 사업부STB가, 즉 윈도우 서버와 SQL 서버 같은 제품을 기획·개발하는 곳이자 레드 도그 본부가 설치된 곳이 빙 사업부와는 완전히 다른 세계임을 재빨리 알아차렸다. 마이크로소프트에서 STB는 수익 면에서 오피스와 윈도우의 뒤를 이어 세 번째로 큰 사업부였다. 그들은 분산형 시스템 분야의 최고 전문가였다. STB와 빙 사업부에는 몇 가지 차이점이 있었다. STB는 클라우드 서비스의 운영 과정에서 수집되는 피드백이 없었기 때문에 사용 규모를 쉽게 조정할 수가 없었다. 나는 STB가 기존 소비자를 대상으로 하는 국소적 최댓값에 갇혔으며 새로운 세상인 클라우드 서비스에 관해 빠르게 지식을 쌓지 못했음을 깨달았다. 레드 도그 팀은 STB 조직을 이끄는 주류 세력으로부터 외면당하는 혹 같은 존재였다.

2010년 말 레이 오지가 퇴사를 밝히는 이메일을 보냈다. 그는 이렇게 썼다.

"누구도 반박하지 못하는 한 가지 사실은 대형 조직이라면 '견뎌야 할' 모든 변화가 내부에서 시작된다는 점이다."

레드 도그는 인큐베이터에 머무르면서 수익을 거의 올리지 못했지만 변화가 내부에서 시작될 것이라는 오지의 말은 옳았다. 스티브는 마이크로소프트가 클라우드 사업에 모든 것을 걸었다고 선언하면서 연구 개발에 87억 달러를 투자했다. 투자비 대부분이 클라우드 기술에 집중됐다. 하지만 많은 엔지니어가 클라우드 관련 기술에 투입됐음에도 마이크로소프트의 클라우드 플랫폼을 명확하게 보여주는 비전은 여전히 수면으로 떠오르지 않았다. 어떻게 수익 흐름을 만들 것인가에 대해서는 말할 필요도 없었다.

그 무렵 스티브가 내게 STB를 이끌어달라고 했다. STB는 현재 엔터프라이즈 및 클라우드 사업부로 바뀌었다. 나는 일주일 만에 새로운 역할을 맡아야 했다. 스티브는 우리가 클라우드를 향해 더 빠르게 움직여야 한다고 생각했다. 스티브는 오피스 사업부를 클라우드 사업부로 변환하는 작업을 개인적으로, 그리고 공격적으로 밀어붙였다. 스티브는 클라우드 인프라에 관해서도 우리가 자신만큼 대담하게 나서기를 바랐다.

2011년 1월, 내가 막 걸음마를 시작한 클라우드 사업부를 이어받았을 당시 전문가들은 아마존이 주도하는 클라우드 서비스가 창출하는 수익이 이미 수십억 달러에 이르렀으며, 마이크로소프트의 모습은 어디에도 보이지 않는다는 분석을 내놓았다. 그때 마이크로소프트가 클라우드 서비스에서 내는 수익은 수십억이 아니라 수백만 달러로 집계됐다. 당시 AWS는 수익을 공개하지 않았지만 아마존은 분명한 강자로서 마이크로소프트가 어떤 위협도 가하지 못하는 거대한 사업을 확보했다. 내가 새로운 역할을 맡고 얼마 지나지 않은 2011년 4월 아마존 CEO인 제프 베조스 Jeff Bezos는 주주들에게 보내는 연례 편지에서 급성장 중인 자사 클라우드 사업의 토대가 되는 컴퓨터 과학과 경제학에 대해 의기양양하게 설명했다. 제프는 베이지언 추정(모수의 분포에 대한 사전 정보와 우도함수를 결합하여 모수를 추정하는 방법 – 옮긴이)과 머신 러닝, 패턴 인식, 확률적 의사 결정에 대해 이야기했다. 제프는 이렇게 썼다.

"아마존 엔지니어들이 개발한 진보적인 데이터 관리 기법이 아마존 웹 서비스가 제공하는 클라우드 스토리지(네트워크 기반에서 데이터를 저장할 수 있게 해주는 서비스 – 옮긴이)와 데이터 관리 서비스의 하부 구조를 위한 출발점이 됐습니다."

아마존은 혁명을 주도하고 있는데 우리는 병사들을 모으지도 못했다. 10여 년 전 나는 선 마이크로시스템스를 떠나 마이크로소프트가 기업용 시장의 강자가 되도록 힘을 보탰다. 그리고 이제 다시 경쟁자에 비해 훨씬 뒤처진 마이크로소프트가 내 앞에 있었다.

마이크로소프트는 기업의 자격으로 모바일 혁명에 동참할 기회를 공개적으로 놓쳤다. 하지만 클라우드를 놓칠 생각은 없었다. 나는 빙 사업부에서 동료들과 일하던 시절이 그리웠음에도 한 세대 안에 마이크로소프트에서 일어날 가장 큰 변화인 클라우드로 향하는 우리의 여정을 이끌게 되었다는 사실에 들떴다. 나는 2008년부터 2011년까지 3년 동안 클라우드 서비스 사업자가 아니라 사용자 입장에서 클라우드 과부하 시험, 클라우드 운영법, 클라우드 경제학 등 클라우드에 대해 배웠다. 그 덕분에 나는 새로운 역할을 빠르게 수행할 수 있었다.

쉽지는 않았다. 서버 및 개발 도구 사업부는 최고의 상업적 성공을 거뒀지만 미래를 보지는 못했다. 클라우드 사업의 중요성을 두고 STB 내부에는 골이 깊게 파였다. 두 세력 사이에는 끊임없이 긴장감이 조성됐다. 한쪽 세력은 이렇게 말했다.

"그래, 이제 클라우드 시대야."

"그래, 우리는 클라우드 사업을 키워야 해."

하지만 반대 세력은 이렇게 경고했다.

"명심해. 우리는 서버 사업에 집중해야 해."

STB를 마이크로소프트 안에서 영향력 있는 조직으로 성장시킨 서버, 즉 윈도우 서버와 SQL 서버가 이제 STB의 발목을 잡고 STB의 혁신과 성장을 방해하고 있었다.

내가 새 역할을 맡고 얼마 지나지 않아 마이크로소프트가 성명을 발표했다.

"나델라와 나델라의 팀이 클라우드로 향하는 마이크로소프트의 혁신 과정을 주도하고 기술 로드맵과 비즈니스 컴퓨팅의 비전을 제시할 것이다."

스티브는 하룻밤 사이에 변신이 일어나지는 않겠지만 우리에게는 시간이 얼마 남지 않았다고 말했다.

나는 목적지에 관해 대단히 훌륭한 그림을 그렸다. 하지만 내 역할이 STB 리더들에게 자부심과 열망을 불어넣어 나와 함께 목적지로 향하게 하는 것이라는 사실도 인식했다. 물론 내게도 입장이 있었다. 하지만 나는 이곳이 기업에 대해, 그리고 컴퓨터 사용과 관련하여 까다롭고 복잡한 요구를 하는 소비자에 대해 깊은 관심을 보여야 하는 조직임을 깨달았다. 나는 대형 소비자를 상대로 축적한 STB의 지식을 토대로 삼고 싶었다. 그래서 우선 내가 이끌 팀의 이야기에 귀를 기울이는 작업에 나섰다. 이 일이 잘되면 팀원들의 존경을 받을 것이다. 그리고 오직 그때에만 우리가 함께 새롭고 더 나은 곳으로 과감하게 나아갈 수 있었다.

팀을 하나로 모으기 위해 필요한 전략

리더십이란 어떤 결정을 내리고 이를 따르도록 팀원들을 결집시키는 자질을 의미한다. 인도 고위 공무원인 아버지를 지켜보면서 영속적인 조직을 만드는 것보다 힘든 일은 별로 없다는 사실을 배웠다. 지시 대신 합의를 통해 사람들을 이끌겠다는 결정은 잘못된 선택이다. **조직 구축은 상향식과 하향식의 양방향으로 일이 진행되도록 명확한 비전과 문화를 갖추고 동기를 부여하는 노력에서부터 시작된다.**

경영대학원 시절 나는 《흐르는 강물처럼A River Runs Through It》으로 유명한) 노먼 매클린Norman Maclean의 《젊은이와 불Young Men and Fire》을 읽었다. 이 소설은 1949년 소방관 13명의 목숨을 앗아간 비극적인 산불과 이후의 조사 과정을 다루고 있다. 내 머릿속에는 사람들이 무시한 가르침이 남았다. 응급 상황에는 팀원들과 상황을 공유하고 굳건한 신뢰 관계를 구축해야 한다. 마지막에 화재 현장을 빠져 나온 소방관 대장은 산불이 계속 번지는 것을 막으려면 작은 불을 놓아야 한다는 것을 알았다. 하지만 대장의 지시를 따르는 대원은 아무도 없었다. 대장은 대원들을 안전한 곳으로 대피시키는 일에는 능했지만 상황은 공유하지 않았기 때문에 효과적으로 리더십을 발휘하지 못했다. 그의 팀은 최악의 대가를 치렀다.

나는 똑같은 실수를 저지르지 않겠다고 결심했다. 소설 속의 소방관 대장처럼 나도 직관에 어긋나는 전략을 받아들이도록 팀원들을 설득해야 했다. 다시 말해 모두를 먹여 살리는 대형 서버와 도구 사업이 아닌, 수익을 거의 올리지 못하는 소규모 클라우드 사업에 관심을 가지라고 설득해야 했던 것이다. 팀원들의 지지를 얻으려면 상황을 공유해야 했다. 나는 예전에 빙 사업부에서 함께 일하던 직원들을 데려오지 않겠다고 결심했다. 내부에서, 중심에서 변화를 일으키는 것이 중요했다. 그것이 지속적으로 변화할 수 있는 유일한 방법이었다.

내가 넘겨받은 팀은 각개 전투식 집단에 가까웠다. 시인 존던^{John Donne}은 이렇게 노래했다.

"누구도 혼자 살지 못한다."

하지만 시인이 우리 회의에 참석했다면 다른 느낌을 받았을 것이다. 각 부서의 리더는 모두 자립이 가능한 사업의 CEO였다. 각자 자기 부서 주위에 담을 쌓은 뒤 독자적으로 생존하고 사업을 운영했다. 대부분이 아주 오랫동안 그렇게 했다. 내 비전은 중심을 잃었다. 게다가 많은 사람이 자신이 내 역할을 맡았어야 했다고 생각했다. 그들은 불만이 가득했다. 모든 수익은 자신들이 올렸는데 갑자기 클라우드라는 하찮고 어설픈 물건이 나타난 셈이었다. 그들은 클라우드 따위에 신경 쓰고 싶어 하지 않았다.

이런 교착상태에서 벗어나기 위해 나는 STB 사업부의 리더들을 개별적으로 면담하면서 각자의 상황을 점검하고 질문을 던지고 대답에 귀를 기울였다. 우리는 우리가 길잡이로 삼아야 할 북극성이 '클라우드를 비즈니스의 중심에 두겠다'는 클라우드 퍼스트 전략임을 함께 깨달아야 했다. 우리의 제품과 기술은 어떤 조직의 전용 서버뿐만 아니라 클라우드에도 최적화되어야 했다. 우리는 클라우드 퍼스트 전략을 취하면서도 우리 서버의 강점을 최대한 활용해야 했다. 그래야 내부에 전용 서버를 운영하는 동시에 퍼블릭 클라우드에도 접속하기를 바라는 소비자에게 종합적인 해결책을 제시할 수 있었기 때문이다.

새로운 전략적 틀이 논쟁의 형태를 바꾸고 클라우드 퍼스트 전략에 대한 저항을 무너뜨렸다. 그러자 열린 마음으로 혁신을 받아들이고 소비자의 요구를 충족시킬 창의적인 방법을 모색하는 새로운 분위기가 감지되었다.

문화의 연결과 통찰이
리더의 생존을 결정한다

불행히도 당시 윈도우 애저$^{Windows Azure}$로 이름을 바꾼 레드 도그는 여전히 고전하고 있었다. 레드 도그 팀은 클라우드 컴퓨팅을 향해 새로운 도약을 시도했지만 시장의 반응은 명확했다. 시장은 당장의 니즈를 충족시키기를 원했다. 레드 도그 팀의 초기 구성원으로 지금은 애저의 최고 기술 책임자인 마크 러시노비치$^{Mark\ Russinovich}$는 애저를 발전시킬 명확한 로드맵을 머릿속에 그렸다. 우리는 로드맵을 실행에 옮기도록 레드 도그 팀에 더 많은 자원을 투입해야 했다.

애저는 변두리 프로젝트에 머무는 대신 STB의 주류로 이동해야 했다. 인적 요인, 즉 사람은 어떤 기업에서든 궁극적으로 가장 중요한 자산이다. 그래서 나는 제대로 팀을 구성하는 작업에 나섰다. 시작은 마이크로소프트의 재주꾼인 엔지니어 스콧 구스리와 함께였다. 스콧은 개발자에게 초점을 맞춘 마이크로소프트의 몇 가지 기술을 진두지휘하여 성공을 일궈냈었다. 나는 스콧에게 마이크로소프트의 클라우드 플랫폼이 되어줄 애저 기술 부문을 이끌 생각이 있는지 타진했다. 애저는 아마존 웹 서비스에 대한 마이크로소프트의 대답이었다.

시간이 흐르는 동안 회사 안팎에서 많은 사람이 우리 노력에 동참했다. 닷넷과 비주얼 스튜디오Visual Studio를 제작하는 과정에서 중요한 역할을 했던 또 다른 지휘자 제이슨 잰더Jason Zander가 애저 인프라 부문을 이끌기로 했다. 우리는 야후의 존경받는 빅데이터 연구원인 라구 라마크리슈난Raghu Ramakrishnan과 데이터베이스 기업인 카우치베이스Couchbase의 공동 설립자인 제임스 필립스James Phillips를 영입했다. 한편 조이 치크Joy Chik와 브래드 앤더슨Brad Anderson은 모바일 부문의 장치 관리 솔루션을 개선하는 데 앞장섰다. 그들의 지휘 아래 윈도우와 iOS 그리고 안드로이드 장치의 보호와 관리에 필요한 기술을 기업 소비자에게 제공하기 위한 노력이 시작되었다. 줄리아 루손Julia Liuson이 비주얼 스튜디오의 개발자 도구 부문을 이어받아 플랫폼과 앱을 망라한 모든 개발자를 위한 도구로 진화시켰다.

세계 정상급 엔지니어들의 합류로 세계 최고의 사업 계획과 모델링이 가능해졌다. 다케시 누모토가 오피스 팀에서 STB 팀으로 합류했다. 다케시는 오피스 제품군을 클라우드 기반의 구독 모델subscription model(사용자가 정기적으로 사용료를 지불하는 비즈니스 모델 - 옮긴이) 제품으로 탈바꿈시키는 전략을 짜고 이를 실행에 옮긴 오피스 팀의 핵심 구성원이었다. 다케시는 STB의 비즈니스 리더가 되어 클라우드 서비스의 이용량을 측정할 척도를 마련하고 소비자에게 제품을 소개할 새로운 방법을 개발하는 등 새로운 비즈니스 모델을 만들기 시작했다.

나는 마이크로소프트의 데이터 처리 기술과 인공지능 기능을 이용해 애저를 차별화하기로 했다. 라구와 팀원들이 10억 기가바이트에 달하는 데이터를 저장하고 처리할 수 있는 데이터 플랫폼을 설계하고 구축했다. 마이크로소프트는 머신 러닝과 인공지능 기능을 개발하여 빙이나 엑스박스 키넥트Xbox Kinect, 스카이프 번역기Skype Translator 같은 마이크로소프트 제품에 포함시켰다. 나는 마이크로소프트가 아무 상관없는 외부 개발자를 애저의 일부로 여기고 그들에게 새로 개발된 기능을 제공하기를 바랐다.

애저에 필요한 인재 영입 작업의 꽃은 아마존 출신의 조지프 시로스Joseph Sirosh였다. 조지프는 머신 러닝 분야에만 열정을 쏟은 연구자였다. 조지프는 그 열정 그대로 마이크로소프트에서 새로운 역할을 맡았다. 이제 우리 클라우드는 어마어마한 데이터를 저장하고 처리할 수 있을 뿐만 아니라 데이터를 분석하고 이를 이용해 학습할 수 있게 됐다.

머신 러닝ML의 실용적인 가치는 믿을 수 없을 만큼 어마어마하고 다양하다. 엘리베이터와 에스컬레이터 제조업체인 티센크루프ThyssenKrupp 같은 기업 소비자의 사례를 살펴보자. 현재 티센크루프는 애저와 애저 머신 러닝을 이용해 언제 엘리베이터나 에스컬레이터를 수리해야 할지를 예측한다. 고장의 원인을 미리 제거함으로써 실질적으로 소비자에게 새로운 가치를 창출해주는 셈이다. 이와 비슷하게 메트라이프MetLife 같은 보험 회사는 머신 러닝 기능을 갖춘 우리 클라우드를 이용해 어마어마하게 많은 통계치를 처리한다. 이를 통해 아침이면 가장 중요한 재정적 문제에 대해 답을 얻을 수 있다. 즉 예상치 못하게 독감이 유행한다든가, 피해 규모가 예년보다 심각한 허리케인 철이 다가온다든가 하는 보험 환경에 극적인 변화를 일으킬 만한 상황에 재빨리 적응할 수 있다.

에티오피아에 사는 사람이든 오하이오 주 에번스턴에 사는 사람이든 혹은 데이터 사이언스 분야에서 박사 학위를 받은 사람이든 아니든, 모두가 데이터를 이용해 학습할 수 있어야 한다. 마이크로소프트는 1980년대 PC 분야에서 그랬듯이 애저를 이용해 머신 러닝 기능도 대중화할 예정이었다.

나는 명확하게 표현됐든 표현되지 않았든 소비자의 요구에서 가르침을 얻는 것이 제품 혁신에 반드시 필요하다고 생각한다. 그래서 소비자와 만나는 자리가 마련되면 대개 조직 책임자와 엔지니어를 함께 데리고 간다. 함께 배울 수 있기 때문이다.

캘리포니아베이 지역으로 출장을 가서 몇몇 스타트업 기업을 만난 적이 있었다. 당시 우리가 리눅스 운영 체제를 지원해야 한다는 것은 분명했다. 그래서 이미 애저로 리눅스를 지원하기 위해 몇 가지 기본적인 조치를 취한 상태였다. 하지만 그날 스콧 거스리와 팀원들이 관련 기업들과 회의를 마치고 나왔을 때는 애저에서 제공하는 리눅스 지원 단계를 최고로 높여야 한다는 사실이 확실해졌다. 주차장에 도착할 무렵 우리는 그렇게 하기로 결정했다.

우리의 결정이 순전히 기술적인 딜레마와 관련된 것처럼 들릴지도 모른다. 하지만 문화적으로도 엄청난 과제를 안기는 결정이었다. 마이크로소프트는 '리눅스에서 파생된 오픈 소스 소프트웨어는 적'이라는 명제를 오랫동안 고수했다. 하지만 더 이상 그런 태도를 고수할 형편이 못 됐다. 우리는 현재 상황을 토대로 소비자와 만나야 했다. 무엇보다 우리는 백미러를 통해서가 아니라 미래 지향적인 관점에서 앞에 놓인 기회를 바라보아야 했다. 우리는 제품명을 '윈도우 애저'에서 '마이크로소프트 애저'로 바꿨다. 우리 클라우드가 윈도우에만 국한되지 않았음을 명확하게 밝히기 위해서였다.

우리의 클라우드 사업을 일정한 기준으로 평가하려면 정확한 기술을 갖춰야 할 뿐만 아니라 세계 최대 소비자들의 까다로운 요구를 충족시켜야 했다. 우리는 이미 빙, 오피스 365, 엑스박스

라이브^{Xbox Live}같이 사용 규모를 조정하는 것이 가능한 서비스를 운영하고 있었다. 하지만 이제는 애저로 매 시간 수많은 사업에 동력을 공급할 터였다.

우리는 "현장을 우선시하는" 문화를 받아들여야 했다. 혁신적인 기술을 개발하는 것만큼이나 그 기술을 현장에서 어떻게 운영하는지 역시 중요하다는 걸 나를 포함한 우리 모두가 깨달아야 했다. 우리의 스카이프 통화에는 수십 명의 엔지니어는 물론 소비자와 직접 상대하는 현장 직원들이 붙었다. 그들은 어떤 문제든 힘을 모아 상황을 정리하고 해결하는 사람들이었다. 사고가 발생할 때마다 근본적인 원인을 철저하게 분석하는 작업이 진행된다면 우리는 끊임없이 배우고 발전할 수 있을 것이었다. 나는 엔지니어들이 일하는 모습을 보기 위해 가끔 전화 회의에 참여했다. 중요한 것은 책임자가 공포감을 느끼거나 직원들을 당황하게 만드는 대신 당면한 문제를 해결하고 그 과정에서 교훈을 얻는 분위기를 조성하는 태도였다.

오늘날 마이크로소프트는 클라우드 사업으로 200억 달러의 매출을 올린다. 우리는 마이크로소프트를 전 세계에서 가장 가치 높은 기업으로 만들었던 패키지 제품들 너머, 클라우드 플랫폼인 애저와 클라우드 서비스인 오피스 365(엄청난 인기를 끌었던 오피스 생산성 도구의 온라인 버전) 등에서 더 큰 가능성을 봤다. 우리는 소비자 우선의 태도를 지키고 자원과 역량을 집중해 새로운 제품군을 개선하면서 서비스 사업자로서 새로운 힘을 기르는 동시에 리눅스 같은 오픈 소스 제품을 수용하는 중이다.

클라우드 사업은 앞으로 몇 년간 내가 실행에 옮길 일련의 가르침을 주었다. 아마 가장 중요한 교훈은 이것일 것이다. **리더는 외부의 기회와 내부의 역량, 문화를 읽을 수 있어야 한다. 그리고 이 요소들이 뻔한 사회적 통념으로 변하기 전에 서로를 연결할 수 있어야 한다.** 이는 과학이 아니라 일종의 예술이다. 리더가 항상 제대로 해내지는 못할 것이다. 이 일을 얼마나 잘해내느냐가 리더의 생존을 결정할 것이다. 이것은 내가 CEO가 되고 나서 거대한 과제들이 나타날 때마다 적절히 대처하도록 도와준 통찰이었다.

Hit Refresh

제3장

새로운 동력을 품고
새로운 사명으로 향하다

마이크로소프트는 무엇을 위해 존재하는가

HIT REFRESH

2014년 2월 4일, 공식적으로 내가 CEO로 소개되는 첫날이었다. 아침 일찍 차를 몰고 마이크로소프트 본사로 가서 직원들에게 첫 번째로 전할 메시지를 미리 연습했다. 추수감사절 휴가 기간에 나는 10페이지에 달하는 글을 작성했다. 차기 CEO를 물색하던 기간에 이사회가 던진 몇 가지 질문에 답하기 위해서였다. 당시 나는 텍사스의 델Dell, 실리콘밸리의 휴렛 팩커드를 돌아다니며 글을 여러 차례 다듬었다. 질문은 수많은 자아 성찰을 요구했다. 내 비전은 무엇인가? 비전을 달성하기 위해 필요한 전략은 무엇인가? 성공은 어떤 모습이고 성공을 위해 어디에서부터 시작해야 하는가? 지금 내 글에 대해, 그리고 오늘까지 이어진 과정에 대해 곰곰이 생각해보았다.

차기 CEO를 찾기까지는 오랜 시간이 걸렸다. 2013년 8월 스티브가 은퇴하겠다고 발표해 모든 사람을 깜짝 놀라게 했다. 대규모의 조직 개편을 지휘한 직후이자 핀란드 스마트폰 제조업체 노키아의 휴대전화 사업부를 72억 달러에 인수한다고 발표하기 직전이었다. 가을 내내 기자들은 누가 스티브의 후임자로 지명될지에 대해 주기적으로 추측 기사를 내놓았다. 포드 자동차 CEO 앨런 멀러리Alan Mulally 같은 외부 인사가 될 것인가? 아니면 스카이프 CEO 토니 베이츠Tony Bates나 노키아 CEO 스티븐 엘롭Stephen Elop 같은 기업 인수 과정에 마이크로소프트에 합류한 인사가 될 것인가? 우리 가운데 몇몇은 이사회로부터 자신의 생각을 적어 제출하라는 요청을 받았다. 마치 오디션 같았다.

이사회에 제출할 글을 작성하는 동안 나는 마이크로소프트에서 보낸 20여 년의 세월을 돌이켜보았다. 곧 떠날 CEO 스티브 발머가 내게 들려준 말도 되새겨보았다. 스티브는 남의 지배를 받지 않는 사람이 되라며 내게 용기를 불어넣었다. 다시 말해 빌 게이츠든 다른 누구든 상대방의 비위를 맞추지 말라는 의미였다.

"대담하고 올바르게 행동하게."

스티브는 이렇게 말했다.

빌과 폴 앨런은 마이크로소프트를 창업했다. 빌과 스티브는 마이크로소프트 제국을 건설했다. 빌이 스탠퍼드 경영대학원에 다니던 스티브를 영입하여 첫 번째 영업 및 비즈니스 담당자로 임명한 일은 유명하다. 열정적인 리더이자 영업 사원이자 마케팅 담당자인 스티브와 왕성한 책벌레이자 '생각 벌레'로 기술 분야에 뛰어난 통찰력을 지닌 빌은 자신들을 부러워하는 경쟁자를 계속 따돌렸다. 두 사람은 역사상 가장 인상적인 파트너십을 구축하고 IT업계의 선구자로서 마이크로소프트를 전 세계에서 가장 가치 있는 기업으로 키웠다. 두 사람은 훌륭한 제품을 내놓았을 뿐만 아니라 나를 포함해 세계적인 기업을 경영하는 수많은 경영자를 배출했다. 세월이 흐르는 동안 두 사람은 내게 점점 더 많은 책임을 맡겼다. 그리고 마이크로소프트의 소프트웨어가 취미로 컴퓨터를 하는 사람뿐만 아니라 사회와 경제 전반에 영향을 미칠 수 있음을 가르쳐주었다.

스티브는 내가 혼란스러워하지 않기를 바랐다. 스티브는 내게 독단 따위는 창밖으로 던져버리라고 말했다. 스티브는 회사가 바뀌어야 한다는 것을 누구보다 잘 알았기 때문에 CEO 자리에서 사심 없이 내려왔다. 구석구석에서 변화가 진행되도록 말이다. 완벽한 내부자인 나는 처음부터 다시 시작하라는 말을 들었다. 새로고침 버튼을 누르고 새로운 페이지를 여는 것, 다시 말해 마이크로소프트의 새로운 역사를 로딩하라는 말이었다. 그래서 이사회에 제출한 글에서 나는 "마이크로소프트의 부활"을 요구했다. 그러려면 유비쿼터스 컴퓨팅ubiquitous computing과 생활환경 지능ambient intelligence(가정과 사무실 등에서 점점 더 많은 사물이 자동적으로 인간의 존재를 인식하고 사용자의 선호에 맞춰서 반응한다는 개념-옮긴이)을 더 많이 수용해야 했다. 이 말은 인간이 수많은 장치와 센서가 폭넓게 제공하는 경험과 상호 작용하게 된다는 의미였다. 새롭게 확장된 경험은 클라우드에 내포된 지성으로부터 동력을 공급받을 것이며, 또한 데이터가 생성되고 인간과 상호 작용이 일어나는 영역 가장자리에 존재할 것이다. 하지만 나는 오로지 우리가 조직 문화에 우선순위를 부여하고 회사 안팎에서 신뢰를 쌓아야만 회사가 부활할 것이라고 적었다. 과거의 성공에 계속 기대는 것은 아주 쉬운 일일 것이다. 비록 왕국이 위협받는 상황이었지만 여전히 우리는 왕이었다. 이 기업을 황금알을 낳는 거위로 바꾸어 단기 수익을 창출하는 방법은 여러 가지였다. 하지만 나는 우리가 우리의 정체성에 충실하고 혁신을 성실하게 추진함으로써 장기적 가치를 쌓아야 한다고 믿었다.

위기의 마이크로소프트, 영혼을 되찾기 위한 여정의 시작

나는 엑스박스 개발팀이 자리 잡은 3층짜리 건물인 스튜디오 D의 외부 주차장에 차를 댔다. 이 구역은 내가 마이크로소프트에 입사한 1992년에는 존재하지도 않았던 곳이지만 지금은 나지막한 사무실 건물 수십 동으로 둘러싸여 있었다. 한 시간 후면 벽면 곳곳을 유리로 마감한 스튜디오 D의 중앙홀이 직원들로 가득 채워질 것이었다. 이 자리에 초대받지 못한 직원들은 인터넷 방송으로 행사를 지켜볼 것이다. 나는 사람들이 기대감과 회의감을 동시에 품고 있다는 것을 잘 알았다. 그 이유가 궁금하다면 몇 가지 지표를 살펴보면 됐다. 수십 년간 꾸준히 증가하던 전 세계 PC 출하량과 판매량이 정점에 도달했다가 하락세에 접어들었다. 분기별 PC 출하량은 7000만 대가량인 반면 스마트폰 출하량은 3억 5000만 대를 넘어섰다. 마이크로소프트에는 나쁜 소식이었다. PC가 한 대 판매될 때마다 마이크로소프트에는 로열티가 지급되기 때문이다. PC 판매 실적이 저조했을 뿐만 아니라 설상가상으로 9개월 전에 출시된 윈도우 8에 대한 관심도 미약했다. 그사이 안드로이드와 애플 운영 체제에 대한 수요가 치솟았다. 마이크로소프트가 선두에 서기는커녕 가까스로 발만 담근 스마트폰 사업이 폭발적으로 성장한 결과였다. 오랫동안 블루칩이었던 마이크로소프트의 주가는 몇 년째 제자리걸음이었다.

내부 사정도 똑같이 끔찍했다. 그해 실시한 연례적인 설문 결과에 따르면 대부분의 직원이 마이크로소프트가 올바른 방향으로 가고 있지 않으며, 혁신 역량을 갖췄는지에도 의문이 든다고 생각하고 있었다. 문제가 얼마나 심각한지 내게 정확히 알리기 위해 당시 내 참모였던 질 트레이시 니컬스Jill Tracie Nichols가 사업부 직원들을 선발해 포커스 그룹을 구성하고 그들의 피드백을 나와 공유했다. 그래서 나는 변화가 한창이던 시기에 조직의 사정을 실시간으로 파악할 수 있었다. 회사는 병이 들었다. 직원들은 피로감과 불만을 느꼈다. 원대한 계획과 훌륭한 아이디어가 있음에도 경쟁에서 뒤처지는 상황에 신물이 난 상태였다. 직원들은 큰 꿈을 안고 마이크로소프트에 입사했다. 하지만 실제로 하는 일은 고위층의 비위를 맞추고, 여러 가지 부담스러운 문제를 처리하고, 회의실에서 언쟁을 벌이는 것이 전부인 듯했다. 직원들은 외부에서 사람을 영입해야만 회사가 정상 궤도에 올라설 것이라고 생각했다. 소문으로 돌던 CEO 후보 명단에 오른 내부인의 이름은 직원들 사이에서 전혀 거론되지 않았다. 내 이름도 마찬가지였다.

CEO 발표가 있기 이틀 전에 강도 높게 사전 준비를 했다. 이때 질과 나는 총명하지만 실의에 빠진 직원들을 어떻게 자극할지 논쟁을 벌였다. 어떤 면에서 나는 책임은 지지 않고 비난만 하는 듯한 현재 모습에 짜증이 났다. 질은 그런 나를 반박했다.

"당신이 간과하는 점이 있어요. 사실 직원들은 더 많은 일을 하고 싶어서 안달이라고요. 하지만 상황이 계속 방해하는 거죠."

나는 우선 희망부터 심어야 했다. 이날은 변화가 시작되는 첫날이었다. 나는 변화가 내부에서 시작되어야 한다는 걸 잘 알았다.

몇 분 뒤 나는 사진 촬영을 위해 무대로 올라갔다. 조금 있으면 곳곳에 떠돌아다닐 사진이었다. 사진 속에는 40년 역사의 마이크로소프트가 배출한 단 세 명의 CEO인 빌 게이츠와 스티브 발머, 그리고 내가 환하게 웃는 모습이 담겼다. 하지만 내 머릿속에 훨씬 더 생생하게 남은 이미지는 청중석에서 나의 등장을 기다리던 마이크로소프트 직원들의 눈이었다. 그들은 희망, 흥분과 열정, 불안과 일말의 좌절감이 뒤섞인 표정이었다. 나와 마찬가지로 직원들도 세상을 바꾸겠다는 마음으로 마이크로소프트에 입사했다. 하지만 이제 회사가 성장을 멈추면서 그들은 좌절감을 느꼈다. 직원들은 경쟁사로부터 구애를 받았다. 무엇보다 슬픈 사실은 회사가 영혼을 잃었다고 생각하는 직원이 많다는 점이었다.

스티브가 사람들의 마음을 움직이고 용기를 불어넣는 연설로 취임식을 시작했다. 다음으로 빌이 나섰다. 빌은 천연덕스러운 표정으로 유머를 던지며 연설을 시작했다. 빌은 홀을 둘러보더니 이곳에서는 윈도우 폰Windows Phone이 엄청난 시장점유율을 기록하고 있다면서 깜짝 놀라는 척했다. 그러더니 진지하게 사업 이야기로 들어갔다. 빌은 우리 앞에 놓인 과제와 기회에 대해 간략하게 설명했다.

"마이크로소프트는 소프트웨어가 부리는 마법에 대한 믿음을 바탕으로 설립됐습니다. 지금 우리 앞에 놓인 기회는 어느 때보다 강력합니다. 직장에서, 가정에서 우리의 소프트웨어로 부릴 수 있는 마법이 무궁무진하게 펼쳐져 있습니다. 우리는 오피스와 윈도우 플랫폼 운영으로 엄청난 성과를 만들어냈고, 이제 그 강점을 클라우드로 이어가고 있습니다. 우리에게는 몇 가지 도전 과제가 있습니다. 클라우드에는 흥미로운 일을 벌이는 사람이 많습니다. 클라우드에는 모바일 기술을 이용한 활동도 많습니다. 우리도 그중 한 부분을 차지하고는 있지만 우리가 원하는 만큼의 크기는 아닙니다."

그러더니 빌이 나를 앞으로 불러냈다. 박수 소리가 잦아들자 나는 곧바로 동료와 팀원들에게 행동에 나서라고 요구했다.

"우리 업계는 전통을 존중하지 않습니다. 우리 업계는 혁신을 존중합니다. 우리 모두 모바일 퍼스트와 클라우드 퍼스트 환경에서 마이크로소프트가 성공하도록 노력해야 합니다."

그날 내가 강조하려던 주제는 세상에서 마이크로소프트가 사라진다면 사람들이 무엇을 잃을지를 고민해보자는 것이었다. 우리는 우리 자신을 위해 답을 찾아야 했다. 마이크로소프트는 무엇을 위한 기업인가? 우리가 존재하는 이유는 무엇인가? 나는 우리를 특별한 존재로 만드는 우리의 영혼을 다시 찾아야 한다고 직원들에게 말했다.

내가 좋아하는 책 중에 트레이시 키더Tracy Kidder의 《새로운 기계의 영혼The Soul of a New Machine》이 있다. 이 책에는 데이터 제너럴Data General이라는 1970년대의 기술 회사가 등장한다. 키더는 기술은 기술 제작자의 영혼이 만들어낸 결과물에 불과하다고 말한다. 기술은 대단히 매력적이지만 그보다 매력적인 요인은 기술을 설계한 사람들의 엄청난 집착이다. 이러한 맥락에서 회사의 영혼은 무엇일까? 여기서 영혼이란 종교에서 이야기하는 영혼이 아니다. 지극히 자연스럽게 다가오는 존재이자 내면의 소리다. 영혼은 사람들에게 동기를 부여할 뿐만 아니라 외부의 압력이 아닌 자신의 가치관에 따라 역량을 쏟아붓게 한다. 한 회사 안에서 우리만이 느끼는 독특한 감성은 무엇인가? 마이크로소프트의 영혼은 개인뿐만이 아니라 학교, 병원, 기업, 정부 기관, 비영리 단체 등 기관들이 무엇인가를 해낼 수 있도록 능력을 증진시키는empowering 데 있다.

스티브 잡스Steve Jobs는 회사의 영혼이 무엇인지 잘 알았다. 잡스는 이렇게 말했다.

"디자인이란 창작물의 밑바탕을 이루는 영혼으로서 제품이나 서비스의 외관에 드러난다."

나는 잡스의 말에 동의한다. 애플은 내면의 목소리, 즉 동기유발 요인을 소비자용 제품 설계와 연관 짓는 한, 항상 자신의 영혼에 충실한 기업으로 남을 것이다. 우리 회사의 영혼은 다르다. 마이크로소프트는 모든 사람과 조직이 강력한 기술에 접근할 수 있는 길을 열어주는, 다시 말해 기술을 대중화하는 회사로서 영혼을 다시 찾아야 했다. 나는 마이크로소프트가 공개한 증강현실(사용자가 눈으로 보는 현실 세계에 가상의 물체를 겹쳐 보여주는 기술 – 옮긴이) 기기인 홀로렌즈HoloLens를 처음 접했을 때 마인크래프트Minecraft 게임이 얼마나 더 재미있어질까뿐만 아니라 디자인 측면에서 어떻게 거대한 기업이나 학교 또는 병원에서 사용될 수 있을까를 고민했다.

자신의 강점을 외면한 기업은
성공할 수 없다

우리는 영혼을 잃지 않았다. 하지만 영혼을 부활시키고 부흥시켜야 했다. 1970년대 빌 게이츠와 폴 앨런은 모든 책상과 모든 가정에 컴퓨터를 보급하겠다는 목표를 세우고 마이크로소프트를 시작했다. 두 사람은 대담하고 의욕적이며 원대한 포부를 품었고 목표를 이뤘다. 기술은 대중화됐고 개인의 요구에 맞게 변형됐다. 과연 얼마나 많은 조직이 창립 당시의 목표를 달성했다고 말할 수 있을까? 마이크로소프트의 창립 목표가 자신의 힘을 대중화하는 것이 아니었다면 나는 결코 〈포춘Fortune〉이 선정한 500대 기업의 CEO가 되지 못했을 것이다. 하지만 세상은 변했고 이제 우리는 세상을 바라보는 관점을 바꿔야 했다.

세계관은 인지 철학에 뿌리를 둔 흥미로운 용어다. 간단히 말하자면 세계관이란 한 사람이 세계를 바라보는 종합적인, 즉 정치와 사회, 그리고 경제를 모두 아우르는 관점을 의미한다. 우리가 다 함께 공유하는 보편적인 경험은 무엇인가? CEO가 되기 전에 내가 던졌던 '우리가 존재하는 이유는 무엇인가'라는 질문 때문에 나는 어쩔 수 없이 기술에 관한 세계관을 바꿨다. 이제는 마이크로소프트의 모든 리더가 세계관을 바꾸는 중이다.

우리는 더 이상 PC 중심 사회에 살지 않는다. 컴퓨터 사용은 점점 흔한 경험으로 바뀌었다. 갈수록 지성이 우리 주위를 둘러 쌌다. 컴퓨터가 대상을 관찰하고 데이터를 수집하고, 여기서 얻은 피드백을 통찰로 바꿀 수 있게 되었다는 의미였다. 우리는 디지털 물결이 끊임없이 높아져서 삶과 일, 그리고 세상을 더욱 광범위하게 적시는 모습을 목격했다. 커넥티드 디바이스connected device(네트워크와 항시 연결되어 데이터를 주고받는 서비스를 제공할 수 있는 기기 - 옮긴이)로 구성된 네트워크와 클라우드가 엄청난 컴퓨팅 성능을 제공하고 빅데이터가 통찰을 제공하고 머신 러닝이 지성을 제공하는 덕분에 가능해진 광경이었다. 나는 이 모든 현상을 단순하게 정리하고 마이크로소프트가 "모바일 퍼스트, 클라우드 퍼스트"로 바뀌도록 힘을 불어넣었다. PC 퍼스트가 아니었다. 심지어 스마트폰 퍼스트도 아니었다. 우리는 모바일이 기기에 한정되지 않고 이동성 그 자체가 중요해지는 세상을 상상해야 했다. 클라우드는 그런 이동성을 가능하게 함으로써 지적 경험으로 무장한 새로운 세대가 활동할 무대를 마련했다. 우리가 모든 사업 분야에서 시작할 변화는 회사와 소비자가 새로운 세상에서 번영을 누리도록 힘을 보탤 것이었다.

부러움이라는 감정을 동원하면 변화에 대한 동기를 유발하기 쉽다. 우리는 애플이 아이폰과 아이패드 시리즈로 이룬 성과를 부러워하거나 구글이 저렴한 안드로이드 폰과 태블릿으로 탄생시킨 현상을 부러워할 수도 있었다. 하지만 부러움은 내부에서 우러나오지 않은 부정적이고 외부 지향적인 감정이다. 그래서 부러움을 이용한다면 진정한 쇄신을 이룰 수 없었다.

우리는 경쟁심을 이용해 스스로 동기를 부여할 수도 있었다. 마이크로소프트는 경쟁심에 불을 붙여 직원들을 결집시키기로 유명하다. 언론은 이런 모습을 좋아한다. 하지만 나는 아니다. 내 접근법은 부러움이나 경쟁심이 아닌 목적의식과 자부심으로 사람들을 이끄는 방식이다.

SLT는 마이크로소프트의 경쟁 무대에서 메워야 할 간격을 찾아냈다. 경쟁사들은 자사의 제품을 모바일로 규정한 반면 우리는 인간이 경험하는 이동성, 다시 말해 우리의 클라우드 기술로 가능해진 경험에 초점을 맞춰야 했다. 모바일과 클라우드라는 두 흐름은 우리가 겪을 변화에서 핵심적인 역할을 했다. 실제로 최고 마케팅 책임자인 크리스 카포셀라는 내 연설을 바탕으로 두 주제에 초점을 맞춘 마이크로소프트 클라우드의 광고를 제작했다. 광고에는 스페인 축구팀 레알 마드리드의 선수들이 등장한다. 선수들이 날렵하게 골문을 향해 달려가는 동안 그래미상을 수상한 힙합 가수 커먼Common이 이렇게 이야기한다.

"우리는 모바일 기술이 이끄는 세상에서 살아갑니다. 하지만 모바일은 기계가 아닙니다. 여러분입니다."

광고는 수많은 사람을 대상으로 제작됐지만 우리가 잃을 뻔한 우리의 심장과 영혼을 우리에게 상기시키기도 했다. 마이크로소프트는 사람들이 가장 적당한 가격에 가장 많은 컴퓨터 장치를 사용할 수 있게 함으로써 PC 혁명을 이끌었다. 하지만 구글은 윈도우보다 낮은 가격에 안드로이드를 공급하는 전략을 펼쳤다(안드로이드는 무료 운영 체제다). 우리는 이 전략에 빠르게 대처하지 못했다. 2008년 리눅스를 기반으로 하는 안드로이드 스마트폰이 눈 깜짝할 사이에 시장점유율을 잡아먹었다. 오늘날 안드로이드는 10억 대가 넘는 장치에서 동작한다.

돌이켜보면 내가 CEO가 되기 5개월 전인 2013년 9월에 발표된 노키아 휴대전화 부문 인수 소식은 우리가 무엇을 잃었는지를 보여주는 또 다른 고통스러운 사례다. 우리는 모바일 기술이 성장하는 시기를 놓치고는 경쟁사를 따라잡기 위해 필사적으로 노력했다. 1990년대 모토로라^{Motorola}를 추월하여 세계 최대의 휴대전화 제조회사로 올라선 노키아는 애플의 아이폰과 구글의 안드로이드 폰에 시장을 내주었다. 노키아는 휴대전화 부문에서 세계 1위에서 3위로 밀려났다. 2012년 시장 탈환에 나선 노키아 CEO 스티븐 엘롭은 윈도우를 노키아 스마트폰의 주요 운영 체제로 채택할 것이라고 발표했다. (일부 유럽 국가에서 시장점유율을 두 자릿수로 끌어올리는) 진전을 이루기는 했으나 노키아와 마이크로소프트는 여전히 1, 2위와는 거리가 먼 3위였다. 마이크로소프트가 노키아 휴대전화 부문을 인수한 목적 뒤에는 노키아의 엔지니어와 디자이너가 마이크로소프트의 소프트웨어 개발 기술과 결합한다면 윈도우 폰의 성장 속도가 빨라지고 모바일 생태계에서 마이크로소프트의 힘이 전반적으로 커질 것이라는 희망이 자리 잡고 있었다. 윈도우가 모바일 기기 부문에서 iOS 와 안드로이드를 따라잡기 위해서는 노키아 인수가 불가피할 수 있었다.

그러나 노키아 인수 뒤에 깔린 이런 계산을 언론은 비난했고 마이크로소프트 이사진은 반대했다. 노키아 인수 협상이 여전히 노골적으로 진행되던 그해 여름 스티브 발머가 자신이 이끄는 SLT에게 인수 협상에 찬성하는지 반대하는지 물었다. 스티브는 팀원들의 생각을 알기 위해 공개 투표를 원했다. 나는 반대하는 쪽에 표를 던졌다. 나는 스티브를 존경했다. 또한 시장점유율을 끌어올려 확실한 세 번째 생태계를 구축한다는 논리도 이해했다. 하지만 어째서 우리가 규칙을 바꾸는 대신 휴대전화 부문에서 세 번째 생태계를 탄생시켜야 하는지 이유를 찾지는 못했다.

내가 CEO가 되고 몇 달 뒤에 노키아와의 인수 협상이 마무리 됐다. 우리 팀은 새로운 운영 체제를 탑재하고 새로운 경험을 선사할 윈도우 폰을 재출시하기 위해 열심히 노력했다. 하지만 놓친 시장을 되찾기에는 너무 늦었다. 우리는 경쟁자의 등만 보고 달리는 중이었다. 몇 달 뒤 나는 1만 8000개에 가까운 일자리 삭감 계획은 물론 인수로 인한 총손실액을 발표했다. 주요 원인은 노키아 휴대전화 부문 인수였다. 자신의 일에 엄청난 열정을 쏟아붓던 재능 있는 직원들이 일자리를 잃을 것이라는 발표는 모두의 가슴을 미어지게 했다.

　노키아 인수에서 리더가 얻을 가르침은 많다. 시장점유율이 낮은 회사를 매입하는 일에는 언제나 위험이 뒤따른다. 우리에게 가장 필요한 행동은 모바일 컴퓨팅 분야에 차별화된 신선한 방법으로 접근하는 것이었다. 처음에 잘못된 길로 들어선 까닭에 우리는 우리의 가장 큰 강점이 이미 회사의 영혼이 됐음을 깨닫지 못했다(우리의 가장 큰 강점은 윈도우가 작동할 새로운 하드웨어를 개발하고 컴퓨터 사용 환경을 더욱 개인화하고 모든 기기와 플랫폼에서 우리 클라우드 서비스를 동작시키는 것이다). 우리가 휴대전화 사업에 뛰어들고 싶다면 정말 차별화된 요인을 갖춘 다음에 나서야 한다.

　결국 우리는 이 중요한 깨달음을 따랐다. 우리는 윈도우 폰은 머릿속으로만 생각하고 제한된 범위에 노력을 집중했다. 예를 들어 현재 기업 소비자는 컨티뉴엄Continuum을 선호한다. 컨티뉴엄은 스마트폰을 PC 대신 쓸 수 있게 해주는 요소다. 우리는 더 발전된 모바일 시장 참여를 염두에 두었다. 오피스를 기기에 관계 없이 이용할 수 있도록 한 것은 그 일환이다. 돌이켜보면 휴대전화 사업부에서 일하던 직원들이 정리 해고된 일이 가장 유감스럽다.

마이크로소프트의
영혼과 미래를 생각하다

CEO가 되고 얼마 지나지 않았을 때였다. 빌 게이츠와 함께 한 건물에서 나와 옆 건물로 걸어가고 있었다. 〈배니티 페어^{Vanity Fair}〉 기자와 만나기 위해서였다. 빌은 이사회에 남기로 했지만 의장직에서는 물러날 예정이었다. 아내인 멀린다와 함께 설립한 재단이 당시 빌의 주요 관심사였다. 그러나 빌은 여전히 소프트웨어에, 그리고 마이크로소프트에 열정을 불태웠다. 함께 걷는 동안 빌은 문서와 웹사이트의 경계를 무너뜨릴 새로운 제품에 대해 열띤 목소리로 이야기했다. 우리는 다채로운 문서 작성 기능을 제공할 소프트웨어 아키텍처에 대해 브레인스토밍했다. 이 아키텍처는 고정된 페이지가 아니라 대화형 웹사이트의 풍성한 장점을 모두 갖출 예정이었다. 우리는 곧바로 세부적인 부분으로 들어가 시각 데이터 구조와 저장 시스템에 관한 생각을 주고받았다. 그러다 어느 순간 빌이 나를 바라보고 웃으면서 소프트웨어 엔지니어링에 대해 이야기를 하고 있으니 좋다고 말했다.

　나는 제품과 서비스의 기술적 비전 속으로 빌을 더욱 깊이 끌어들이는 것도 회사의 영혼을 재발견하는 과정임을 잘 알았다. 마이크로소프트에서는 빌과 함께 소프트웨어 제품을 검토하는 것이 일종의 꿈이다. 1994년 출간된 코믹 소설《마이크로서프《Microserfs》에서 저자 더글러스 쿠플랜드Douglas Coupland는 빌이 마이크로소프트의 프로그래머들에게 미치는 영향력을 유머러스하게 그렸다. 소설 속에서 마이클이라는 개발자는 빌이 자신의 코드를 검토하고 보낸 신랄한 메일을 읽고는 오전 11시에 자기 사무실에 틀어박혔다. 같은 층에는 빌에게서 그런 신랄한 비판을 받은 직원이 없었다. 새벽 2시 30분 마이클을 걱정한 팀원들은 문 밑으로 밀어 넣을 만한 음식을 사기 위해 24시간 운영되는 세이프웨이로 달려갔다. 이 과장된 이야기에 내가 만들어내고자 하는 문화가 정확하게 담기지는 않았다. 하지만 나는 우리 설립자를 제품 개발에 끌어들인다면 직원들이 영감을 얻고 제품의 가치가 증가될 것임을 알았다.

CEO로 처음 몇 달을 보내는 동안 나는 많은 시간을 들여 누구에게나 귀를 기울였다. 내가 추수감사절 휴가 기간에 작성해 이사회에 보낸 글에서 약속한 그대로였다. 나는 회사에 소속된 모든 리더와 만났고 파트너나 소비자를 만날 때는 반드시 밖으로 나갔다. 사람들의 말을 들으면서도 내 머리는 여전히 두 가지 질문에 대한 답을 찾았다. 첫 번째 질문은 이렇다. 어째서 우리는 이자리에 있는가? 이 질문에 대한 답을 찾는 과정은 앞으로 몇 년간 회사가 걸어갈 길을 정의하는 작업이기도 했다. 두 번째 질문은 이렇다. 다음에 할 일은 무엇인가? 영화 〈후보자The Candidate〉는 멋진 장면으로 막을 내린다. 마침내 선거에서 승리한 로버트 레드

포드Robert Redford가 보좌관을 끌고 방으로 들어가 이렇게 묻는다.

"이제 뭘 해야 하지?"

우선 나는 듣기로 마음먹었다.

곧바로 나는 직위나 소속을 가리지 않고 수백 명의 직원에게서 이야기를 들었다. 우리는 익명으로 의견을 공유할 수 있도록 포커스 그룹을 꾸리기도 했다. 경청은 내가 매일 실천한 가장 중요한 과제였다. 앞으로 몇 년간 내 리더십의 기초를 다질 요소였기 때문이다. 내 첫 번째 질문인 마이크로소프트가 존재하는 이유는 무엇인가에 대한 해답은 아주 분명했다. **우리가 존재하는 이유는 사람들이 우리 제품으로 더 많은 힘을 얻게empowering 하는 데에 있다.** 그것이 우리 제품에 불어넣을 의미였다. 나는 다른 이야기도 들었다. 직원들은 결정적인 변화를 이끌되, 마이크로소프트가 세운 최초의 목표도 존중하는 CEO를 원했다. 마이크로소프트는 언제나 세상을 바꿔왔다. 직원들은 명확하고 구체적이며 고무적인 비전을 원했다. 진행 상황에 대해 투명하고 단순한 방식으로 더 자주 설명을 듣고 싶어 했다. 엔지니어들은 경쟁자를 좇는 대신 다시 한 번 선두에 나서기를 원했다. 차갑게 가라앉은 분위기를 띄우고 싶어 했다. 우리는 독보적인 인공지능 기술 같은, 언론이 극찬하는 실리콘밸리 기술을 보유했다. 하지만 그런 기술을 드러내고 자랑하지 않았다. 직원들은 교착상태에서 벗어나기 위한 실질적 청사진을 요구했다. 예를 들어 구글이 인공지능 실험 결과를 화려하게 발표해 신문의 헤드라인을 장식하는 동안 우리는 세계적인 언어 인식 기술과 영상 인식 기술, 그리고 최첨단 머신 러닝 기술을 보유했음에도 이 사실을 비밀로 부쳤다. 그렇지만 내가 고민 중이던 진짜 과제는 이것이었다. 어떻게 해야 우리 기술로 우리 정체성에 말을 걸고 우리 사용자에게 유일무이한 가치를 부여할 수 있을까?

두 번째 질문인 앞으로 우리는 어디로 가야 하는가에 대해 생각하는 동안 나는 취임 첫해에 몇 가지 일을 아주 제대로 해내야 한다는 확신을 갖게 되었다.

- 우리의 사명감, 세계관, 사업, 혁신에 대한 포부를 주기적으로, 그리고 명확하게 알린다.
- 위에서부터 아래로 회사 문화를 변화시키고 적절한 팀을 적재적소에 배치한다.
- 파이를 키우고 사용자에게 기쁨을 주는 새롭고 놀라운 파트너십을 구축한다.
- 차세대의 혁신과 플랫폼 변화를 따라잡을 준비를 한다. 임박해온 모바일 퍼스트와 클라우드 퍼스트 세상을 장악하기 위한 기회를 재구성하고 신속하게 실천한다.
- 시간이 흘러도 변하지 않는 가치를 추구하고 모두를 위해 생산성과 경제성장을 회복한다.

이것들은 성공을 위한 공식이 아니다. 오늘날까지도 마이크로소프트는 여전히 변화의 한가운데에 있기 때문이다. 얼마 동안은 우리의 접근법이 지속적으로 어떤 영향을 미칠지 파악되지 않을 것이다.

변화의 첫걸음을 내딛다

2014년 여름부터 2015년까지 우리는 끊임없이 울려 퍼지는 북소리에 맞춰 변화를 추진했다. 처음 몇 달간 엄청난 긴장감과 호기심을 품고 사람들의 이야기에 귀를 기울이고 나니 자신감과 확신을 가지고 행동에 나설 시기가 찾아왔다. 마이크로소프트에서 내가 처음 맡은 직함은 에반젤리스트^{Evangelist}였다. 에반젤리스트란 기술이나 제품에 대해 소비자들이 본질을 받아들일 수 있도록 임계점까지 이끌어주는 사람을 일컫는 기술 분야의 보통명사다. 이제 나는 CEO로서 우리의 영혼을 재발견해야 한다는 생각을 사람들에게 전하고 있다. 회사의 사명은 회사의 영혼을 설명하는 수많은 방식 속에 존재한다. 그리고 내가 처음 관심을 가진 것도 그것이었다.

190여 개국에 포진한 10만 명 이상의 직원에게 진실을 이야기하고 생각을 더욱 명확하게 전달하기 위해 우리는 우리의 사명과 문화 사이에 분명한 연결 고리를 만들었다. 우리는 우리의 사명과 세계관, 포부와 문화를 한 페이지로 정의했다. 파워포인트Power Point를 사랑하는 회사에서 한 페이지 안에 정의를 담기란 그리 쉬운 일이 아니었다. 그래도 이 일은 상대적으로 쉬웠다. 더 어려운 일은 바꾸지 않고 그대로 두는 것이었다. 나는 연설 직전까지 연설문을 고치듯 여기저기 단어를 바꾸고 문장을 추가하고 싶었다. 그럴 때면 나는 이 말을 반복해서 떠올렸다.

"일관성이 완벽함보다 낫다."

내가 새로운 역할을 맡기 전에 몇 년간 경영진은 거대한 조직과 우리 전략을 설명하기 위해 지나치게 많은 시간을 보냈다. 우리에게는 공통된 이해가 필요했다. 우리가 제시한 단순한 틀은 틀 안에 담긴 생각에 생기를 불어넣도록 사람들을 부추겼다.

내가 CEO가 되고 나서 몇 해 동안 진행한 일은 플라이휠(회전하는 물체의 회전 속도를 유지하기 위해 회전축에 달아놓은 바퀴 – 옮긴이)을 달아 변화의 속도를 고르게 만드는 작업이었다. 그냥 사람들과 주기적으로 생각을 나누는 일이었지만 내 역할과 SLT의 역할을 파악하고 일관성을 유지하는 일이기도 했다. 우리는 사람들에게 영감을 불어넣어야 했고 변화를 이끌어야 했다. 우리는 스스로에게 도전했다.

"내년이 끝나갈 무렵 우리가 해야 할 일을 제대로 하지 못했다는 이유로 기소되어 법정에 선다면 유죄를 선고받을 증거가 충분한가?"

홍미로운 아이디어를 말하는 것만으로는 충분하지 않았다. 우리 모두가 아이디어를 실천해야 했다. 우리가 하는 모든 일이 어떤 식으로 우리 사명과 포부와 문화에 힘을 싣는지를 직원들이 목격해야 했다. 그리고 나서 직원들이 같은 일에 나서야 했다.

우리의 세 가지 포부가 조직을 구성하고 결과를 알리는 방법을 결정했다. 우리의 사명이 내가 어디로 가야 하는지, 그곳에서 누구를 만나야 하는지를 알려주었다. 내 출장길은 종종 해당 지역의 병원이나 학교를 방문하는 일정으로 시작됐다. 나는 특히 콜롬비아나 뉴질랜드 원주민과 함께 의식을 치르는 시간을 즐겼으며 그들이 역사와 전통을 보전하기 위해 어떤 식으로 마이크로소프트 기술을 사용하는지, 성장에 대해 어떻게 생각하는지를 배웠다. 우리는 여기서 한 발 더 나아가 그동안 보류했던 제품 개발과 프로젝트를 재개하면서 경쟁사와 새로운 파트너십을 요청했고 예상 외의 장소에 모습을 드러냈으며 제품 설계에서 접근성을 무엇보다 우선시했고 사람들과 파트너, 그리고 소비자와 만나기 위해 끊임없이 전 세계를 돌아다녔다.

마이크로소프트의 새로운 회계연도가 시작되고 며칠 지나지 않은 2014년 7월 10일 목요일, 나는 전 직원에게 이메일을 보냈다. 일종의 선언문이었다. 이메일을 보낸 시각은 오전 6시 2분.

미국에 적용되는 모든 표준시를 기준으로 하루 일과가 시작되기 전에, 그리고 전 세계 다른 지역에서 근무하는 직원들이 주말을 맞이하기 전에 내 이메일을 받게 될 것이었다. 우리는 글로벌 기업이었고 한 몸처럼 생각해야 했다.

"혁신의 속도를 높이려면 우리의 영혼, 즉 우리만의 독특한 가치를 다시 발견해야 합니다. 우리 모두는 세계에 이바지할 수 있는 마이크로소프트만의 길이 무엇인지, 다시 한 번 세상을 바꿀 수 있는 방법이 무엇인지 이해하고 수용해야 합니다. 우리 앞에 놓인 작업은 우리가 지금까지 수행한 어떤 작업보다 대담하고 원대합니다. 마이크로소프트는 모바일 퍼스트, 클라우드 퍼스트 세상을 위한 생산성 기업이자 플랫폼 기업입니다. 우리는 생산성에 다른 의미를 부여해 지구상의 모든 인간과 조직이 더욱 많이 활동하고 더욱 많이 성과를 올리도록 힘을 안길 것입니다."

나는 우리의 생산성은 문서와 스프레드시트, 슬라이드를 훌쩍 뛰어넘는다고 말했다. 우리는 각종 전자 기기와 앱, 데이터와 소셜 네트워크가 만들어내는, 나날이 넓어지는 바다에서 수영하는 사람들을 도울 것이다. 예측 능력을 더욱 키우고 개인에게 더욱 특화되고 더욱 유익한 소프트웨어를 제작할 것이다. 우리는 소비자를 '이중 사용자', 즉 일하거나 배우기 위해, 그리고 사적으로 디지털 라이프를 즐기기 위해 기술을 사용하는 사람들로 생각할 것이다. 나는 이메일에 과녁 이미지를 덧붙였다. 우리가 제공하는 클라우드 플랫폼과 컴퓨터 장치가 과녁 한가운데 쓰인 "일터와 일상에서 겪는 디지털 경험"이라는 문구를 둘러싸고 있는 이미지였다. 머지않아 30억 명에 달하는 사람이 인터넷과 센서, 각종 사물인터넷IoT(자동차, 냉장고, 세탁기, 시계 등 스마트폰이나 PC가 아닌 모든 사물이 자동적으로 인터넷에 연결되는 기술 - 옮긴이)에 연결될 터였다. 그렇다. PC 판매 속도는 줄어들고 있었다. 따라서 우리는 니체가 말한 "현실에 맞설 수 있는 용기"를 "기회에 맞설 수 있는 용기"로 바꿔야 했다. 우리는 점점 줄어드는 시장에 안달하지 말고 수십억 대에 달하는 커넥티드 디바이스를 차지해야 했다.

직원들이 즉각적으로 반응했다. 이메일을 보낸 지 불과 24시간 만에 나는 담당 부서나 근무 지역을 가리지 않고 수백 명에 이르는 직원으로부터 답장을 받았다. 직원들은 세상 모든 사람에게 더욱 많은 영감을 주는 언어에 대해 이야기했다. 프로그래머든 디자이너든 마케팅 담당자든 고객 지원 기술자든 모두들 언어가 자신의 일에 어떻게 적용되는지를 알았다. 유익한 제안이나 아이디어가 쏟아졌다. 그중 가장 마음에 들었던 말은 틀에 박힌 생각을 더 많이 깨뜨려야 한다는 것이었다. 기존의 텔레비전이나 케이블 TV용 셋톱박스가 사라지는 과정에서 엑스박스가 상자로 바뀌는 이유는 무엇인가? 비디오게임과 로봇공학에 사용되는 동작 인식 기술인 키넥트에 날개나 바퀴가 붙어 있어서 잃어버린 열쇠나 지갑을 가져다줄 수 있다면 무슨 일이 벌어질까? 많은 직원이 몇 년간의 좌절감에서 벗어나 새로운 에너지를 얻었다며 내게 메일을 보냈다. 나는 그들의 답을 허투루 생각하지 않겠다고 다짐했다.

마이크로소프트를 취재하던 언론사도 이메일 사본을 받았다. 그들은 즉시 내가 이끄는 마이크로소프트의 미래에 관해 논평을 내놓았다. 〈뉴욕타임스〉는 내부에서 진행 중인 문화적 변화에 초점을 맞췄다. 〈워싱턴포스트Washington Post〉는 "나델라는 자신에게 요구되는 두 개의 선 사이로 문학 속의 한 구절을 밀어 넣는 재주가 있다."며 재미있어했다. 〈블룸버그Bloomberg〉는 마이크로소프트가 기업 소비자 시장과 개인 소비자 시장 양쪽에서 성공을 거두고자 한다면 "이메일에 쓰인 수사적 표현에 어울리는 제품을 내놓아야 한다."고 경고했다. 그들은 옳았다. 우리는 우리 제품을 사용할 뿐만 아니라 사랑할 소비자를 원했다.

우리의 가장 중요한 존재 이유와 사업적 포부를 분명히 하는 것이 첫 번째 단계였다. 하지만 우선은 나와 함께 이런 변화를 이끌 사람을 버스에 태워야 했다. 몇 주 뒤 나는 퀄컴의 경영진이었던 페기 존슨이 사업 개발 부문 수장으로 합류하여 새롭고 흥미진진한 제품과 서비스를 인수하고 있음을 알렸다. 몇 주가 지나기도 전에 우리는 인기 있는 온라인 게임인 마인크래프트를 인수했다. 이 계약으로 우리의 클라우드 서비스와 기기는 더욱 발전할 것이었다. 몇 주 뒤에는 세계적인 경영 컨설팅 기업인 맥킨지McKinsey와 오라클Oracle에서 경험을 쌓고 마이크로소프트의 글로벌 컨설팅 부문을 이끌던 캐슬린 호건이 인사 담당 책임자로 선임되어 앞으로 진행될 기업 문화 쇄신 작업에서 나와 협력하게 되었다. 나는 한때 오피스 부문을 이끌던 커트 델빈을 설득하여 전략 책임자로 재영입했다. 커트는 미국 건강보험 웹사이트를 안정화하기 위해 오바마 대통령이 선택한 인물이었다. 마이크로소프트에는 마케팅 총괄이 두 명 있었다. 나는 크리스 카포셀라에게 모든 책임을 일임하기로 했다. 클라우드 사업을 쌓아올리는 동안 내 동반자로서 기술 부분을 담당하던 스콧 구스리가 마이크로소프트에서 가장 빠르게 성장하는 사업부인 클라우드 및 엔터프라이즈 부문 책임자로 선택됐다.

이런 변화는 일부 경영진이 회사를 떠나야 한다는 걸 의미했다. 그들은 모두 뛰어난 사람들이었으나 SLT는 같은 세계관을 공유하는 끈끈한 조직으로 바뀌어야 했다. 훌륭한 소프트웨어나 혁신적인 하드웨어, 아니면 지속 가능한 조직 같은 기념비적인 존재가 등장하려면 한 명의 위대한 인물이 있거나 한뜻으로 모인 사람들이 있어야 했다. 내 말은 예스맨을 뜻하지 않는다. 논쟁이나 논의는 반드시 필요하다. 어떤 사람의 생각을 발전시키는 과정은 대단히 중요하다. 내게는 "이건 내가 했던 소비자 세분화 연구입니다."나 "그 생각과 반대되는 가격 책정 전략입니다." 같은 말을 거리낌 없이 하는 사람이 필요했다. 대학교에서처럼 구식이지만 효과적인 논쟁이 벌어진다면 좋을 것이다. 하지만 수준 높은 합의에 도달해야 했다. 우리에게는 각자의 문제를 인정하고 대화를 장려하고 효율적으로 움직이는 SLT가 필요했다. 우리에게는 SLT를 자신이 참석하는 또 다른 회의 정도가 아닌 자신의 가장 중요한 조직으로 바라볼 사람이 필요했다. 우리는 사명과 전략, 그리고 문화에 대해 공동 전선을 펼쳐야 했다.

나는 SLT가 각자의 독특한 초능력으로 공익에 헌신하는 일종의 슈퍼 히어로 군단이길 바랐다. 에이미 후드는 우리의 양심이다. 우리가 정직함을 잃지 않고 약속을 지키도록 책임을 묻는 역할을 한다. 커트는 철저한 태도로 전략과 사업에 임하도록 우리를 독려한다. 테리, 스콧, 해리, 그리고 최근에 합류한 라제시 자 Rajesh Jha와 케빈 스콧Kevin Scott 같은 제품 담당자들은 제품과 관련된 각종 계획을 조절한다. 경영진이 전략에서 한 발짝 멀어지면 계획 실행 단계에서 각각의 제품을 담당하는 팀도 전략에서 한없이 멀어지기 때문이다. 브래드는 법과 정책의 지배를 받으며 끊임없이 변화하는 세계에서 길을 안내하는 동시에 중요한 국내외 문제에 대한 대처 방법을 찾아낸다. 캐슬린은 직원들의 목소리를 전달하는 통로다. 페기는 파트너의 목소리를, 크리스와 장 필리프 쿠르투아Jean-Philippe Courtois 그리고 저드슨 앨서프Judson Althoff는 소비자의 목소리를 대변한다. 그들은 우리의 변화를 지속적으로 이끄는 진정한 영웅들이다.

총을 내려놓고
하나로 힘을 모으다

한 가지 분명한 사실은 SLT 이상으로 우리의 사명에 대한 본보기를 제시하고 문화 구축에 투입할 더 큰 리더 조직이 있어야한다는 점이었다. 내 기억으로는 해마다 150명 정도의 경영진이 조용한 곳에서 모였다. 우리는 마이크로소프트 본사에서 두시간가량 떨어진 한적한 산악 지대로 차를 몰았다. 그곳에서우리는 조용하고 편안한 호텔을 잡고 전략적으로 힘을 합치는작업을 진행했다. 이런 연수 활동은 항상 좋은 아이디어로 이어졌다.

　모든 팀이 제품 계획을 공유하고 자신들이 보유한 획기적인최신 기술을 선보인다. 세상 사람들이 경험하기 훨씬 전에 말이다. 모든 참석자가 불가에 앉아 식사를 하며 유대감을 다지고 동료들을 바라보는 시간을 갖는 것에 감사한다. 하지만 정작 나를괴롭히는 것이 있었다. 다방면으로 뛰어나고 지적으로 출중한인재들이 깊은 숲속에 모여 그저 이야기만 나누고 있었다. 솔직히 말하자면 대부분의 이야기가 상대방의 생각에서 허점을 찾는 것에 치우친 느낌이었다. 그 정도면 할 만큼 한 셈이었다. 나는 새로고침을 통해 실험에 나설 시간이라고 판단했다. 그해 우리는 변화를 상징하는 몇 가지 계획을 실천하면서 최고위급 책임자를 모두 참여시켰다. 나는 우리의 목적지에 대해 믿음을 품으라고, 그리고 목적지에 도달할 수 있게 힘을 보태라고 그들에게 요구했다.

연수 활동에도 변화가 일어났다. 우선 1년 전에 우리가 인수한 회사의 설립자를 초빙했다. 새로이 마이크로소프트에 합류한 리더는 모바일 퍼스트와 클라우드 퍼스트 시대에 태어난 혁신적이고 사명에 충실한 사람들이었다. 나는 외부에서 우리를 바라보던 사람들의 신선한 시선에서 가르침을 얻을 수 있음을 알았다. 문제는 새로 합류한 대부분의 리더들이 공식적으로는 경영진 연수에 참석할 '자격'을 갖추지 못했다는 사실이었다. 더욱 곤란했던 건 그들의 관리자도, 심지어 그 관리자의 관리자도 자격이 되지 않았다는 점이다. 경영진 연수는 오로지 지위가 가장 높은 리더들을 위한 자리였다. 그래서인지 기존 리더들은 새로 합류한 리더들을 그리 반기지 않았다. 하지만 새로 합류한 리더들은 자신들이 마이크로소프트의 역사를 깨뜨렸다는 사실을 전혀 눈치채지 못한 채 눈을 반짝거리며 연수 현장에 나타났다. 그들은 여러 질문을 던졌고 자신이 겪은 경험을 공유했다. 그들은 우리를 더욱 나은 방향으로 밀어붙였다.

또 다른 변화는 연수 기간 동안 소비자 방문을 계획한 것이었다. 모두가 이 결정을 지지한 것은 아니었다. 아니 상당히 많은 사람이 눈동자를 굴리며 신음 소리를 냈다. '왜 우리가 연수 기간에 소비자를 만나야 합니까? 우리는 이미 사업이라는 정상적인 통로로 소비자와 만나고 있습니다. 소비자가 진정으로 원하는 것을 우리가 모르는 것 같습니까?' 하지만 우리는 이런 냉소적인 시선을 뚫고 연수 첫날 아침 회의실에 모였다. 우리는 회사에서 가장 직급이 높은 연구원, 엔지니어, 영업 담당자, 마케팅 담당자, 재무 담당자, 인사 담당자, 운영 담당자를 12명 정도의 팀으로 나눈 다음 각각 차에 태웠다. 각 차에 타고 있는 신경질적인 회계 담당자가 이 여행을 주관했다. 모두 한 번도 같이 일한 적이 없는 낯선 사람들이었다. 승합차는 초·중·고등학교와 대학교, 대형 기업, 비영리 단체, 스타트업 기업, 병원, 소규모 자영업자 등 우리 소비자를 만나기 위해 워싱턴 주 북서부의 퓨젯사운드 지역을 지나 서로 다른 방향으로 흩어졌다. 탑승자들은 서로의 말에 귀를 기울였고 서로에 대해 배웠으며 새로운 관계를 형성했다. 그들은 소문 속의 총을 내려놓고 마이크로소프트가 사명을 완수할 새로운 방법을 발견했다. 그리고 다양한 사람으로 팀을 구성해 소비자가 제시하는 문제를 함께 해결할 때 어떤 힘이 발휘되는지 경험했다.

어쩌면 실험적인 연수 기간 동안 우리가 얻은 가장 중요한 성과는 리더들이 우리의 문화적 진화에 대해 더욱 마음을 열고 정직한 대화를 나눴다는 사실일 것이다. 인사 책임자로서 나와 함께 회사 문화 쇄신에 나선 캐슬린 호건은 그들에게서 피드백을 받아야 한다는 것을 잘 알고 있었다. 그래서 시애틀 곳곳으로 흩어져 소비자와 만나고는 산악 지대로 되돌아오는 기나긴 하루를 보내고 또다시 사람들을 무작위로 10명씩 뽑아 17개의 팀을 만들었다. 그들은 저녁 식사 테이블로 안내된 다음 회사 문화의 위상과 발전 방법에 관한 자신만의 생각을 설명하고 다른 사람과 공유하라는 과제를 받았다. 몇몇은 이 훈련이 쓸모가 없을 것이라고, 어쩌면 리더라면 응당 해야 할 업무 중 하나라고 암묵적으로 동의해주는 자리가 될 수도 있을 거라고 예측했다. 우리는 참석자들이 피곤해 할 거라고 예상했다. 그들은 까다로운 사람들이었고 지인들과만 어울리려는 경향이 강했다. 무엇보다도 그들은 회사의 문화는 CEO나 인사 담당자가 신경 쓸 문제라고 말해 왔다.

하지만 우리의 판단은 완전히 틀렸다. 토론은 저녁 늦게까지 이어졌다. 많은 경영진이 팀을 이끄는 과정에서 다른 사람들이 겪은 경험을 함께 공유하고 모두가 열망하는 문화를 탄생시키는 방법에 대해 브레인스토밍했기 때문이다.

다음 날 아침 각 테이블의 리더들과 캐슬린은 나와 함께 아침 식사를 하면서 자신들이 무엇을 배웠는지 이야기하고 중요한 아이디어, 즉 전날 밤에 브레인스토밍 과정에서 나온 아이디어를 공유했다. 그들은 열정적이고 의욕적이었다. 그들의 에너지는 다른 사람에게 쉽게 전염됐다. 결국 나는 참석자들의 아이디어에 고무된 채 연수를 마쳤다. 무엇보다 고무적인 것은 참석자들의 높은 참여도와 헌신이었다. 우리는 이 힘을 기반으로 삼아야 했다. 그래서 각 테이블에서 토론을 이끌던 책임자를 '문화 고문단' 명단에 올렸다. 회사 내의 모든 조직에서 헌신적으로 문화 혁신에 필요한 틀을 빚고, 문화 혁신을 이끄는 믿음직한 조언자이자 상급 리더로 구성된 집단이었다. 변화는 내부에서 오고 있었다.

2015년 여름 SLT는 하나로 뭉쳤고 회사는 힘을 인식하기 시작했다. 그 어느 때보다 야심차게 준비한 윈도우 10의 출시가 가까워졌다. 서피스 프로 3$^{\text{Surface Pro 3}}$은 개인 소비자와 기업 모두가 랩톱을 대체할 태블릿을 원하고 있음을 증명할 터였다. 우리는 아이폰을 비롯해 모든 기기에서 사용할 수 있는 오피스를 내놓았다. 클라우드를 기반으로 하는 오피스 365 서비스에는 1000만 명 가까운 사람이 추가로 가입했다. 아마존과 경쟁하는 마이크로소프트의 클라우드 플랫폼인 애저는 빠르게 성장하고 있었다. 내가 전 직원에게 이메일을 보내고 몇 달이 지난 뒤 SLT는 내 글에 담긴 생각을 정리하여 회사 강령을 바꾸기로 했다. 우리의 변화는 진행 중이었다. 하지만 아직도 갈 길이 멀었다.

지구상의 모든 사람과
조직을 위한 변화의 시작

연수가 끝난 직후 나는 중국에서 열리는 중요한 회의를 시작으로 아시아 곳곳을 방문하는 일주일간의 출장 일정을 소화할 예정이었다. 당시 나는 주말마다 어머니에게 전화를 걸고 어머니와 대화를 나눴다. 토요일부터 출장이 시작됐기 때문에 나는 비행기에 오르기 전에 어머니에게 전화하기로 마음먹었다. 그날은 인도 남동부 지역의 설날로 사업의 번영과 성공을 기원하는 우가디^{Ugadi}였다. 어머니는 내게 그날이 우가디임을 알리고 신년을 축하했다. 통화는 짧았다. 공항에 늦었기 때문이었다. 우리는 일주일 동안 벌어진 일에 대해 간단하게 이야기를 주고받았다. 평소처럼 어머니는 일이 즐거운지 물었고 나는 그렇다고 대답하며 통화를 끝냈다. 그런데 착륙 두 시간 전에 집에 있던 아누로부터 걱정스러운 이메일을 받았다. 나는 뭔가 잘못됐음을 느꼈다. 몇차례 이메일을 주고받은 뒤 나는 어머니가 갑작스럽게 돌아가셨음을 알았다. 나는 출장 일정을 취소하고 서둘러 하이데라바드로 갔다. 어머니의 죽음은 내게 큰 고통이었다. 하지만 시간이 흐르는 동안 어머니는 항상 내 마음속에 살아계심을 깨닫게 되었다. 어머니는 언제나 그 자리에 계셨다. 평온하고 사려 깊은 어머니의 모습은 지금까지도 내가 주변 사람들이나 세상과 맺는 관계를 정의한다.

그해 봄 내내 내 인생에서 어머니의 역할을 곰곰이 생각해보았다. 또한 내 일에서 만족감과 의미를 찾으라던 어머니의 말씀을 되새겼다. 어머니에 대한 생각은 봄이 끝날 때까지 계속되었다. 그동안 나는 전 세계 직원과 힘을 합쳐 마이크로소프트의 새로운 사명과 문화의 틀을 빚을 준비를 했다. 그해 7월 플로리다주 올랜도로 향하는 또 다른 비행기에 올랐다. 다시 낙천주의가 살아났다. 해마다 7월이면 전 세계에서 소비자를 상대하는 1만 5000여 명의 마이크로소프트 직원이 한자리에 모여 최신 전략과 사업 계획을 듣고 개발 중인 신제품의 시연을 본다. 그 자리는 직원들에게 우리가 진행하는 일을 알리고 직원들을 동참시킬 기회였다.

나는 강당의 무대 뒤에서 수천 명의 직원이 내뿜는 에너지를 느끼면서 회사의 사명과 문화를 바꾸기 위해 당장 실천해야 할 과제를 어떻게 설명할지 연습했다. 마이크로소프트 직원들은 엄청나게 많은 파워포인트 슬라이드를 동원하여 발표하는 것으로 악명이 높다. 하지만 나는 슬라이드에 크게 의존하고 싶지 않았다. 그래서 내가 생각하고 느끼는 바를 흘러가는 대로 자유롭게 전달했다. 모든 책상과 가정에 컴퓨터를 보급하겠다는, 빌과 폴이 40년 전에 제시한 회사의 사명은 한 시대를 풍미한 목표 그이상의 목표였다. 마이크로소프트의 첫 번째 사명에 대해 생각할수록 무엇이 우리에게 개인용 컴퓨터를 탄생시키도록 동기를 부여했는지 의아해졌다. 최초의 개인용 컴퓨터인 알테어^Altair^에서 구동하는 베이식 인터프리터에 처음으로 입력된 코드에는 어떤 정신이 숨어 있었을까? 그것은 사람들에게 힘을 실어주고자하는 의지였다. 전 세계 모든 사람과 조직에게 더 많은 성과를 거둘 힘을 안기는 것이 여전히 우리에게 동기를 부여하는 목표였다. 나는 무대에 올라 이렇게 말했다.

"우리는 미국 서부 해안 지역에서 활동하는 스타트업 기업이나 첨단 기술 사용자뿐만 아니라 전 세계 모든 사람에게 힘을 나눠주는 일을 하고 있습니다. 우리가 가장 잘하는 분야는 개인과조직이 더 많은 성과를 거두도록 돕는 것입니다. 그것이 우리의결정에 영향을 미치고 우리에게 열정을 불러일으키며 또한 다른기업과 우리를 차별화하는 힘입니다. 우리는 사람들이 결과물을얻도록 돕고 일을 진행시키는 환경을 만듭니다."

그것이 우리 사명의 본질이었지만 직원들은 물론이고 액센츄어^Accenture^(세계적인 컨설팅 기업), 베스트 바이^Best Buy^(전자 제품과 컴퓨터 제품 유통업체 - 옮긴이), 휴렛 팩커드, 델 등 우리 파트너는더 많은 이야기를 듣고자 했다. 그들은 우리가 사업적 관점에서 무엇을 우선시하는지 알고 싶어 했다. 나는 사람들에게 힘을 안기겠다는 약속을 지키려면 서로 밀접하게 관련된 세 가지 포부를 중심으로 모든 자원을 배치하고 여기에 자극을 가해야 한다고 말했다.

우선 우리는 생산성과 비즈니스 프로세스를 개선해야 한다. 우리는 단순히 개인의 생산성 도구를 제작하는 수준에서 더 나아가 네 가지 원칙, 즉 협업collaboration, 모빌리티mobility, 인텔리전스intelligence, 보안과 규제 준수trust를 기반으로 인텔리전트 패브릭intelligent fabric(프로세서, 스토리지, 메모리 등이 서로 연결되는 시스템 요소와 이를 유연하게 관리하는 소프트웨어를 말한다. 시스템의 유연성을 위해 필요한 기술 – 옮긴이)을 설계해야 했다. 여전히 사람들은 개인 단위로 중요한 작업을 수행하지만 협업은 새로운 규범으로 자리 잡고 있었다. 우리가 조직에 힘을 부여하는 도구를 제작하는 이유다. 우리는 사람들이 어디에서 어떤 기기를 사용하든 생산적인 활동을 돕고 싶었다. 데이터, 앱, 환경 설정, 다시 말해 모든 콘텐츠가 다양한 컴퓨터 사용 환경을 넘나들어야 했다. 인텔리전스는 능력을 배가하는 놀라운 특징이다. 폭발적으로 증가하는 데이터 속에서 성공하기 위해서는 사람들에게 가장 부족한 자원인 시간을 효율적으로 관리하도록 인텔리전스를 사용하는 분석 도구와 서비스, 대행 기능이 있어야 한다. 마지막으로 보안과 규제 준수는 우리의 모든 제품과 서비스가 구축될 기반이다. 그래서 우리는 기업용 표준을 정의하는 보안과 규제 준수에 막대한 노력을 투입하는 것이다.

둘째, 우리는 인텔리전트 클라우드 플랫폼을 구축할 것이다. 이것은 첫 번째 포부와 밀접하게 연관되어 있다. 오늘날 모든 조직이 향상된 분석 도구와 머신 러닝, 인공지능을 활용해 어마어마한 데이터로 미래를 예측하고 분석하는 새로운 클라우드 기반 인프라와 애플리케이션을 원한다. 인프라라는 측면에서 우리는 전 세계 수십 곳에 특별한 데이터 센터를 갖춘 최고의 글로벌 클라우드 플랫폼을 제공한다는 약속을 이행했다. 우리는 소비자가 클라우드 플랫폼의 용량이나 투명성, 안정성, 보안, 프라이버시, 규제 준수 같은 복잡한 요구 사항에 대해 걱정하지 않고 솔루션의 규모를 조정할 수 있도록 해마다 수십억 달러를 투자해 인프라를 점점 확대했다. 우리가 제공하는 클라우드는 애플리케이션 플랫폼과 개발자 도구를 폭넓게 지원할 수 있도록 누구에게나 개방됐으며 사용자에게 선택권을 부여했다. 우리는 클라우드 서비스의 경계선에 놓이는 서버 제품을 제작해 하이브리드 컴퓨팅을 지원했다. 우리 클라우드는 이 같은 성장을 이끄는 인프라일 뿐만 아니라 우리가 애플리케이션에 주입한 인텔리전스이기도 했다. 우리는 사진과 동영상을 분석하고 음성과 문자를 식별하고 언어를 이해하고 얼굴과 표정을 감지하는 코그니티브 서비스cognitive service를 제공했다. 개발자들이 애플리케이션에 내장된 API(응용 프로그램 인터페이스^{Application Program Interface}의 약자로, 응용 프로그램이 운영 체제나 하드웨어가 제공하는 기능을 안전하게 이용할 수 있게 해주는 연결고리 역할을 한다 – 옮긴이)로 자신을 둘러싼 세상을 보고, 듣고, 말하고, 해석하는 솔루션을 작동시키기만 하면 손쉽게 사용자 경험이 확대됐다. 우리의 인텔리전트 클라우드는 스타트업 기업과 소규모 기업, 그리고 대형 기업 모두에 이 모든 기능을 제공했다.

셋째, 우리는 컴퓨터 이용 환경을 사용자 개개인에게 더 특화해야 했다. 이용자들이 윈도우가 필요한 수준을 넘어 윈도우를 사랑하는 단계로 넘어오도록 해야 했다. 우리가 클라우드 컴퓨팅으로 기업과 사회를 바꿨듯이 사람과 조직의 생산성이 더욱 높아지도록 작업 공간에도 혁명을 일으켜야 했다. 우리는 전 제품에 걸쳐 끊임없이 가치를 전달하겠다는 새로운 콘셉트로 윈도우 10을 출시했다. 우리는 육성으로 질문을 던지고 펜으로 그림을 그리고 웃음이나 터치로 가장 중요한 정보를 보호하는 등 혁신적이면서도 더욱 자연스러운 방식으로 각종 기기와 밀접하게 상호 작용할 수 있게 윈도우 10을 설계했다. 새로운 사용자 경험 덕분에 사용자는 한가운데에 자리를 잡고는 PC, 엑스박스, 휴대전화, 서피스 허브^{Surface Hub}, 마이크로소프트 홀로렌즈, 윈도우 혼합현실^{Windows Mixed Reality} 등 각종 기기를 매끄럽게 넘나들 수 있다.

앞으로 진행될 변화를 위해서는 직원과 파트너를 한 배에 태워야 했다. 그리고 우리와 함께할 월가도 필요했다. CFO인 에이미 후드는 우리가 헤쳐 나가야 할 문화 혁신이 무엇인지 이해하고 있었다. 에이미는 중요한 동반자로서 내가 사업 전반에서 세부 사항에 꼼꼼히 주의를 기울이도록 도와주었다. 에이미의 역할은 계획을 실질적인 성과로 바꿔줄 환경을 만드는 것이었다. 내가 주재한 첫 번째 재무 분석 회의가 열리기도 전에 에이미는 나를 도와 우리의 사명과 포부를 투자자가 듣고 싶어 하는 언어와 목표로 변환했다. 예를 들어 에이미는 매출액이 200억 달러에 달하는 클라우드 비즈니스를 구축한다는 목표를 세웠다. 이런 목표를 세우면 투자자들은 분기마다 실적을 확인하게 된다. 새로운 목표 덕분에 우리는 PC 시장과 휴대전화 시장에서 점유율이 떨어지는 수세적인 입장에서 벗어나 공격적인 입장으로 전환할 수 있었다. 우리는 사람들의 시선을 회피하는 모습이 아니라 미래를 장악한 모습으로 바뀌었다.

내가 CEO가 되리라는 느낌을 받은 순간부터 마이크로소프트의 영혼을 재발견하고, 사명을 재정의하고, 투자자와 소비자에게 우리 회사의 성장 동력을 각인시키는 일이 내게 가장 중요한 목표가 됐다. CEO로 첫발을 내딛었을 때부터 어떻게 우리 전략을 올바르게 이해시킬 것인가가 내 머릿속을 떠나지 않았다. 하지만 유명한 경영학자 피터 드러커Peter Drucker가 말했듯이 "문화는 아침 식사로 전략을 먹는다." 그날 아침 올랜도에서 연설을 마무리할 때 나는 가장 큰 노력을 쏟아부어야 할 목표가 무엇인지, 우리 앞을 가로막은 가장 높은 장애물이 무엇인지에 초점을 맞췄다. 그것은 마이크로소프트 문화의 변신이었다.

고정된 사고 VS 성장하는 사고

놀랍게도 강당을 가득 채운 마이크로소프트 직원과 협력사 직원 1만 5000명이 침묵에 빠졌다. 눈을 뜰 수가 없을 정도로 밝은 무대 조명 때문에 아무것도 볼 수 없게 되자 불안감도 커졌다. 내가 올랜도의 무대 위에서 느낀 감정은 놀라움과 불안감이었다. 목구멍으로 작은 덩어리가 올라오는 느낌이었다. 나는 한때 마이크로소프트가 올바른 방향으로 나아가는 일에 중요한 역할을 했던 어떤 주제로 들어가려던 참이었다. 그 주제는 내 입장에서는 철저히 개인적인 것이기도 했다. 나는 말했다.

"저는 우리 문화에 관한 이야기로 연설을 마치고자 합니다. 이것은 저의 전부이기도 하죠."

수십 년 동안 빌과 스티브는 직원들 앞에서 수십 차례의 연례 연설을 했다. 빌은 대개 미래의 기술 동향을 내다보며, 마이크로소프트가 어떻게 해야 지도적 역할을 할지를 예측했다. 스티브는 직원들을 결집시켜서 흥분의 도가니로 몰아 넣었다. 나는 연설의 첫 부분에서 새로운 사명을 선포했다. 회사의 영혼을 재발견하는 작업에 뿌리를 내린 사명이었다. 나는 일련의 새로운 사업적 포부를 개략적으로 설명했다. 하지만 내가 추수감사절 휴가 기간에 작성해 이사회에 보낸 글에서 암시했듯이 진정한 변화는 문화 쇄신에 달려 있었다.

문화는 확실하게 정의하기 어려운 모호한 용어일지 모른다. 통찰력이 돋보이는 《문화Culture》에서 저명한 영문학자이자 문화 비평가인 테리 이글턴Terry Eagleton은 문화에 관한 생각은 다면적이라고, "일종의 사회적 무의식"이라고 적었다. 이글턴은 면도날처럼 정확하게 문화를 네 가지 의미로 세분했다. 그중 조직과 가장 관련 깊은 요소는 사람들이 함께 살면서 매일 호흡하는 가치와 관습, 믿음과 상징적 행위다. 문화는 유기적이고 유의미한 뭔가가 누적되어 습관화된 것이다. 아일랜드에 사는 이글턴은 우편함이 아일랜드가 문명사회임을 알리는 증거라고 말한다. 하지만 우편함이 전부 녹색인 것은 문화를 보여주는 증거였다. 내 생각에 문화란 개인의 사고방식이 모인 복잡한 시스템이다. 조직이 어떻게 생각하고 행동할지를 문화가 결정한다고 하지만 문화의 틀을 빚는 주체는 개인이다.

평생 나를 만들고 지금까지도 나를 이끌어온 힘은 인도에 계시는 내 부모님과 시애틀에 있는 내 가족의 언어와 일상, 그리고 사고방식이다. 하이데라바드 시절의 동급생들이 정부 조직과 기업, 그리고 스포츠계와 연예 분야에서 리더로 성장할 수 있었던 것은 함께 어울리며 학습 태도를 공유했던 다양한 친구들 덕분이다. 모든 경험을 하는 동안 나를 둘러싼 환경과 사람들이 호기심을 쫓고 내 능력의 한계를 넓히라며 내게 용기를 불어넣었다. 이제 나는 내 접근법이 마이크로소프트에 얼마나 중요한지 깨닫기 시작했다. 과거의 엄청난 성공이 마이크로소프트에는 부담이었기 때문이다.

그해 초 아누가 캐롤 드웩Carol Dweck 박사가 쓴《성공의 새로운 심리학Mindset: The New Psychology of Success》을 건넸다. 드웩 박사는 '할 수 있다'는 믿음으로 실패를 극복하는 방법을 연구한다.

"자신을 어떤 식으로 바라보느냐가 인생을 어떻게 이끄느냐에 지대한 영향을 미친다."

드웩 박사는 사람들을 학습자와 비학습자로 나누고 고정된 사고는 발목을 붙잡지만 성장하는 사고는 사람들을 앞으로 나아가게 한다고 말한다. 사람들이 받은 패는 출발점에 불과하다. 열정을 품고 훈련을 거듭하면서 힘들더라도 노력을 아끼지 않는다면 높이 날아오를 수 있다(심지어 드웩 박사는 'CEO 병', 즉 성장하는 사고를 지니지 못한 기업 리더가 겪는 일에 대해 설득력 있게 쓰기도 했다).

드웩 박사의 책을 건넸을 때 아내는 내가 거둔 성공을 생각하고 있지 않았다. 아내는 쌍둥이 딸 중에 학습 장애를 겪던 아이가 거둔 성공을 생각하고 있었다. 딸아이의 진단 결과를 받아든 우리 부부는 아이를 돕기 위해 발견 여행에 나섰다. 먼저 우리는 내면을 들여다보는 시간을 가졌다. 딸아이를 걱정해서이기도 하지만 우리 자신을 교육할 필요도 있어서였다. 다음은 행동에 나섰다. 우리는 캐나다 밴쿠버에 있는 학교를 찾아냈다. 딸아이처럼 학습 장애가 있는 아이들을 전문적으로 가르치는 학교였다. 우리는 5년 동안 이산가족이 되어 밴쿠버와 시애틀을 오갔다. 딸아이가 정규 학교교육을 받게 하는 동시에 자인이 시애틀에서 지속적으로 치료를 받게 하기 위해서였다.

이 모든 시간은 우리가 남편과 아내, 아버지와 딸, 어머니와 아들 같은 여러 가지 입장에서 이별을 겪었음을 의미했다. 우리 가족은 두 나라에서 두 가지 삶을 살았다. 아누와 나는 주말이 되면 비가 오든 눈이 오든 어둠이 짙게 깔리든 차를 몰고 시애틀과 밴쿠버 사이를 오갔다. 5년 동안 서로 번갈아 달린 길은 수천 킬로미터에 달했다. 힘든 나날이었다. 하지만 아누와 딸아이들은 캐나다에서 특별한 친구들을 사귀었다. 한 가족으로서 우리는 우리가 겪는 고충이 보편적인 현상임을 함께 배웠다. 캘리포니아, 오스트레일리아, 팔레스타인, 뉴질랜드 출신의 가족들이 갖가지 문제와 어려움을 안고 밴쿠버로 모여들었다. 나는 보편적인 고충을 인정하는 것이 아이와 어른, 부모와 교사가 서로의 입장을 이해하는 보편적인 공감으로 이어지는 모습을 확인했다. 우리는 공감이 개인적인 동시에 보편적인 가치임을 배웠다. 그리고 어디에서든, 마이크로소프트 안에서든 가정에서든, 미국에서든 전 세계 다른 곳에서든 문제를 해결할 때 공감이 반드시 필요한 요소임을 배웠다. 그것은 사고방식이자 문화이기도 했다.

전 세계에서 온 사원이 모인 자리에서 연설을 계속하는 동안 내가 우리 아이들에게 느낀 공감과 회의장에서 연설을 듣던 사람들에게 느낀 공감이 내 머리와 가슴에 들어앉았다.

"우리는 대담한 포부를 품을 수 있습니다. 대담한 목표를 세울 수도 있습니다. 새로운 사명을 이루겠다는 열망을 품을 수도 있습니다. 하지만 우리가 우리 문화를 실천하고 가르쳐야만 이 모두가 실현됩니다. 이건 역동적인 학습 문화와 관련된 문제입니다. 실제로 우리의 새로운 문화를 설명해주는 문구는 '성장하는 사고'입니다. 그것은 어떤 장애물이든 극복하고 어떤 어려움이든 이겨내며 개인의 성장, 더 나아가 회사의 성장을 가능하게 하는 태도와 사고방식을 지닌 우리 모두를 표현하는 말이기 때문입니다."

나는 여기서 성장이란 손익 계산과 관련된 것이 아니라고 말했다. 이건 개인의 성장에 관한 것이었다. 개인적으로 모든 사람이 자신의 역할과 삶에서 성장한다면 하나의 조직으로서 우리도 성장할 것이다. 아누와 나는 경이로운 아이들을 얻는 축복을 받았다. 우리 부부는 아이들의 특별한 요구를 충족시키는 방법을 배워야 했다. 우리 부부를 통째로 바꾼 경험이었다.

"그렇게 보낸 시간 덕분에 저는 다른 사람에게 더욱 공감할 수 있었습니다. 저는 사람들을 위한 새로운 아이디어를 얻고 사람들에게 공감하는 능력, 그러니까 그 둘을 연결해 커다란 효과를 내는 능력을 대단히 의미 있게 생각합니다. 저를 가장 만족시키는 요인이자 제가 마이크로소프트에서 일하는 이유입니다. 그리고 여기에 계신 모든 분들이 얻기를 바라는 능력이기도 합니다."

우리의 문화는 직원들이 개인적인 열정을 깨닫고 마이크로소프트를 발판 삼아 그 열정을 쫓는 방법을 담아야 했다. 내 경우 장애인들이 더욱 쉽게 기술에 접근하고 기술이 수많은 방식으로 그들의 삶을 개선하는 모습을 보고 싶다는 열정에서 가장 큰 만족감을 느꼈다.

전임자인 스티브 발머가 연례 행사에서 그랬던 것처럼 나도 행동을 촉구하는 외침으로 연설을 마무리했다. 하지만 상당히 다른 분위기와 목적을 지닌 외침이었다. 근본적으로 나는 직원들에게 마음속 가장 깊은 곳에 자리 잡은 열정을 확인하고 어떤 식으로든 우리의 새로운 사명과 문화에 연결하라고 했다. 그러는 동안 우리는 회사를 변신시키고 세상을 바꿀 것이다. CEO 자리에 앉으면 누구나 이런 목표를 쉽게 상상할 수 있다. 하지만 말레이시아에서 일하는 마케팅 담당자나 텍사스에서 일하는 기술

지원 직원처럼 위치상 시야가 좁은 직원이라면 이런 사명은 너무 멀리 있어서 도달이 불가능한 목표로 보일 수도 있다. 따라서 내가 제시한 도전 과제는 어려워 보일지도 몰랐다. 나는 직원들과 마음이 통했는지, 아니면 직원들을 당황시키거나 직원들에게 전혀 영향을 미치지 못했는지 궁금했다.

여러 가지 감정이 나를 짓누르기에 마지막 슬라이드를 건너뛰고 재빨리 무대에서 빠져나왔다. 질이 내게 배정된 녹색 방이 아닌 강당으로 들어가는 출입구를 가리켰다.

"사람들과 같이 보시죠."

그해의 진행 상황은 물론 새로운 사명이 가져다준 발전적인 기회를 보여주는 동영상이 시작됐을 때 나는 옆문을 통해 강당으로 슬며시 되돌아갔다. 강당이 어두웠기 때문에 아무도 나를 보지 못했다. 모두의 눈이 화면에서 떨어질 줄 몰랐다. 하지만 나는 사람들을 바라보며 어떤 감정이 강당 안을 채우는지 확인했다. 모두 자리에서 꼼짝하지 않았다. 어떤 직원은 흐르는 눈물을 조용히 닦아냈다. 그때 나는 우리가 어떤 단계로 넘어갔음을 깨달았다.

Hit Refresh

| 제4장 |

문화의 르네상스를
꿈꾸다

성장하는 사고는 어떻게 변화를 이끄는가

HIT REFRESH

며칠 뒤 나는 케냐 나이로비 국립공원 인근 나뉴키 마을에 있었다. 태양열로 구동하고 인터넷 카페 역할까지 하는 선적 컨테이너 안이었다. 우리의 파트너인 마윙구Mawingu(스와힐리어로 '클라우드'를 의미) 네트웍스는 시골 공동체에 저렴한 인터넷 서비스를 제공한다. 학생과 학부형 모두가 지식에 접근할 길을 열어준 서비스였다. 실제로 단 1년 만에 학생들의 시험 점수가 극적으로 치솟았다.

카페 안에서 크리스 바라카와 이야기를 나눴다. 작가이자 교사인 바라카는 돈을 벌기 위해 카페의 인터넷을 사용한다. 카페에는 잠시 일을 멈추고 농작물 가격을 확인하는 농부들도 있었다. 10여 명밖에 되지 않는 사람들은 내가 MS의 전략에서 핵심적인 제품인 윈도우 10의 출시를 그런 식으로 축하하고 있음을 알지 못했다.

20년 전 윈도우 95는 한밤중에 소매상들이 모여들고 언론이 과잉 반응을 보이는 가운데 롤링 스톤스의 주제곡 〈스타트 미업Start Me Up〉을 배경으로 출시되었다. 이를 계기로 소프트웨어 출시 행사는 끊임없이 규모가 커졌다. 경쟁사들은 소비자의 구매 욕구에 불을 붙이기 위해 상대 회사의 출시 행사를 능가하는 더욱 화려한 행사를 준비했다. 하지만 그때는 그때고 지금은 지금이다. 이제는 시대 상황과 우리의 새로운 사명 및 문화를 반영한 새로운 제품 출시 전략이 필요했다.

처음에는 대변인 프랭크 쇼Frank Shaw가 윈도우를 상징하는 알록달록한 빛으로 시드니 오페라하우스를 환하게 수놓아 사람들의 시선을 사로잡는 최고급 출시 행사를 계획했다. 프랭크는 언론이 기사를 쏟아내게 하려면 파리, 뉴욕, 도쿄 등에서 촬영한 감각적인 이미지가 필요하다고 생각했다. 일이 잘 풀린다면 이 이미지는 언론의 관심을 집중시킬 것이었다. 하지만 프랭크의 접근법은 내키지 않았다. 이번 출시 행사는 달라진 마이크로소프트를 보여줄 기회였다. 어떡할지 고민하다가 잠시 회의를 중단하고 커피를 마시기로 했다. 몇몇 회의 참석자들과 한쪽에 모여 대화를 나누던 중 이런 제안이 나왔다.

"케냐에서 윈도우 10을 출시하면 어떨까요?"

케냐는 우리 소비자와 파트너, 그리고 직원들이 있는 나라였다. 인프라와 기술을 갖추고 디지털 트랜스포메이션digital transformation(디지털 기술을 이용해 기존의 가치관과 사회 구조를 혁신하는 개념 – 옮긴이)을 활용하면 다른 나라를 뛰어넘을 수 있음을 보여준 커다란 가능성을 지닌 나라였다.

윈도우 10 출시는 단순히 제품과 관련된 문제가 아니었다. 사명에 관한 문제였다. 전 세계 사람들에게 힘을 부여할 길을 찾는다면서 목표를 실현하기 위해 지구 반대편으로 날아가지 않는 이유는 무엇인가? 나는 복도를 따라 프랭크의 사무실로 걸어가며 말했다.

"운에 맡기고 해봅시다."

우리는 케냐 나뉴키 같은 가난한 시골 지역이 웹에 접속할 수 있도록 'TV 유휴 채널^{TV white space}(TV 채널들 사이의 사용하지 않는 광대역 통신망)'을 활용하는 인터넷 접속 기술을 개발했었다. 비용은 저렴하지만 속도는 빠른 기술이었다. 우리는 윈도우 10 자체를 널리 알릴 수 있을 뿐만 아니라 지리적 혹은 사회경제적 위치와는 상관없이 누구나 윈도우 10을 활용할 수 있음을 알릴 수 있었다. 프랭크는 잠시 고민하더니 고개를 끄덕였다.

기술이 변화를 이끌고 경제성장의 기회를 실례로 보여주는 동부 아프리카보다 우리의 새로운 사명과 문화를 더욱 잘 설명해주는 곳이 있을까? 우리는 예전처럼 TV 카메라를 동원하지는 않을 것이었다. 하지만 기술이 절망적인 빈곤과 희망의 간극을 메울 수도 있는 아프리카의 외딴 시골 농부를 포함해 모든 소비자가 처한 상황을 이해하고 싶은 우리의 열망을 보여줄 예정이었다. 새로운 문화적 사고를 수용함으로써 우리는 더 많이 귀를 기울이고 더 많이 배우는 동시에 더 적게 말할 수 있었다.

그렇다면 성장하는 사고가 어떤 비밀을 드러내 보였을까? 우리가 얻은 교훈은 케냐 같은 국가를 개발도상국, 미국을 선진국이라고 부르는 행위가 지나치게 단순한 구분법이라는 사실이었다. 두 국가 모두 충분히 교육을 받고 첨단 기술에 능통하여 우리의 가장 정교한 제품을 사용할 수 있는 소비자뿐만 아니라 교육을 거의 또는 아예 받지 못한 잠재적인 소비자도 거느리고 있었다. 물론 어떤 국가는 전자의 비율이 높고 어떤 국가는 후자의 비율이 높다. 하지만 단순히 어떤 국가를 개발도상국이나 선진국으로 구분 짓는 것은 잘못된 방법이다. 케냐에서 진행한 윈도우 10 출시 행사는 전 세계의 수많은 지역에 마이크로소프트에 대한 강렬한 인상을 남겼고 우리에게도 귀중한 교훈을 남겼다.

성장하는 사고를 실천하는 세 가지 방법

나는 CEO의 C가 문화culture의 약자라고 생각한다. CEO는 조직 문화를 담당하는 큐레이터다. 올랜도에서 내가 직원들에게 말했던 것처럼 회사가 사명을 이루기 위해 듣고 배우고 개인의 열정과 재능을 활용하는 문화를 지녔다면 해내지 못할 일이 없다. CEO인 내가 가장 먼저 해야 할 일도 그런 조직 문화를 탄생시키는 것이었다. 그리고 윈도우 10 출시 같은 대중적인 행사든, 아니면 연설, 이메일, 트윗, 사내 게시물, 매달 직원들과 함께하는 Q&A 시간이든 기회가 있을 때마다 역동적인 학습 문화를 실천하라며 우리 팀을 독려할 계획이었다.

물론 CEO의 권고는 진정한 문화 쇄신을 위해 조직, 특히 마이크로소프트같이 엄청나게 성공한 대규모 조직이 갖춰야 할 요인 중 일부에 불과하다. 조직 문화는 녹여서 이상적인 방식으로 바꾼 다음 다시 얼릴 수 있는 물건이 아니다. 문화를 쇄신하려면 계획적인 작업이 필요하다. 문화가 어떤 모습으로 바뀌어야 하는지에 관한 몇 가지 구체적인 생각이 필요하다. 조직 구성원들의 관심을 사로잡아 그들을 익숙하고 편안한 공간 밖으로 밀어내는 구체적이고 극적인 행동도 필요하다.

우리의 문화에는 융통성이 없었다. 직원들은 회의실 안에서 모든 내용을 이해하고 있고, 자신이 가장 똑똑하다는 것을 다른 사람들 앞에서 증명해야 했다. 책임, 즉 정확한 시간 안에 발표를 마치고 점수를 올리는 것이 무엇보다 중요했다. 회의는 형식적이었다. 회의 전에 모든 일정이 완벽하고 구체적으로 계획돼야 했다. 직급을 뛰어넘는 회의를 열기는 어려웠다. 직급이 높은 사람이 몇 단계 아래 직급에 있는 사람의 에너지나 창의성을 활용하고 싶다면 그의 상사를 불러야 했다. 그렇게 계급이나 서열이 조직을 지배하면서 자발성과 창의성이 고통받았다.

내가 원하는 문화 쇄신은 내가 입사할 당시 마이크로소프트의 모습에 뿌리를 두었다. 이를 위해 날마다 세 가지 방식으로 성장하는 사고를 실천해야 했다.

첫째, 우리는 소비자에게 집중해야 했다. 소비자가 정확히 표현한 적이 없고 한 번도 충족된 적이 없는 요구를 해온다면 훌륭한 기술로 그것을 충족시키겠다는 열망과 호기심이 사업의 중심에 자리 잡아야 한다. 더 깊은 통찰로 소비자의 요구 사항을 흡수하고 공감하지 않는다면 소비자의 요구를 충족시킬 방법이 없다. 나는 이 말이 모호하지 않다고, 오히려 모두가 날마다 실천할 수 있는 일이라고 생각했다. 소비자와 이야기를 나눌 때는 귀를 기울여야 한다. 뚜렷한 목적이 있는 행위다. 소비자의 이야기를 경청하는 태도는 앞으로 소비자가 무엇을 선호할지를 예측할 수 있게 하는 도구다. 이것이 성장하는 사고다. 우리는 초심자의 마음으로 소비자와 소비자의 일에 대해 배우고 소비자의 요구를 충족시키는 솔루션을 제공한다. 우리는 외부에서 배운 것을 마이크로소프트에 계속 끌어들이는 동시에 획기적인 방법으로 사용자에게 끊임없이 놀라움과 기쁨을 안겨야 한다.

둘째, 적극적인 자세로 다양성과 포용성을 추구해야 가장 훌륭한 성과를 얻는다. 우리의 사명이 이야기하듯 세상에 도움이 되고자 한다면 세상에 대해 깊이 생각해야 한다. 직원들의 다양성이 지속적으로 확대돼야 하며 사고와 판단에는 광범위한 의견과 관점이 수용되어야 한다. 회의할 때마다 단순히 듣기만 해서는 안 된다. 모든 사람이 생각한 바를 표현할 수 있는 기회를 가져야 한다. 포용성은 열린 마음으로 자신이 어떤 편견을 갖고 있는지를 깨닫고 모든 직원의 통합된 힘을 활용할 수 있도록 우리의 행동을 바꿔줄 것이다. 우리는 차이를 소중하게 생각할 뿐만 아니라 적극적으로 차이를 찾아내고 내면으로 끌어들여야 한다. 그러면 생각이 더욱 발전하고 제품이 더욱 나아지며 결과적으로 소비자가 더욱 큰 힘을 얻을 것이다.

마지막으로 우리는 하나의 회사, 하나의 마이크로소프트다. 여러 세력으로 구성된 연합체가 아니다. 혁신과 경쟁은 우리 내부에 존재하는 폐쇄적인 공간을, 조직을 가르는 경계선을 인정하지 않는다. 따라서 우리는 장벽을 뛰어넘는 방법을 배워야 한다. 우리는 한 가지 공통된 사명 아래 모인 가족이다. 우리의 사명은 조직 내부를 안정시키는 것이 아니다. 편안한 공간 밖으로 나가 소비자에게 손을 내밀고 그들에게 가장 중요한 일을 하는 것이다. 일부 회사에서는 당연시하는 행동이다. 예를 들어 오픈 소스 정신에 기초한 기술 기업은 이런 행동을 자연스럽게 받아들인다. 한 집단이 생산한 코드와 지적 재산은 모든 사람에게 공개되며 회사 내외부의 다른 집단이 이를 검사하거나 개선할 수 있다.

나는 직원들에게 프로그램 코드가 아니라 소비자 시나리오를 소유하라고 말한다. 우리가 만든 코드는 중소기업을 위해, 다른 한편으로는 공공 부문 소비자를 위해 변경되어야 할지 모른다. 우리의 꿈을 그럴듯하게, 궁극적으로 달성 가능하게 만드는 힘은 협동 능력이다. 하나의 마이크로소프트가 되어 최선의 결과물을 소비자에게 전달하려면 다른 사람들의 아이디어를 기반으로 삼고 경계선을 넘어 서로 힘을 합치는 방법을 배워야 한다.

세상을 변화시키는
세 가지 생각

나는 성장하는 사고Growth Mindset, 즉 고객에 대한 집착, 다양성과 포용성을 가지고 하나의 마이크로소프트one Microsoft 정신으로 함께 성장하고자 한다. 이 과정에서 우리가 이루고자 하는 미션을 실현하며 진정으로 세상에 변화를 가져올 수 있게 된다고 믿는다. 이런 세 가지 생각은 내가 마이크로소프트에서 키우기 시작한 문화 속에 성장을 심는다. 나는 기회가 있을 때마다 세 가지 생각에 대해 이야기했다. 그리고 성장하는 사고를 분명하게 드러내고 실현하기 위해 업무 관행과 행동을 바꿀 기회를 모색했다. 그중에는 모두가 대화에 참여해 자신만의 목소리로 자신만의 경험을 이야기할 기회를 주는 것도 있었다. 나는 직원들이 문화를 "사티아의 업무"라고 생각하지 않기를 바랐다. 자신의 일이라고, 마이크로소프트의 일이라고 여기길 바랐다.

학습 문화를 장려하기 위해 모든 직원이 본사에 모여 유대 관계를 맺고, 다른 사람들의 일을 이해하고, 영감을 얻고, 서로 협력하는 원위크^{OneWeek} 기간 중에 연례적으로 해커톤을 개최하기로 했다. 해커톤은 개념 면에서는 성장하는 사고와 쌍벽을 이루고 의미 면에서는 완벽하게 일치하는 행사였다. 컴퓨터 프로그래머에게 해킹은 한계를 뛰어넘어 창의적인 방법으로 어려운 문제를 해결하거나 기회를 포착하는 유서 깊은 전통이다. 해커톤이 열린 첫해 83개국에서 찾아온 1만 2000명 이상의 직원이 비디오게임에서 나타나는 성차별주의를 종식시키는 문제에서부터 장애인들에게 컴퓨터에 접근할 기회를 더 많이 제공하는 문제와 산업용 공급 사슬을 운영하는 문제에 이르기까지 3000가지가 넘는 다양한 해커톤에 뛰어들었다.

그중 다양한 부서 출신들로 구성된 팀이 있었다. 그들은 난독증을 앓는 아이들의 학습 성과를 높이는 일에 관심이 있었다. 마이크로소프트 해커톤은 깊이와 열정이 있는 사람들에게, 함께 어떤 움직임을 일으키는 연구 조직은 물론 원노트^{OneNote}나 윈도우 같은 다양한 제품 그룹에서 근무하는 사람들에게 앞으로 나아갈 길을 열어주었다. 앞에 언급한 팀은 난독증에 관한 과학적 연구 결과를 조사하고는 비주얼 크라우딩$^{visual\ crowding}$(글자 사이가 좁아질수록 글자를 알아보지 못하는 현상)이라는 문제를 추적하기로 결정했다.

팀원들은 소프트웨어 엔지니어의 지도 하에 단어의 가독성을 높이기 위해 글자 간격을 넓힐 방법을 찾았다. 그들은 여기서 멈추지 않았다. 글자를 강조하거나 글을 소리 내어 읽는 기능을 덧붙여 독서 몰입도를 더욱 높이고 독해 능력을 향상시키는 방법을 찾기도 했다. 그들은 단어를 음절 단위로 쪼개고 동사와 종속절에 강조 표시를 하는 도구를 제작했다. 그리고 학생과 교사에게서 피드백을 받았다. 실제로 한 교사가 자신이 담당하는 교실에서 직접 목격한 성과를 편지로 알려주기도 했다. 그중에는 난독증 때문에 1분당 고작 여섯 단어만 읽는 남학생의 사례가 있었다. 그 남학생은 막힘없이 글을 읽을 때도 있었지만 그 순간은 오래가지 않았다. 그러나 우리 팀이 제작한 도구를 사용하면서 즉각적인 변화가 찾아왔다. 남학생은 더 많은 과제를 수행하려 했고 읽기 속도도 급증했다. 몇 주 만에 남학생의 읽기 능력이 분당 여섯 단어에서 분당 27단어로 향상됐다. 또 다른 학생은 상급 독서 교실로 이동할 정도로 실력이 향상되었다. 해커톤 프로젝트에서 시작된 기능이 이제는 워드Word와 아웃룩Outlook, 엣지Edge 브라우저 같은 마이크로소프트의 가장 중요한 제품에 포함된다.

해마다 열리는 해커톤 행사가 이제 마이크로소프트의 전통으로 바뀌었다. 해마다 엔지니어와 마케팅 담당자 등 모든 전문가가 포함된 팀이 꾸려져 자신이 거주하는 국가에서 원위크 해커톤을 준비한다. 마치 과학 경진 대회를 준비하는 학생 같다. 직원들은 팀을 이루어 자신이 관심 있어 하는 문제에 매달리고 동료에게서 표를 받기 위해 프레젠테이션을 다듬는다. 직원들은 해크나도^{Hacknado}와 코다팔루자^{Codapalooza}라고 이름 붙인 텐트에 모여 수천 킬로그램의 도넛, 치킨, 당근, 에너지 바, 커피, 그리고 가끔 맥주를 먹어치우며 창의적인 노력을 이어나간다. 프로그래머와 시스템 분석가가 갑자기 축제 현장의 호객꾼으로 변신해 누구든 귀를 기울이는 사람에게 자신의 아이디어를 판다. 정중하게 질문하는 사람에서부터 활발하게 토론을 벌이거나 의견을 제시하는 사람에 이르기까지 반응은 다양하다. 마지막으로 사람들이 스마트폰으로 투표한 표가 집계돼 프로젝트 평가가 완료되고 우승자가 축하를 받는다. 몇몇 프로젝트는 새로운 사업 분야로 선정돼 자금을 확보하기까지 한다.

내가 문화 쇄신 작업의 우선순위를 굉장히 높인 까닭에 종종 사람들은 진행 상황을 묻곤 한다. 내 대답은 상당히 동양적으로 들릴 것이다. 우리는 많은 진전을 이뤘지만 결코 완수하지 못할 것이다. 문화 쇄신 작업은 시작일과 종료일이 정해진 프로그램이 아니다. 그것은 존재의 방식이다. 솔직히 말해 나는 그 방식과 끈으로 연결된 상태다. 그 방식에서 어떤 결점이 발견되는 순간 나는 가슴이 뛴다. 누구든 결점을 지적한다면 내게 통찰이라는 선물을 안겨준 셈이다. 문화 쇄신 작업은 날마다 자신에게 질문을 던지는 행위다. 오늘 내가 고정된 사고로 생각한 지점은 어디일까? 내가 성장하는 사고로 생각한 지점은 어디일까?

CEO라고 해서 이 질문을 면제받는 것은 아니다. 내가 내린 사업적 결단은 성장하는 사고를 향한 마이크로소프트의 변화에 도움이 되는가 또는 되지 않는가라는 시각에서 면밀히 검토되어야 한다.

고정된 사고에 기초한 결정은 계속 하던 대로 하는 분위기를 더욱 키운다. 지금까지는 새로운 버전의 윈도우가 출시되면 기존 윈도우 사용자는 돈을 내고 업그레이드를 해야 했다. 윈도우 및 디바이스 부문 총괄 부사장인 테리 마이어슨이 성장하는 사고를 바탕으로 변화를 시도했다. 그는 수익을 포기하고 기존 사용자에게 한정된 기간 동안 무료 업그레이드를 실시했다. 1년이 약간 넘는 기간 동안 진행된 윈도우 업그레이드 작업에 수억 명이 참여했다. 그 숫자는 아직도 늘어나고 있다. 우리는 소비자가 윈도우를 사랑하기를, 그래서 가장 개인적이고 안전한 기기를 사용하는 방향으로 움직이기를 바랐다.

통찰과 열정이
성장하는 사고로 이끈다

결국 엄청난 손실을 입기는 했지만 우리는 노키아 인수로 많은 가르침을 얻었다. 핀란드의 스마트폰 제조업체를 인수함으로써 인력과 매출 면에서 양적인 성장을 이뤘지만 치열한 경쟁이 벌어지는 휴대전화 사업 분야에서 돌파구를 찾지는 못했다. 하지만 하드웨어를 설계하고 제작하고 생산하는 일이 어떤 의미인지에 대해 많은 교훈을 얻었다.

마인크래프트를 개발한 스웨덴 기업 모장Mojang을 인수한 것도 성장하는 사고를 보여주는 사례였다. 모장 인수로 모바일과 클라우드 기술 부문의 직원들이 새로운 활력과 기회를 얻었기 때문이다. 모장 인수는 교육 소프트웨어 분야에서 새로운 가능성의 문을 열었다.

마인크래프트 인수 과정은 통찰과 열정을 지닌 개인들에게 기꺼이 힘을 부여하고 그들에게서 가르침을 얻는 등 성장하는 사고의 몇 가지 핵심적인 특징을 보여준다. 마인크래프트 인수 과정에서 통찰과 열정을 지닌 개인은 현재 엑스박스의 수장인 필 스펜서Phil Spencer였다. 필은 우리가 전 세계 게이머에게 가장 매력적인 플랫폼이 돼야 한다는 것을 충분히 이해했으며, 마인크래프트가 거대한 게이머 집단(그들은 가상현실 비디오게임 속에서 온갖 노력을 다해 새로운 세계를 창조하고 구축했다)을 거느리고 있음을 잘 알았다.

마인크래프트는 비디오게임으로는 드물게 교실 안으로 초대받았다. 사실 초대장을 받는 수준에서 그치지 않고 열렬한 구애까지 받았다. 교사들은 사람들에게 용기를 불어넣어 함께 만들고 탐험하게 하는 마인크래프트의 방식을 사랑했다. 마인크래프트는 3D 샌드박스 게임$^{sandbox\ game}$(규칙이나 제약 없이 자유로운 플레이를 제공하는 게임 – 옮긴이)이다. 수업 중에 습지가 있는 하천 생태계를 만드는 과제가 있다면 마인크래프트로 해결할 수 있다. 마인크래프트가 제공하는 논리 연산으로 하천을 흐르게 할 수도 있다. 마인크래프트는 디지털 시민의 자질이 무엇인지 가르쳐준다. 멀티 플레이어 게임이기 때문이다. 같은 교실에 있는 학생 12명에게 집을 한 채 지으라는 과제를 주면 몇 분 만에 학생들이 팀을 이루고 집을 짓기 시작할 것이다. 미래의 업무 환경을 시범적으로 경험하는 셈이다.

필과 필의 팀은 스웨덴 게임 회사 직원들과 좋은 협력 관계를 맺고 모바일 기기와 게임기(콘솔)를 포함한 다양한 기기로 마인크래프트가 동작하는 플랫폼을 확장했다. 내가 CEO가 되기 전에 모장과 마이크로소프트는 처음 인연을 맺었다. 당시 필은 마인크래프트를 인수하자는 이야기를 했지만 필의 상사가 받아들이지 않았다. 대개는 상사가 그렇게 분명하게 거부하면 움츠러들기 마련이다. 하지만 필은 포기하지 않았다. 필은 많은 사람에게 사랑받는 이 게임이 계속 규모를 확대하고 크게 성공할 것이라는 사실을 알았다. 또한 마인크래프트를 마이크로소프트 생태계에 포함시킬 경우 차세대 게이머들과 더욱 깊은 관계를 맺을 수 있음을 알았다. 필은 마인크래프트가 전 세계로 뻗어나가도록 우리의 클라우드가 힘을 보탤 수 있다는 것도 알았다.

필은 모장과 끈끈한 관계를 유지하면서 지속적으로 신뢰를 쌓았다. 어느 날 필의 팀에 모장이 또다시 매물로 나왔다는 문자가 날아왔다. 모장이 우리 경쟁사로 날아갈 수도 있는 상황이었다. 하지만 결국 모장은 우리 품으로 돌아왔다. 문자가 오기 얼마 전에 필은 엑스박스의 수장이 되었고 나는 CEO가 되었다. 필이 모장 인수를 다시 고민해달라며 내게 계약서를 들고 왔다. 나는 우리의 내재된 힘을 마인크래프트에 불어넣는 동시에 마인크래프트를 개발한 인디 게임 회사의 진실성과 창의성을 보존할 수 있을 것이라고 생각했다. 우리는 25억 달러에 모장을 인수했다. 오늘날 마인크래프트는 PC와 엑스박스, 그리고 모바일 기기에서 역사상 가장 많이 팔린 게임 중 하나가 되었다. 엄청나게 많은 게이머가 지속적으로 마인크래프트 세계에 참여한다. 훗날 (인수 거래가 성사될 당시 아직 이사회에서 활동 중이던) 빌 게이츠와 스티브 발머는 웃으면서 마인크래프트의 인수 의미가 이해되지 않아 머리를 긁적였다고 털어놓았다. 이제는 우리 모두가 이해한다.

그것이 성장하는 마음가짐이다. 그 마음가짐은 개개인이 성장할 수 있는 힘을 부여한다. 그게 한 사람이든 팀이든, 성장하는 마음가짐은 어려운 상황에 맞설 수 있게 하는 원동력이 된다.

변화는 미지에 대한
두려움을 떨쳐냈을 때 찾아온다

문화 쇄신 작업이 어떻게 진행되는지를 묻는 외부인의 질문이 좋을 때도 있고 싫을 때도 있다. 하지만 마이크로소프트 안에서 어떤 유형적 변화가 일어나고 있음은 쉽게 알아차릴 수 있었다. 소프트웨어 기업의 문화가 궁금하다면 회사 내의 여러 조직에서 모인 엔지니어들의 회의에 참석하면 된다. 그들은 훌륭한 제품을 만들고자 하는 뜨거운 열정을 품은 대단히 똑똑한 사람들이다. 하지만 엔지니어들이 소비자의 요구 사항을 받아들일까? 코드를 작성할 때 다양한 의견과 기능을 포함시킬까? 서로 다른 조직에서 일하더라도 같은 팀에 소속된 것처럼 행동할까? 이런 질문에 대한 답이 우리에게 필요한 조직 문화를 보여준다. **성장하는 사고를 보여라. 소비자 중심으로 생각하라. 다양성과 포용성을 고려하라. 하나의 회사가 돼라.**

2012년 마이크로소프트 각 부문의 최고위급 엔지니어들이 모였다. 연속적으로 진행되는 윈도우 중진 회의^{Windows High-Powered Summits}, 줄여서 WHiPS라 불리는 회의로서 서로 협력하여 제품을 개선하고 문제를 해결하는 자리였다. 사람들은 목소리를 높여 소유권을 주장하고 강한 자부심을 드러냈다. 하지만 실망스럽게도 회의는 점점 불만을 토로하는 장으로 바뀌었다. 한 개발자는 소비자가 발견한 문제를 해결하기 위해 윈도우 소스 코드에서 버그를 수정했다고 주장했다. 하지만 자신이 버그를 수정했는데도 윈도우 개발자들이 새 코드를 받아들이지 않았다는 것이다. 즉 '체크인check-in(새로운 소스 코드나 수정된 소스 코드를 저장하는 행위 – 옮긴이)'하지 않았다는 것이다. 토론이 갑자기 논쟁으로 바뀌더니 인신공격으로 번졌다. 이는 우리가 추구하는 문화가 아니었다.

몇 년 후에 열린 WHiPS에서는 상당히 다른 대화를 들었다. 한 개발자가 움직이는 이미지를 스크린샷으로 저장하는 방법을 발견했다고 발표했다. 정지된 이미지만 캡처할 수 있는, 기존의 '캡처' 도구를 크게 개선해줄 방법이었다. 코드를 소량만 삽입하면 디자이너나 편집자에게 커다란 차이를 선사할 수 있었다. 하지만 2012년과 마찬가지로 이 개발자의 수정 사항은 아직까지 윈도우 소스 코드에 포함되지 않았다. 그래도 여기에서는 성장하는 사고와 관련하여 짚고 넘어가야 할 중요한 장면이 등장한다.

말싸움이 벌어지고 서로 손가락질하며 비난하기 전에 윈도우 부문 수장인 테리 마이어슨이 대화에 끼어들었다.

"수정 사항을 다시 보내주시면 잘 검토해서 처리하겠습니다."

2012년에도 문화 쇄신을 위한 에너지는 우리 내부에 존재했다. 하지만 우선 변화를 실어 나르는 통로를 만들어야 했다. 우리는 둑을 무너뜨려 변화가 흐르게 했다. 그러자 변화가 퍼져나가기 시작했다.

문화를 바꾸는 열쇠는 개개인의 성장, 임파워^{empower}에 있다. 우리는 때때로 어떤 일을 진행하면서 각자가 해야 하는 일에 대해서는 과소평가하고 다른 사람이 해야 하는 일에 대해서는 과대평가하곤 한다. 우리는 자신이 다른 사람에게 발휘하는 힘보다 다른 사람이 우리에게 발휘하는 힘이 더 크다고 생각하는 사고방식에서 탈피해야 했다. 직원들이 참석하는 Q&A 시간에 어떤 직원이 물었다.

"제가 제 휴대전화로 문서를 출력하지 못하는 이유가 무엇입니까?"

나는 짜증이 났다. 하지만 정중하게 대답했다.

"당신이 원하는 일이 일어나게 하십시오. 모든 권한이 당신에게 있습니다."

한번은 야머^{Yammer}(기업용 소셜 네트워크 서비스로 폐쇄된 그룹 내의 구성원끼리 대화를 주고받을 수 있는 기능을 제공한다 – 옮긴이)를 통해 그룹 채팅에 참여한 어떤 직원이 이런 불평을 했다. 사람들이 반 정도 마신 우유팩을 사무실 냉장고에 넣어둔다는 것이었다. 사람들이 240밀리리터짜리 우유팩을 뜯어 자신의 커피나 차에 부은 다음 다른 사람이 나머지를 마실 것이라고 생각하고 남은 우유를 냉장고에 넣어둔 것이 분명했다. 하지만 어느 누구도 다른 사람이 개봉하여 이미 상하기 시작한 우유를 마시고 싶어 하지 않았다. 우유에 대한 불만으로 야머가 시끌벅적해졌다. 나는 그냥 웃어넘기라며 직원들에게 동영상 메시지를 보내는 한편 이 이야기를 고정된 사고를 보여주는 재미있는 사례로 삼았다.

문화 쇄신은 어려운 작업이다. 고통스러울 수도 있다. **사람들이 변화에 저항하는 근본적인 이유는 미지에 대한 두려움 때문이다.** 정말 중요하지만 확실한 답이 없는 질문은 사람들을 두렵게 한다.

우리가 반복적으로 스스로에게 던지는 질문을 생각해보자. 미래의 컴퓨터 플랫폼은 무엇일까? 윈도우는 수십 년 동안 PC 플랫폼으로 선택됐다. 하지만 이제 우리는 새로운 시대를 상상하고 있다. 클라우드가 제공하는 다양한 감각 기관과 여러 기기를 활용한 경험이 인간의 존재에 민감하게 반응하고 개인의 기호에 즉각 대응하는 새로운 컴퓨터와 컴퓨터 사용 환경을 가능하게 할 것이다. 우리는 궁극적인 컴퓨터 사용 환경을 구축하고 혼합현실과 인공지능, 그리고 양자 컴퓨팅을 조합하는 작업에 나서고 있다. 그중 무엇이 2050년의 컴퓨팅 환경을 지배할까? 아니면 현재 우리가 상상하지 못하는 새로운 돌파구가 나타날까?

바람직한 문화를 이루는 기본원칙, 다양성과 포용성

기술의 발전 방향을 정확하게 예측할 수 있다고 말하는 사람들에게는 신뢰가 가지 않는다. 그러나 성장하는 사고를 갖춘다면 불확실한 미래를 좀 더 정확히 예측하고 대응할 수 있다. 미지를 두려워한다면 갈팡질팡하다가 때로는 무기력하게 막다른 골목에 이를 수도 있다. **리더는 두려움과 무기력함에 맞서 혁신해야 한다.** 숙달 단계에 이르기까지 실패를 겪을 것이라는 사실을 인정하면서 기꺼이 불확실성을 받아들이고 위험을 감수하며 실수에 빠르게 대처해야 한다. 가끔은 나는 법을 배우는 새의 모습과 비슷하다는 느낌이 든다. 사람들은 잠깐 동안 날개를 퍼덕거리다가 땅 위를 뛰어다닌다. 하늘을 나는 법을 배우는 것이 하늘을 나는 것은 아니다.

날개를 퍼덕거린다는 것이 어떤 의미인지 궁금하다면 검색창에 내 이름과 'karma'라는 단어를 입력해보라(유튜브에서 당시의 인터뷰 동영상 자료를 확인할 수 있다). 애리조나 주 피닉스에서 맞이한 어느 가을날이었다. 나는 세계 최대의 여성 첨단 과학 기술 종사자 모임인 그레이스 호퍼의 컴퓨팅 분야 기념 학회에 참석 중이었다. 다양성과 포용성은 우리에게 필요하고 우리가 바라는 문화를 만들기 위한 기본 전략이다. 하지만 회사로 보나 업계 전체로 보나 우리가 존재한 기간이 너무 짧았다. 2015년 한 보고서에 따르면 미국의 전문직 종사자 가운데 여성의 비율은 57퍼센트에 이르는 반면 컴퓨터 업계에 종사하는 여성의 비율은 고작 25퍼센트라고 한다. 정말 심각한 상황이었다. 당장 대책을 세우지 않으면 점점 악화될 문제였다. 전체 업종에서 컴퓨터 관련 직업만 늘어나고 있기 때문이다. 한 기업의 수장으로서, 한 여인의 남편이자 두 딸의 아버지로서 나는 컴퓨터 업계가 여성을 끌어들이지 못하고 오히려 기존 여성 종사자마저 떠나게 만드는 이 상황이 잘못됐다고 생각했다. 이런 컴퓨터 업계의 특성으로 인해 그날 피닉스에서 내 발언을 들은 사람들은 당황했고 상황은 더욱 복잡하게 꼬였다.

내가 무대에 올라가 사람들은 공급자 측이 내놓은 변명에 만족하지 못한다고 말하는 순간 청중석에서 커다란 환호성이 터졌다. 진짜 주제는 여성을 조직 안으로 더 많이 끌어들이는 방법은 무엇인가였다. 하지만 무대에서 대담이 끝나갈 무렵 컴퓨터 과학자이자 하비 머드 대학교 총장이며 과거 마이크로소프트 이사진이었던 마리아 클라워^{Maria Klawe} 박사가 임금 인상을 원하지만 말을 하지 못하는 여성에게 어떤 조언을 하겠느냐고 내게 물었다. 중요한 질문이었다. 여성들은 인정과 보상을 제대로 받지 못하는 순간 컴퓨터 업계를 떠나기 때문이었다. 나는 내 발언이 훌륭한 대답이 되기를 바랐다. 하지만 그러지 못했다. 나는 잠시 숨을 고르면서 과거 내게 인적 자원 관리 시스템이 장기적으로는 효율적이지만 단기적으로는 비효율적이라고 말했던 마이크로소프트의 예전 임원을 떠올렸다. 다시 말해 뛰어난 성과를 거두면 인정과 보상을 받기는 하지만 인정과 보상이 항상 실시간으로 일어나지는 않으며 시간이 걸린다는 의미였다. 나는 이렇게 대답했다.

"이건 임금 인상 요구에 관한 문제가 아닙니다. 조직을 위해 일하는 동안 언젠가 시스템이 적절하게 인상된 임금을 지급할 거라는 사실을 깨닫고 믿는 문제입니다. 그것이 임금 인상을 요구하지 않는 여성들이 부가적으로 얻는 초능력 가운데 하나일 것입니다. 믿고 기다리는 것은 선업이니까요. 보상은 찾아올 것입니다. 오랜 시간이 필요하지만 효율성이 문제를 해결해줄 것입니다."

그러자 내가 대단히 존경하는 클라위 박사가 부드럽게 맞받아쳤다.

"그 의견에만은 동의하지 못하겠군요."

청중들에게서 띄엄띄엄 박수 소리가 흘러 나왔다. 클라위 박사는 그 순간을 놓치지 않고 청중석에 앉은 여성들을 향해 발언을 이어나갔다. 클라위 박사의 발언은 내게도 결코 잊지 못할 가르침을 남겼다. 클라위 박사는 얼마가 돼야 충분한 임금인가라는 질문에 얼마가 됐든 적당하다고만 대답했던 시절에 관해 들려주었다. 클라위 박사는 자신을 지키지 못한 탓에 적정한 임금을 받지 못했다. 그런 대가를 치르고 교훈을 얻은 클라위 박사는 청중들에게 철저히 자신의 가치를 조사하여 얼마가 적절한 임금인지 파악하라고 격려했다. 이후 우리는 서로를 가볍게 끌어안은 뒤 열렬한 박수를 받으며 무대에서 내려왔다. 하지만 상처가 남았다. 당연히 받아야 했던 신랄한 비판이 소셜미디어, 라디오 방송, TV 방송, 신문 기사를 타고 재빠르게 퍼져나갔다. 내 비서실장이 상황을 정확히 포착한 트윗을 침착한 어조로 읽어주었다.

"나는 사티아의 대변인이 여성이기를, 그리고 지금 당장 임금 인상을 요구하기를 바란다."

솔직히 나는 회의장에서 영감과 에너지를 얻었다. 하지만 내 자신에게는 화가 났다. 직급을 막론하고 여성 직원의 수를 늘리겠다는 내 자신과 마이크로소프트의 약속을 사람들에게 널리 알릴 소중한 기회를 망쳤기 때문이었다. 나는 좌절감을 느꼈다. 하지만 이 사건을 통해 압박받는 상황에서 성장하는 사고가 어떤 모습으로 나타나는지를 사람들에게 보여주기로 마음먹었다. 몇 시간 뒤에 나는 전 직원에게 이메일을 보냈다. 나는 직원들에게 해당 인터뷰 동영상을 보라고 권하고는 내가 질문에 완전히 잘못 대답했음을 재빨리 언급했다.

"의심할 여지없이 저는 여성 인력을 첨단 기술 분야에 더 많이 끌어들이고 남녀 간의 임금 격차를 줄이기 위해 마이크로소프트와 컴퓨터 업계에서 진행하는 프로그램을 전폭적으로 지원합니다. 동일한 일을 한다면 남성과 여성에게 동일한 임금이 지급돼야 한다고 믿습니다. 임금 인상 문제에 관해서는 마리아의 조언이 옳았습니다. 임금을 인상받을 자격이 충분하다고 생각한다면 임금 인상을 요구해야 합니다."

며칠 뒤에는 전 직원을 대상으로 하는 정기적인 Q&A 시간을 빌려 사람들에게 사과하면서 멘토로부터 그런 조언을 받았다고 해명했다. 하지만 멘토의 조언은 의식적으로든 무의식적으로든 배제와 편견을 과소평가했다. 편견에 대한 소극적 대응을 옹호하는 조언은 무엇이든 잘못됐다. **리더는 행동에 나서고 편견을 뿌리 뽑는 문화를 빚어야 하며 모든 사람이 실질적으로 자신을 보호할 수 있는 환경을 구축해야 한다.** 나는 배우기 위해 피닉스로 갔고 분명히 배웠다. 내가 깊이 존경하는 여성들이 처음 일을 시작했을 때의 경험을 들려주었고, 많은 가르침을 얻었다. 그들은 더욱 자주 웃으라는 말을 들었고, 남자들이 모이는 자리에서 배제되었으며, 출산과 휴직이나 거침없는 출세 가도 중에 하나를 선택해야 했다. 업계에서 커다란 영향력을 발휘하는 이 여성들은 과거의 경험과 상처를 나와 공유했다. 이야기를 듣는 동안 어머니가 나 때문에 어떤 희생을 했는지가 떠올랐다. 20년 넘게 자인과 두 딸을 돌보기 위해 전도유망한 건축가의 길을 버린 아누도 떠올랐다. 아누 덕분에 나는 마이크로소프트에서 성공할 수 있었다.

피닉스에서 내가 발언한 이후 마이크로소프트는 실질적인 변화를 일으키기 위해 온갖 노력을 쏟았다. 다양성을 증진하는 경영진에게 보상을 주고 다양성을 향상시키는 프로그램에 투자하고 성별, 인종, 민족과 상관없이 공평한 임금 체계를 공개적으로 공유했다. 어떻게 보면 그런 공개석상에서 실수를 저지른 것이 다행이었다. 내가 미처 알아차리지 못한 무의식적인 편견에 맞설 수 있었고 내가 가정과 직장에서 만난 훌륭한 여성들에게 공감하는 새로운 능력을 얻었기 때문이었다.

이 사건 덕분에 내가 이민자로서 겪은 경험에 대해 곰곰이 생각하게 됐다. 미국으로 건너온 후 내가 들은 인종 차별적인 모욕은 결코 나를 상처 입히지 못했다. 나는 그저 무시했다. 인도에서 다민족 사회의 일원으로 특권을 누리며 성장한 남성에게는 쉬운 일이었다. 권력층에 있는 몇몇 사람이 첨단 기술 업계에 아시아 출신 CEO가 너무 많다고 말했을 때조차 나는 그들의 무지를 문제 삼지 않았다. 하지만 나이를 먹는 동안 인도 출신 미국 이민자 2세대, 즉 내 아이들과 그 친구들이 소수민족 사회의 일원으로 성장하는 모습을 보면서 어쩔 수 없이 두 세대의 경험이 얼마나 다른가에 대해 생각했다. 그들이 인종 문제로 모욕과 무시를 당하고 그로 인해 괴로워할 것임을 생각하면 몹시 화가 났다.

내가 마이크로소프트에 입사했을 당시 인도인 엔지니어와 프로그래머 사이에는 보이지 않는 기류가 흘렀다. 우리가 아무리 헌신적으로 노력해도 우리 중에는 회사를 이끄는 주요 직급인 부사장으로까지 승진한 사람이 한 명도 없었다. 인도인 직원은 특정 직급 이상으로는 오르지 못했다. 실제로 오래전에 회사를 떠난 어떤 중견 간부가 또 다른 인도인 동료에게 우리의 악센트가 문제라고 말했다. 시대에 뒤떨어진 만큼이나 무례한 생각이었다. 그때가 1990년대였다. 나는 열린 사고를 지닌 리더가 설립하고 운영하는 첨단 기술 기업에 그런 편견이 존재한다는 이야기를 듣고 깜짝 놀랐다. 하지만 주위를 돌아보니 뛰어나기로 유명한 인도인 엔지니어와 관리자가 그토록 많았음에도 정말로 인도인 부사장은 없었다. 2000년 대에야 나를 비롯한 몇몇 인도인이 경영진으로 승진했다.

문화나 경험을 통해 배운 덕분에 우리는 열심히 노력하고 조심한다면 결국 좋은 결과를 얻을 것임을 알았다. 당시 동료였던 산제이 파사사라시Sanjay Parthasarathy는 내 삶과 직장 생활에 커다란 영향을 미쳤다. 인도에서는 서로를 알지 못했지만 산제이는 사우스 존의 19세 이하 크리켓 리그에서 우리 학교 주장을 맡았던 선수 밑에서 선수로 뛰었다. 마이크로소프트에서 만난 우리는 즉시 의기투합했다. 일단 크리켓과 기술을 엮기 시작하면 우리에게 이야깃거리가 떨어질 일은 결코 없었다. 산제이는 하겠다는 마음만 있으면 무엇이든 할 수 있다는 믿음을 스스로 머릿속에 새겨야 한다고 말했다. 나는 열심히 일해야 했다. 승진하기 위해서가 아니라 중요한 역할을 맡기 위해서였다. 나중에야 깨달은 사실이지만 스스로 이방인이라고 느끼는 사람도 성공할 수는 있지만 그러기 위해서는 현명한 관리자와 헌신적인 직원의 자질이 필요하다. 관리자는 직원에게 일하라고 요구할 수 있다. 그러나 직원들에게 동기를 부여하는 요인을 파악하는 공감 능력도 갖춰야 한다. 마찬가지로 직원에게는 고개를 숙이고 열심히 일할 권리가 있다. 하지만 더 큰 책임을 지고 일했을 때는 더 많이 인정받는 자리를 기대할 권리도 있다. 균형이 반드시 필요하다.

내 경험과 동료의 가르침 덕분에 이제 나는 나와 다른 모습의 회사에 합류하고 나와 다른 사람들로 구성된 공동체에서 살아가는 것이 얼마나 어려운 일인지 잘 안다. 완벽하게 공감할 수 있는 롤모델을 어떻게 발견할 것인가? 내가 본래 모습을 숨기지 않고도 성공하도록 힘을 실어줄 멘토와 코치, 후원자를 찾는 방법은 무엇인가? 마이크로소프트를 포함해 첨단 기술 업계의 다양성은 우리가 도달해야 하는 수준에 미치지 못한다. 일반 사회를 봐도 소수 집단에 속한 사람들은 소외감을 느낄 수 있다. 예를 들어 레드먼드, 벨뷰, 시애틀을 포함하는 워싱턴 주 킹카운티는 주민의 70퍼센트가 백인이다. 아프리카계 미국인의 비율은 7퍼센트 미만이고 라틴아메리카계 미국인의 비율은 10퍼센트에 조금 못 미친다. 출신 배경과 관심사가 비슷한 사람들을 만나기 위해 소수 사회 출신 직원들은 각자를 Blacks@Microsoft(약어로 BAM, 마이크로소프트에 근무하는 흑인), Women@Microsoft(마이크로소프트에 근무하는 여성) 같은 특정 임직원 자원 그룹[ERG]으로 분류하는 전통이 있다.

마이크로소프트에는 모두 일곱 개의 ERG와 40개 이상의 특별한 네트워크가 존재한다. 그들은 온라인에서 토론을 이끌고, 인적 네트워크 모임을 주관하고, 멘토링과 직무 능력 개발 프로그램을 제공하고, 지역사회를 대상으로 봉사 활동을 벌이고, 직장 안팎에서 사람들을 지역사회와 연결시킨다. 무엇보다 그들은 도움의 손길을 내민다. 2016년 아프리카계 미국인 동료들이 미국에서 벌어진 여러 폭력 행위와 비극적인 사건들을 극복하기 위해 노력하는 과정에서 BAM 커뮤니티가 중심이 되어 사람들을 연결하고 지원했다. 올랜도의 나이트클럽에서 총기 난사 사건이 일어났을 때는 이메일 토론 그룹인 GLEAM(Gay and Lesbian Employees at Microsoft의 약자, 마이크로소프트에 근무하는 성 소수자가 만든 임직원 자원 그룹)이 두려움과 걱정을 날려버린 안전한 공간을 구성원들에게 제공했다. 우리는 사람들의 이야기를 들을 수 있고 그들에게서 도움을 얻을 수 있는 문화를 원한다.

리더란 쓰레기통에서
보석을 찾는 사람이다

앞에서 문화란 확실하게 정의하기 어려운 모호한 용어일 수 있다고 말했다. 우리가 원하는 문화를 정의하기 위해 그토록 공을 들였던 이유다. 그리고 우리가 모든 요인을 측정한 이유다. 우리가 인간이기 때문에 측정된 데이터가 완벽하지는 않다. 하지만 측정하지 못한다면 추적과 감시는 불가능하다. 그래서 우리는 정기적으로 직원들을 살피고 그들의 상황을 확인한다.

3년 동안 문화 구축에 집중적인 노력을 쏟고 나자 고무적인 결과가 나타나기 시작했다. 직원들은 회사가 올바른 방향으로 나아가는 것이 느껴진다고 말했다. 직원들은 우리가 장기적으로 성공하기 위한 올바른 선택을 했다고 생각했으며, 회사 전체에서 다양한 사람이 더 많이 협력하는 광경을 목격했다. 우리가 바라던 바로 그 모습이었다.

하지만 그리 고무적이지 못한 흐름이 감지되기도 했다. 자신의 부사장이나 리더가 재능 있는 사람들을 움직이고 발전시키는 데 우선순위를 두느냐는 질문에 대해서 문화 건설 프로젝트가 시작되기 전보다 나쁜 대답들이 나왔던 것이다. 성장할 기회를 얻지 못한다면 가장 낙관적인 직원조차 의욕이 꺾일 것이다. 나는 명확한 사명을 제시했고 사람들에게 힘을 부여하는 문화를 꿈꿨다. 직원과 리더는 한 배에 탄 사람들이었다. 하지만 우리에게는 빠진 고리가 있었다. 중간 관리자였다.

약간 비관적인 사실이었다. 하지만 돌이켜보면 완벽하게 이해할 수 있는 문제였다. 올랜도의 어두운 강당에 앉아 있던 직원들의 시야에 대해 내가 했던 말을 떠올려보자. 한창 자기 일을 처리하면서 조직 문화를 바라보는 중간 관리자의 시야는 한눈에 전경이 보이는 CEO의 시야에 비하면 좁은 틈에 불과하다. 경영학 잡지 〈하버드 비즈니스 리뷰Harvard Business Review〉에 따르면 기업에서 리더가 차세대 리더를 키우기 위해 투자하는 시간이 전체 가용 시간의 10퍼센트도 되지 않는다고 한다. 최고 경영진마저 직원들의 잠재력을 개발해줄 시간이 없다면 회사 구성원들을 위한 성장 경로는 거의 고정된 것처럼 보일 것이다.

나는 조사 결과를 검토한 뒤 약 150명의 최고위급 리더가 참석하는 회의를 열었다. 여기서 몇 가지 이야기를 전달하고 내 기대를 공유했다. 우선 최근에 나를 찾아왔던 관리자에 대해 이야기했다. 그는 새로 제시된 성장하는 사고가 정말 마음에 든다면서 성장하는 사고를 더 많이 보고 싶다고 했다. 그러면서 이렇게 덧붙였다.

"사티아, 나도 성장하는 사고를 갖추지 못한 사람을 다섯 명쯤 알고 있는데요."

그는 다른 사람에 대한 불평을 늘어놓기 위해 성장하는 사고를 동원했던 것이었다. 이건 우리가 머릿속에 그렸던 태도가 아니다.

나는 회의에 참석한 차세대 리더들에게 부사장이 되어 회사 경영에 참여하면 불평할 시간이 없을 것이라고 말했다. 회사 근처에 맛있는 커피집이 없다거나 자신에게는 괜찮은 사람이 없다거나 이번에 보너스를 받지 못했다고 투덜거리지 못한다고.

"여러분이 이 회사에서 리더가 되고 싶다면 쓰레기통에서 보석을 찾아야 합니다."

지금까지 내가 했던 비유 중에 최고는 아니었다. 하지만 나는 그들이 힘든 일을 바라보는 대신 중요한 일에 집중하고 다른 사람도 그런 일에 주목하도록 힘을 보태주기를 바랐다. 실제로 장애물은 존재하며 언제나 우리 옆에 있을 것이다. 하지만 리더는 장애물과 능숙하게 맞서 싸우는 투사다.

마이크로소프트 리더가 갖춰야 할 세 가지 원칙

모든 조직이 어렵다고 말하겠지만 내게는 마이크로소프트의 리더들에게 기대하는 세 가지 리더십 원칙이 있다.

첫째, 함께 일하는 사람들에게 명확하게 이야기하라. 이건 리더의 기본적인 태도다. 사람들에게 명확하게 이야기하기 위해서는 복잡한 상황을 종합해야 한다. 리더는 내부와 외부에서 시끄럽게 울려 퍼지는 소리를 듣고 수많은 잡음이 내포한 진짜 신호가 무엇인지 판별한다. 나는 누가 가장 똑똑한지 궁금하지 않다. 나는 직원들이 각자의 지식으로 상황을 이해하고 이를 팀원들과 공유한 다음 행동 방침을 결정하기를 바란다.

둘째, 리더는 자신이 이끄는 팀에서만이 아니라 조직 전체에 걸쳐 에너지를 생성한다. 오로지 자신이 이끄는 조직에만 초점을 맞추는 것으로는 충분하지 않다. 리더는 낙관적인 시선과 창의력, 그리고 공통된 약속을 품도록, 좋은 시절과 나쁜 시절을 모두 거치며 성장하도록 사람들을 격려해야 한다. 리더는 모든 사람이 최선을 다할 수 있는 환경을 조성한다. 그리고 오늘보다 내일 더 강해질 조직과 팀을 건설한다.

셋째, 리더는 일을 진행시켜서 성공으로 가는 길을 찾는다. 다시 말해 사람들이 원하는 혁신을 주도하여 그들에게 힘을 불어넣고 목표를 향해 나아가는 동시에 장기적인 성공과 단기적인 성과 사이에서 균형을 잡으며 제한적인 범위가 아닌 전체적인 관점에서 해결 방안을 모색한다.

나는 이 세 가지의 리더십 원칙을 좋아한다. 핵심 메시지는 이렇다. 마이크로소프트에서 진행되는 문화 쇄신 작업은 내게 달린 일이 아니다. 심지어 나와 가장 가까운 몇몇 최고위급 리더에게 달린 일도 아니다. 함께 일하는 모든 사람이 발전하도록 날마다 헌신적으로 노력해야 하는 수많은 중간 관리자를 포함해 모든 직원에게 달린 일이다.

CEO의 역할은 전적으로 다른 리더들의 입장에 서서 그들이 발전하도록 돕는 것이다. 리더는 외로운 자리일 수 있다. 시끄러운 자리일 수도 있다. 리더는 무대에 들어서면, 특히 최근에 등장한 소셜미디어(이곳에서는 모든 소리가 시끄럽게 울려 퍼진다)라는 공간에 들어서면 당장 사람들을 만족시킬 결정을 내리고 싶다는 유혹을 느낄 수 있다. 하지만 우리는 금세 사라질 결과 너머를 바라보면서 누군가 지금 올릴 트윗이나 내일 내보낼 기사를 무시해야 한다. 내가 나 자신과 다른 리더들에게 기대하는 자질은 합리적인 판단과 내면의 확신이다. 결정을 내려라. 그렇지만 그 결정에 모두가 동의할 거라는 기대는 금물이다.

회사 내의 조직과 팀을 불문하고 리더와 리더 사이에 강력한 파트너십이 형성되어야 한다. 하지만 성장하는 사고는 외부에서도 똑같이 필요했다. 지난 10년간의 지각 변동으로 경쟁 환경이 엄청나게 변화하면서 이제는 친구는 물론 과거의 적과도 새롭고 놀라운 파트너십을 구축해야 한다.

Hit Refresh

| 제5장 |

새로운 파트너십,
경계는 없다

위대한 기업이 가져야 할 파트너십의 미래

HIT REFRESH

강당에서 내가 윗옷 주머니에 손을 넣어 아이폰을 꺼내든 순간 "헉" 하는 소리와 작게 키득거리는 소리가 들렸다. 마이크로소프트 CEO가 애플 제품을 자랑하는 광경을 목격한 사람은 아무도 없었다. 무엇보다 이 자리는 경쟁사의 영업 전략 콘퍼런스가 아니었으니까.

"이것은 매우 독특한 아이폰입니다."

웅성거리던 소리가 가라앉자 나는 세일스포스^{Salesforce}가 주최한 연례 마케팅 행사에 참석한 사람들을 향해 말했다. 세일스포스는 온라인 서비스 분야에서 마이크로소프트의 경쟁자이자 파트너였다.

"저는 이 스마트폰을 아이폰 프로$^{iPhone\ Pro}$라고 부르고 싶습니다. 여기에는 마이크로소프트가 제공하는 모든 소프트웨어와 애플리케이션이 탑재돼 있기 때문입니다."

내 뒤에 설치된 거대한 스크린 위로 내 아이폰을 근접 촬영한 영상이 나타났다.

영상에 앱 아이콘이 하나씩 나타났다가 사라졌다. 다이나믹스, 원노트, 원드라이브^{OneDrive}, 스웨이^{Sway}, 파워 BI$^{Power\ BI}$ 같은 최근에 개발된 모바일 애플리케이션은 물론 아웃룩과 스카이프, 워드, 엑셀^{Excel}, 파워포인트 같은 마이크로소프트의 전통적인 애플리케이션의 스마트폰 버전도 포함됐다. 청중들이 박수를 치며 일어섰다.

우리의 가장 강력하고 오래된 경쟁자인 애플이 디자인하고 제작하는 아이폰에서 마이크로소프트가 제작한 소프트웨어를 구동시키는 내 모습은 놀랍고 신선하기까지 했다. 사실 마이크로소프트는 1982년 이후부터 맥Mac용 소프트웨어를 제작해왔다. 하지만 사람들이 이 사실을 잊을 정도로 마이크로소프트와 애플은 너무나 유명한 경쟁자였다. 너무 유명한 경쟁자라서 심지어 사람들 사이에서 논쟁을 일으키기까지 한다. 현재 내가 가장 중요하게 전개하는 활동은 스마트폰을 쓰든 컴퓨터를 쓰든 상관없이 수십억 명에 달하는 우리 소비자에게 충족시키고 싶은 욕구가 있음을 분명히 드러내는 일이다. 그래야 우리가 계속 성장하기 때문이다. 목표를 달성하려면 가끔은 옛 경쟁자에게 겨눴던 칼을 거두고 깜짝 놀랄 만한 새로운 파트너십을 구축해야 한다. 오랫동안 지속된 관계에 새로운 활력을 불어넣음으로써 말이다. 몇 년간 우리는 소비자의 요구에 더욱 집중하는 성숙한 경지에 올라섰다. 그 과정에서 우리는 공존하는 동시에 경쟁하는 방법을 배웠다.

앞 장에서는 올바른 문화를 건설하는 일이 중요하다는 이야기를 했었다. (대개 구축하기는 어렵지만 언제나 서로에게 이익이 되는) 건강한 파트너십은 우리가 건설 중인 문화에서 탄생할 자연스럽고 대단히 필수적인 산물이다. 스티브 발머는 세 가지 C를 통해 건강한 파트너십에 대해 가르쳐주었다. 세 개의 동심원으로 구성된 과녁을 떠올려보자. 바깥쪽 원은 **생각**concept이다. 마이크로소프트와 애플, 그리고 아마존에게 흥미로운 제품 아이디어가 있다고 가정하자. 하지만 아이디어만으로 충분한가? 어떤 회사는 생각에 관한 비전, 다시 말해 새로운 아이디어와 접근법으로 가득한 꿈이나 상상을 품었을지도 모른다. 하지만 그들이 두 번째 원, 즉 **역량**capabilities을 갖추었을까? 그들의 생각을 실현해줄 기술이나 설계 능력을 독자적으로 갖추었는가? 마지막으로 가장 중심에는 새로운 생각과 역량을 질식시키지 않고 포용해주는 **문화**culture가 있다. 혁신을 탄생시키고 소비자를 만족시키는 제품을 만들고 유지하기 위해 필요한 요소가 바로 전문적인 지식을 갖춘 파트너십이다. 문화가 파트너를 끌어들여야 생각이 더욱 발전하고 역량이 더욱 종합적으로 바뀐다. 실제로 한 사람보다는 두세 사람의 지혜가 낫다.

적과의 파트너십은
제로섬 게임이 아니다

몇 년 전 애플은 마이크로소프트의 역량과 문화를 바탕으로 새로운 파트너십을 구축하는 경우 자신들에게 이득일 것이라고 생각했다. CEO로 취임한 직후 나는 iOS와 안드로이드를 포함한 모든 운영 체제에서 사용할 수 있게 오피스를 바꿔야 한다고 결정했다. 우리는 얼마 동안 새로운 오피스 버전을 준비하면서 출시하기에 적당한 시기만을 기다렸다. 우리의 새로운 전략이 단순히 사용자의 기기만이 아니라 사용자의 요구를 둘러싼 우리의 혁신 의제에 초점을 맞출 거라는 사실을 내부에서든 외부에서든 분명히 선언하고 싶었다. 2014년 3월, CEO로 취임하고 두 달 만에 마이크로소프트가 iOS 위에 오피스를 올릴 거라는 사실을 발표했다.

얼마 후 애플이 오피스 팀에 수수께끼 같은 문서를 보내왔다. 기밀 유지 협약서에 서명하고 회의에 참석할 엔지니어 한 명을 보내달라는 것이었다. 우리처럼 지적 재산을 보호해야 하는 비밀스러운 업계에서는 정상적인 운영 절차였다. 몇 차례 회의가 진행되면서 애플이 무엇을 원하는지가 분명해졌다. 애플은 새로 출시하는 아이패드 프로에 맞게 오피스 365를 최적화하고 싶어 했다. 애플은 마이크로소프트에 개방성이라는 새로운 특징이 추가된 것 같다고 말했다. 애플은 우리를 믿었고 우리가 출시 행사에 참석하기를 바랐다.

애플의 제안에 대해 내부에서 열렬한 토론이 벌어졌다. 처음에는 제품 라인을 담당하는 몇몇 리더가 경쟁사와 파트너십을 구축한다는 생각에 불편한 감정을 내비쳤다. 나는 닫힌 문 뒤로 몇몇 사람이 반대하는 소리를 똑똑히 들었다. 반대하는 측은 게임 이론을 들먹였다. 수학 모델로 협력과 갈등을 설명하는 이론이다. 파트너십은 거의 대부분 한쪽 참가자가 하나를 얻으면 반드시 다른 참가자가 하나를 잃는다는 제로섬 게임^{zero-sum game}으로 여겨진다. 나는 그렇게 생각하지 않는다. 제대로 구축된다면 파트너십은 소비자는 물론 모든 파트너에게 파이를 키워준다. 최종적으로 애플과의 파트너십이 모든 사람에게 오피스의 가치를 확인시켜줄 것이고 애플은 iOS에서 오피스의 탁월함이 드러나도록 모든 노력을 기울일 것이라는 합의가 도출됐다. 두 회사의 파트너십 덕분에 마이크로소프트가 애플을 위한 최고의 개발자라는 생각이 한층 굳어질 터였다.

출시 당일 애플의 월드 와이드 마케팅 수석 부사장인 필 실러^{Phil Schiller}가 아이패드 프로의 출시 행사장에서 직원들이 시연을 준비하는 동안 청중들에게 농담을 던졌다.

"다행히도 전문적인 생산성 분야에서 우리와 함께 작업하는 몇몇 개발자를 모실 수 있었습니다. 생산성에 대해 누가 마이크로소프트보다 더 잘 알까요?"

불안한 웃음소리가 행사장을 채웠다.

"네, 바로 이분들이 생산성에 대해 가장 잘 아시지요."

오피스 마케팅 담당 부사장 커크 커닉바우어^{Kirk Koenigsbauer}가 무대 위에 올라 우리가 아이패드를 위해 그 어느 때보다 훌륭한 작업을 하고 있음을 공언했다.

오래된 경쟁자와 협력할 때의 광고 효과는 내가 경쟁자를 뒤쫓기 위해 정리해둔 동기유발 요인 목록에서 한참 아랫부분에 위치한다. 물론 사람들은 경쟁자들과 잘 지낸다는 소리를 듣고 싶어 한다. 하지만 홍보가 유일한 목적이라면 사업적으로 중요한 파트너십을 구축하기가 대단히 어렵다. 내게 (특히 경쟁사와의) 파트너십은 회사의 핵심 사업 강화와 관련 있어야 했다. 그래서 궁극적으로는 소비자를 위한 추가적인 가치 창출에 초점이 맞추어져 있어야 했다. 플랫폼 기업에게 파트너십이란 자신들의 플랫폼에 가치를 누적시킬 새로운 작업을 경쟁자와 함께한다는 의미다.

그건 오래된 경쟁자와의 협력을 의미하지만 때로는 깜짝 놀랄 만한 새로운 파트너십의 구축을 의미하기도 한다. 예를 들어 우리는 구글과 협력한다. 오피스를 안드로이드 플랫폼에서 동작시키기 위해서다. 우리는 페이스북과 파트너 관계다. 페이스북이 개발하는 모든 애플리케이션을 윈도우 등의 제품에서 동작시키고 우리의 게임 애플리케이션인 마인크래프트를 페이스북의 가상현실 기기인 오큘러스 리프트^{Oculus Rift}에서 동작시키기 위해서다(오큘러스 리프트는 우리가 개발하는 홀로렌즈를 위협하는 경쟁 제품이기도 하다). 마찬가지로 우리는 소비자가 아이폰을 더욱 효율적으로 관리할 수 있도록 애플과 손잡고 있다. 우리는 윈도우의 경쟁 제품인 리눅스 플랫폼을 제작하는 레드햇^{Red Hat}과도 협력 중이다. 그러면 리눅스를 기반으로 제작된 레드햇의 기업용 제품들이 애저 클라우드를 통해 마이크로소프트가 세계 곳곳에 건설한 지역 데이터 센터를 활용하는 방식으로 전 세계로 규모를 확장할 수 있다. 어떤 사람들에게는 레드햇과의 파트너십이 우리가 애플이나 구글과 협력하는 일만큼 놀랍지는 않을 것이다. 하지만 무대 위의 내 어깨 너머로 "마이크로소프트는 리눅스를 사랑합니다."라고 적힌 슬라이드가 등장하는 순간 한 분석가는 지옥이 꽁꽁 얼어붙는 느낌이었다고 회상했다.

가끔은 불안하겠지만 특정 제품이나 서비스 분야에서 경쟁사와 이런 식으로 파트너십을 맺을 수 있다. 우리는 클라우드 시장에서 아마존과 치열한 경쟁을 벌인다. 이건 분명한 사실이다. 그렇다고 다른 분야에서 마이크로소프트와 아마존이 파트너십을 구축하지 못할 이유가 무엇인가? 예를 들어 아마존 파이어 태블릿 위에서 빙 검색 엔진이 동작하는 것처럼 말이다.

우리는 현실과 직면해야 한다. 우리가 빙, 오피스, 코타나^{Cortana}(마이크로소프트의 음성 인식 인공지능) 같은 훌륭한 제품을 보유한 상황에서 다른 누군가가 새로운 서비스나 기기로 시장에서 강력한 위치를 차지한다면 방관자처럼 앉아만 있어서는 안 된다. 우리는 사람들에게 인기를 끄는 상대방의 플랫폼 위에서 우리 제품이 동작할 수 있도록 파트너십을 구축해야 한다.

디지털 트랜스포메이션,
새로운 시장이 열리다

오늘날 디지털 트랜스포메이션이 전개되는 시대에는 모든 기업과 업계가 잠재적인 파트너다. 택시 업계와 엔터테인먼트 산업을 생각해보자. 우버^{Uber} 이용객 가운데 90퍼센트가 10분 안에 우버 택시를 탄다. 반면 일반 택시 이용객 가운데 37퍼센트만이 10분 안에 택시를 탄다. 넷플릭스^{Netflix}는 시간당 0.21달러를 사용료로 부과한다. 반면 오래된 비디오 대여 업체인 블록버스터^{Blockbuster}는 시간당 1.61달러를 부과한다. 디지털 트랜스포메이션을 더욱 가시적으로 보여주는 사례들이다. 이제 모든 업계에서 디지털 트랜스포메이션이 진행되고 있다. 앞으로 다가올 10년 동안 디지털 트랜스포메이션이 창출할 가치는 약 2조 달러에 이를 것이다.

　기업들이 디지털 트랜스포메이션을 수용해 사회 변화와 밀접하게 관련을 맺고 경쟁력을 유지하는 일에 초점을 맞추고 있다. 마이크로소프트가 그들과 손잡을 수 있기를 바란다. 모든 기업이 원하는 것을 이루기 위해 중요하게 생각해야 할 네 가지 행동 원칙이 있다. 첫째, 기업은 데이터를 활용해 소비자 경험을 개선함으로써 소비자층을 끌어들여야 한다. 둘째, 디지털 기술을 이용하는 새로운 작업 환경을 구축하여 모바일 생산성을 높이고 공동 작업을 확대함으로써 직원들에게 힘을 부여해야 한다. 셋째, 기업 활동을 최적화하고 판매와 운용, 재무 등의 전 분야에서 업무 절차를 단순화·자동화해야 한다. 넷째, 자사의 제품과 서비스, 그리고 비즈니스 모델을 변화시켜야 한다.

모든 기업이 디지털 기업으로 변신 중이다. 기업의 변신 과정은 자사 제품에 인텔리전스를 주입하는 것에서 시작된다. 전문가들은 2020년까지 200억~500억 개의 '각종 커넥티드 디바이스'가 사용될 것이라고 추산하고 이때가 기업이 디지털 트랜스포메이션을 추진할 기회라고 말했다. 제너럴 일렉트릭이 사내에 사물인터넷 클라우드 플랫폼인 프레딕스Predix를 갖추고 완전한 디지털 기업으로 변신했다. 제너럴 일렉트릭은 산업용 장비를 연결하여 데이터를 분석하고 그 결과를 실시간으로 전송하기 위해 마이크로소프트와 파트너십을 체결했다. 토요타는 자사의 승용차와 트럭을 디지털 시대에 걸맞은 차세대 자동차로 변신시키기 위해 커넥티드카Connected Car 부문을 설치했다. 자사의 자동차를 다른 자동차, 심지어 도시 내의 인프라와 통신할 수 있는 디지털 플랫폼으로 변신시키기 위해서였다. 롤스로이스는 결함을 예측하고 고장을 최소화하기 위해 엔진을 빅 데이터 플랫폼으로 설계하고 있다.

우리가 전략적 파트너십을 중시하는 것은 새로운 일이 아니다. 우리가 어떤 식으로 마이크로소프트의 영혼을 재발견하는

가를 실질적으로 보여주는 또 다른 사례일 뿐이다. 내가 보기에 설립자인 폴 앨런은 분명 새로운 컴퓨터의 힘을 보았고 빌 게이츠는 소프트웨어의 힘을 보았다. 두 사람은 함께 마법을 창조했고 무엇보다 컴퓨터 사용을 대중화할 수 있었다. 나는 가끔 의문이 든다. 만약 빌과 폴이 마이크로소프트를 성공시키지 못했다면 세상은 어떤 모습이 됐을까? 과연 독립적인 하드웨어 제조 회사, 소프트웨어 판매 기업, 시스템 통합 업체 등의 회사들이 등장했을까? 마이크로소프트의 초기 비즈니스 모델은 파트너로 구성된 생태계, 다시 말해 어도비나 오토데스크Autodesk 같은 독립 소프트웨어 개발 기업, EA 스포츠EA Sports 같은 비디오게임 제조 회사, 델과 HP, 그리고 레노버Lenovo 같은 하드웨어 제조 회사, 베스트 바이 같은 소매 기업으로 구성된 생태계에 기반을 두었다. 나는 PC 브라우저가 없었더라면 구글은 존재하지 못했을 것이라고 생각한다. 마이크로소프트 덕분에 구글은 인터넷 익스플로러Internet Explorer용 툴바를 제작하여 구글의 각종 서비스를 사용자가 눈으로 보고 사용할 수 있게 했다. 각종 파트너십 덕분에 마이크로소프트와 PC는 수십억 달러의 가치를 갖는 수많은 기업을 육성했고 이 과정에서 수백만 명의 소비자를 추가로 끌어들였다.

CEO가 됐을 당시 나는 파트너십이 우리를 어떤 식으로 위대하게 만들었는지를 우리가 잊고 있음을 감지했다. 모든 위대한 기업에게 일어날 수 있는 일이다. 사람들은 성공하고 나면 애초에 자신을 성공으로 이끈 습관을 망각해버린다. 우리는 파트너십을 움직이는 근육을 다시 키워야 했다. 우리는 우리 업계를 처음부터 다시 살펴야 했고 우리 소비자가 애플 기기를 사용하든 리눅스 플랫폼을 사용하든 어도비 제품을 사용하든 여기에 우리의 가치를 덧붙일 길을 찾아야 했다.

다행히도 내 DNA 안에는 이런 본능이 있다. 1992년 내가 마이크로소프트에서 가장 처음 맡은 일은 파트너십 체결과 관련이 있었다. 당시 우리는 32비트 운영 체제인 윈도우 NT를 제작 중이었다. 하지만 우리가 살아남기 위해 필요한 백엔드 애플리케이션^{back-end application}(서버 같은 프런트엔드 애플리케이션 구동에 필요한 자원과 연동하는 애플리케이션이다. 프런트엔드는 사용자에게 보이는 클라이언트 측면과 관련이 있고 백엔드는 사용자에게 보이지 않는 비즈니스 로직과 관련이 있다 - 옮긴이)은 대부분 윈도우가 아니라 유닉스를 기반으로 하는 미니컴퓨터에서 제작됐다. 따라서 나는 갓 태어난 윈도우 NT 기술을 전도하는 사람으로서 백엔드 애플리케이션을 PC 아키텍처 위에 올리는 역할을 맡았다. 사람들에게 기업용 소프트웨어를 생산하는 진중한 기업이라는 믿음을 주지 못했기 때문에 마이크로소프트는 수많은 어려운 작업을 해결해야 했다.

우리는 PC 플랫폼에서 동작하는 프로토타입 애플리케이션을 제작한 뒤 제조 부문과 소매 부문, 그리고 의료 부문 소비자에게 그들이 사용하는 거대하고 강력한 미니컴퓨터용 애플리케이션이 실제로 PC에서도 동작할 수 있고, 어쩌면 훨씬 더 원활하게 동작한다는 것을 보여주기 위해 우리가 제작한 애플리케이션을 가져갔다. 그들은 업무 수행에 반드시 필요한 미션 크리티컬mission-critical(정상적으로 작동되지 않거나 파괴되면 업무 수행 전체에 치명적인 영향을 미쳐서 조직이나 사회에 재앙을 가져올 수 있다는 의미 – 옮긴이) 애플리케이션이 장난감처럼 보이는 기계에 탑재된 그래픽 사용자 인터페이스graphical user interface, GUI(텍스트보다는 그래픽을 통해 사용자와 시스템 간의 인터페이스를 구현하는 것 – 옮긴이)와 함께 동작하는 모습을 보고 깜짝 놀랐다.

우리의 첫 번째 설계도가 승리한 순간이 똑똑히 기억난다. 소매 업계에서 널리 사용되는 POSpoint of sales 기기는 기술 기업이 큰 수익을 올릴 수 있는 시장이다. 하지만 금전등록기와 바코드 스캐너 그리고 다른 주변 장치가 매출과 재고를 관리하는 백엔드 시스템과 확실하게 연동되는 소프트웨어 표준이 존재하지 않았다. 동료들과 나는 POS 시장에 진입하기 위해 윈도우에서 유효한 표준과 사양을 만들었다. 우리는 맨주먹으로 시작하여 중요한 기업용 사업 부문을 건설했다.

아무리 오래된 파트너라도 파트너십 구축은 어려운 과제다. 때때로 우리는 오래된 관계를 되살려야 한다. 예를 들어 오랫동안 수억 대의 윈도우 컴퓨터를 판매한 델을 생각해보자. 2012년 마이크로소프트가 서피스 시리즈라는 자체 하드웨어 제품군을 설계하고 생산하겠다는 결정을 내렸을 때 델에게는 우리가 순수한 파트너에서 약간 애매한 파트너로 바뀌었다. 즉 파트너이자 직접적인 경쟁자로 바뀐 것이다. 그러자 델은 시장을 훨씬 깊은 안개 속에 빠뜨리기 위해 클라우드 인프라와 관련된 제품을 선도하는 EMC를 인수했다. 마이크로소프트가 소중히 키우던 사업 부문을 정조준하기 위해서였다. 델의 EMC 인수는 기술 업계 역사상 가장 큰 합병이었다. 하지만 이런 일을 겪으면서도 델과 마이크로소프트는 라이선스 계약을 체결하고 델의 랩톱에 윈도우를 탑재했을 뿐만 아니라 전 세계에 구축된 거대한 델의 유통망을 통해 마이크로소프트 서피스를 판매하는 등 서로에게 이익이 되는 분야에서는 계속 손을 잡았다. 실제로 델과 HP 등은 서피스의 인기를 확인하고는 자사의 제품 라인에 새로운 투인원 컴퓨터two-in-one computer(태블릿 PC처럼도 쓸 수 있는 노트북컴퓨터를 말한다 - 옮긴이)를 도입하는 혁신을 시작했다.

하지만 언론은 두 기업이 구축한 오래된 파트너십이 위기에 처한 것은 아닌지 의문을 제기했다. CEO로 취임하고 얼마 지나지 않아 나는 기자와 애널리스트의 질문에 충실히 답하기 위해 텍사스 주 오스틴에서 개최된 델의 연례 전략 간담회장에서 마이클 델Michael Dell을 만났다. 2015년 델이 EMC와 합병한 직후였다. 미국 경제 주간지 〈블룸버그 통신〉의 기자 에밀리 창^Emily Chang이 얼떨떨한 표정으로 마이클과 내게 우리 관계를 설명해달라고 했다.

"당신들은 친구입니까, 아니면 친구를 가장한 적입니까?"

간단한 질문이었다. 나는 간단하게 대답했다.

"우리는 동일한 소비자층을 대상으로 경쟁을 벌이는 동시에 그들을 돕는 오랜 친구입니다."

하지만 제대로 대답하려면 더욱 상세한 설명이 필요하다.

1990년대 마이크로소프트는 까다로운 파트너라는 평판을 키웠다. 사실 이 말은 순화한 표현이다. (뉴스와 책은 말할 필요도 없고) 미국 법무부가 마이크로소프트를 상대로 반독점 소송을 제기했을 때 제출한 문서와 증언은 잽싸게 움직이고, 지독하게 경쟁하고, 많은 파트너를 분노하게 하는 기업에 관한 비판적인 이야기로 가득했다. 정부가 행동에 나서면서 경쟁 환경이 바뀌었다. 그리고 이제 우리의 사명과 문화도 달라졌다. 한때 경쟁 환경을 짓밟는다는 비판을 받았던 기업이 이제 지구상의 모든 사람에게 힘을 부여함으로써 사업을 성장시키고 있다.

나는 경쟁자에게 가혹했던 1990년대의 마이크로소프트에서 일했다. 하지만 개인적으로는 반독점 사례와 관련이 없었다. 사실 당시에는 막 날갯짓을 시작한 서버 사업 부문에 소속되어 소비자와 파트너에게 우리와 협력해달라고 고개를 숙이는 중이었다. 거만함이 아니라 겸손함이 필요한 일이었다. (많은 교훈이 있었지만) 반독점 소송에서 배운 교훈은 치열하게 경쟁을 벌인 뒤에는 우리가 모든 사람을 위해 창출한 기회를 똑같이 축하하라는 것이었다. 이것은 제로섬 게임이 아니었다.

이 교훈을 마음에 새겼다. 현재 구글은 우리 업계를 지배하는 기업이다. 몇 년간 우리는 시장에서 경쟁을 벌이는 동시에 미국과 해외에서 정부 기관들에 끊임없이 불평을 제기하며 반목하고 있었다. 나는 우리가 싸움을 중단하고 모든 에너지를 클라우드 사용자를 위한 경쟁에 쏟아야 한다고 판단했다. 그리고 CEO로서 전략의 새로운 장을 열기로 결심했다. 구글의 CEO 순다 피차이Sundar Pichai는 경쟁자이지만 나는 그를 친구로도 생각한다. 마이크로소프트 사장 겸 최고 법무 책임자인 브래드 스미스의 주도로 두 기업은 대단히 생산적인 토론과 사려 깊은 협상을 이어갔다. 그리고 순다 피차이와 내가 공동 성명을 발표하자 사람들은 깜짝 놀랐다.

"우리 두 회사는 법률적인 절차가 아닌 제품의 이해득실에 따라 치열한 경쟁을 벌이고자 합니다."

이런 식으로 변화된 태도를 밀고 나가는 동안 내가 신선한 얼굴이자 새로운 피라는 단순한 사실이 도움이 되었다. 그동안의 앙금을 털어낸 덕분에 불신이라는 낡은 벽은 더욱 쉽게 무너지고 있었다. 하지만 이것으로 충분한 건 아니었다.

파트너십은
서로를 탐구하는 과정이다

CEO가 되고 얼마 지나지 않았을 때 나는 페기 존슨과 이야기를 나눠야겠다고 결심했다. 페기는 샌디에이고에 본사가 있는 퀄컴에서 파트너십과 사업 개발 부문을 맡아 놀라운 능력을 발휘하고 있었다. 어느 토요일 오후 나는 샌디에이고에 있는 페기의 집으로 전화를 걸어 마이크로소프트에 합류할 의사가 있는지 물었다. 페기는 회의적인 반응을 보였고 심지어 우리의 대화를 약간 불신하기까지 했다. 나는 가까스로 페기를 설득해 실리콘밸리에서 함께 저녁 식사를 하기로 했다.

페기를 만나기 위해 포시즌 호텔로 걸어 들어가는데 몇몇 사람들이 나를 알아보고 상당한 호기심을 보이며 내 쪽을 쳐다보았다. 조용한 테이블에 앉은 우리는 얼마 지나지 않아 생활환경 지능에 관해 열띤 토론을 벌였다. 마이크로소프트가 디지털 트랜스포메이션을 성공적으로 주도하기 위해서는 전통에서 벗어난 새롭고 놀라운 파트너십을 구축하고, 투자자를 확보하고, 기업을 인수 합병하는 작업이 필요했다. 나는 페기가 마이크로소프트의 비전에 매력을 느꼈음을 감지했다. 훗날 듣기로는 페기가 식사를 마친 뒤 곧바로 남편에게 전화를 걸어 워싱턴 주 레드먼드에서 살자고 설득했다고 한다. 페기는 "실리콘밸리를 마이크로소프트의 가장 좋은 친구로 만드는" 일을 맡아 방향을 잡았다.

폐기의 넉넉한 마음과 겸손한 태도, 그리고 기술을 향한 열정은 내게 깊은 인상을 남겼다. 마이크로소프트가 잠재적인 사업 파트너에게 보여주어야 하는 바로 그 자질이었다. 하지만 나는 폐기의 자질이 얼마나 빨리 진가를 발휘할지는 알지 못했다.

파트너십에 관한 우리의 주요 목표는 구글의 운영 체제인 안드로이드와 애플의 운영 체제인 iOS 같은 경쟁사 플랫폼에서 동작하는 마이크로소프트 애플리케이션을 제작하는 일이었다. 우리는 소비자가 스마트폰을 구입했을 때 마이크로소프트 애플리케이션이 이미 자리 잡고 있도록 다양한 운영 체제로 동작하는 스마트폰에 우리 애플리케이션을 미리 설치해야 했다.

이 목표를 달성하기 위해서는 한국 기업 삼성과 손잡아야 했다. 우리는 전 세계에서 가장 인기 있는 안드로이드 스마트폰을 생산하는 삼성과 30년 이상 파트너 관계를 맺어왔다. 하지만 2014년 여름 폐기가 레드먼드로 이사할 준비를 하는 동안 삼성과 마이크로소프트의 파트너십이 와해됐다. 몇 년 전 삼성은 마이크로소프트가 보유한 몇 가지 지적 재산을 사용하기로 계약을 맺었다. 하지만 그때 이후로 삼성의 스마트폰 판매량이 4배 증가하면서 삼성의 안드로이드 폰이 전 세계의 베스트셀러가 됐다. 그리고 마이크로소프트가 핀란드의 스마트폰 제조업체 노키아의 휴대전화 및 서비스 사업부를 인수한다고 발표하자 삼성은 두 회사가 서명한 계약서를 더 이상 따르지 않겠다고 했다. 신종균 삼성 사장은 엄청나게 화를 내며 마이크로소프트에서 파견된 사람은 누구도 만나지 않겠다고 단언했다. 삼성과 마이크로소프트의 파트너십은 급격하게 소송 쪽으로 기울었다.

우리는 페기에게 삼성과의 파트너십에 관한 정보를 전달했다. 페기는 양측 입장에서 문서를 읽고, 적절한 질문을 던지고, 의견 차이를 해소할 창의적인 아이디어를 제시했다. 다행히도 페기는 신종균 사장과 좋은 관계를 쌓고 있었다. 신종균 사장은 페기와 만나기로 했다. 페기와 사업 개발 팀, 그리고 법률 팀이 서울로 떠났다. 그곳에서 페기 일행은 회의실을 가득 메운 까다로운 협상가들과 마주했다. 페기와 우리 팀은 회의 내내 상대방을 존중하며 협상에 임했다. 페기는 뭔가를 요구하는 대신 상대방의 말에 귀를 기울였다. 그리고 판단을 보류하고 삼성의 생각에 공감하는 길을 모색하기로 했다.

페기 일행이 레드먼드로 돌아왔다. 하지만 한쪽을 옹호하는 대신 중립적인 입장에서 해결 방안을 찾으라고 권했다. 마이크로소프트에 합류한 지 얼마 되지 않았지만 페기는 이미 우리가 추구하는 문화를 몸소 보여주었다. 페기는 손가락질을 하거나 책임을 전가하는 대신 성장하는 사고를 지니면 어떤 일이 가능한지 알았다. 페기 일행은 모든 사람을 탁자 앞으로 데려와 다양성과 포용성을 보여주었다. 페기는 편안하지만 섬처럼 고립된 우리 세상에서 벗어나 파트너와 소비자가 있는 공간으로 들어가는 일이 얼마나 중요한지 가르쳐주었다. 그럼에도 몇 가지 문제는 결국 법정에서 해결해야 했다. 하지만 우리는 계속해서 존중하는 태도를 보였다. 우리는 진술문에 이렇게 썼다.

"마이크로소프트는 파트너십을 소중하게 생각하고 존중합니다. 하지만 불행하게도 파트너조차 의견이 다를 때가 있습니다."

현재 마이크로소프트의 애플리케이션은 삼성 스마트폰에 탑재돼 인기를 얻고 있다. 윈도우 10은 삼성 태블릿과 사물인터넷을 널리 보급하겠다는 삼성의 야망에 동력을 공급한다.

같은 시기에 우리는 야후와 격렬한 논쟁에 휘말렸다. 우리는 야후의 검색 트래픽을 독점하는 대신 야후에 빙 검색 결과를 제공했다. 마이크로소프트와 야후는 빙 검색 광고 수익을 나눠 가졌다. 하지만 삼성과의 관계와 마찬가지로 야후와의 관계도 점점 나빠졌다. 야후의 비즈니스 모델이 압박당했고 여러 건의 소송이 야후를 위협했기 때문이었다. 야후는 계약을 파기하려고 했다.

우리는 요구 사항을 제시하는 대신 상대방의 목소리에 귀를 기울이고, 상대방의 상황에 공감하고, 해결 방안을 찾는 방법으로 관계를 개선해나갔다. 결국 우리는 검색 부문에서 야후의 파트너로서 빙의 독점권을 요구하지 않기로 했다. 빙의 독점권은 두 회사 사이에서 불필요한 마찰을 너무 많이 일으킨 사안이었다. 우리는 우리의 기술과 파트너십이 승리할 것이라고 확신했다. 그래서 커다란 희생을 감수해야 하는 소송을 피했으며 현재 빙은 야후에서 발생하는 검색 트래픽을 계속 처리하고 있다.

이 같은 경험은 우리에게 많은 교훈을 안겼고 파트너십 정신을 다시 일깨웠다. 마이크로소프트는 이미 전 세계에서 가장 큰 파트너 생태계를 구축했다. 전 세계적으로 수십만 개의 기업이 우리 제품과 서비스를 지원하는 솔루션을 제작 판매한다. 게다가 전 분야에 걸쳐 수백만 명의 소비자가 마이크로소프트 기술로 사업과 조직을 건설했다. 나는 궁극적으로 다른 사람들을 위한 경제적 기회 창출에 끊임없이 집중하면서 이 모든 기업가적 에너지를 뒷받침하는 가장 큰 플랫폼 제공자가 되고자 한다.

하지만 세계 곳곳에서 탄생하는 수백만 개의 새로운 기업이 우리 플랫폼에 의존하게 하려면 그들의 신뢰를 얻으려는 노력부터 해야 한다. 7장에서는 시간이 흘러도 일관된 모습을 보여야 신뢰가 쌓인다는 사실을 명쾌하게 증명할 것이다. 신뢰는 동종 업계에서 가장 뛰어난 기업이 되기 위해 우리가 경쟁을 벌일 부분이 남았음을, 그리고 상대 회사의 소비자를 위한 가치를 추가한다는 목표 아래 우리가 협력할 부분이 있음을 명확히 했을 때 쌓인다.

신뢰에는 존중, 경청, 투명성, 지속적인 집중, 기꺼이 다시 시작하려는 마음 같은 여러 측면이 존재한다. 우리는 원칙에 입각해 이런 측면을 다뤄야 했다.

파트너십은 서로를 탐구하는 과정이다. 따라서 예상하지 못한 시너지 효과와 새로운 협력 방법에 마음을 열어야 한다. 개방성은 탁자 앞에 앉은 사람들과 그들의 경험에 대한 존중에서, 그리고 상대 기업과 그 기업이 추구하는 사명에 대한 존중에서 시작된다. 과연 우리가 항상 의견이 일치할까? 물론 아니다. 하지만 우리는 항상 현명하게 귀를 기울이는 길을 모색한다. 귀에 들리는 말뿐만 아니라 그 이면의 의미까지 이해하는 길 말이다. 나는 불필요한 역사를 끌어들이지 않으려고 노력한다. 과거의 한계 때문에 미래의 그림이 바뀌는 것을 내버려두지 않을 것이다.

몇 년간 나는 개방성이 결과를 이끌어내고 모든 관련자들의 감탄을 이끌어낼 가장 좋은 방법임을 깨달았다. 혁신이 지속적이고 빠르게 진행되는 환경에서는 불필요하게 반복되는 일에 낭비할 시간이 없다. 서로에게 솔직한 태도가 상호 간에 동의할 수 있는 결과물을 신속하게 내놓는 가장 좋은 방법이다.

복잡한 문제들 때문에 파트너십을 구축하기 어렵다면 장기적인 목표에 집중하는 태도가 도움이 된다. 끊임없이 발생하는 협력의 기회와 그에 따르는 수많은 의문 때문에 흔들리기보다는 우선 한두 가지 분야에 집중하는 것이 좋다. 일단 기업들이 성공적으로 손잡을 수만 있다면 그다음에는 새로운 아이디어와 도전 과제를 함께 처리할 수 있을 것이다.

잠깐 쉬어가는 것을 두려워하지 마라. 두 기업이 선의만 품었다 하더라도 때로는 상황이 원하는 대로 흐르지 않고 옆길로 새거나 심지어 고착되기까지 한다. 가끔은 새로운 시선으로 기존 관계를 살피는 시간이 필요하다. 과거에 실패한 전략이 미래에는 통할 수도 있다. 기술은 변한다. 사업 환경도 변한다. 사람 역시 변한다. 어떤 관계든 실패로 기록하는 것은 잘못된 일이다. 내일은 새로운 가능성을 창조할 기회다.

이런 접근법이 폰트 개발 분야의 선구자이자 포토샵^{Photoshop}, 일러스트레이터^{Illustrator}, 아크로뱃^{Acrobat}, 플래시^{Flash} 등 예술가와 디자이너에게 사랑받는 수많은 제품을 생산하는 어도비와 파트너십을 체결하는 과정에서 진정한 돌파구를 마련해주었다. 어도비 제품은 윈도우 위에서 제작됐다. 하지만 우리는 문서 표준을 두고 오랫동안 경쟁했고 공통된 소비자가 많았음에도 관계가 정말 나빴다. 하이데라바드 공립학교 시절 친구였던 샨타누 나라엔이 나보다 먼저 어도비 CEO로 선임됐다. 그리고 내가 마이크로소프트 CEO로 지명됐을 때 두 회사가 다시 접촉을 시작했다. 여전히 같은 분야에서 경쟁을 벌이기는 하지만 예전보다 훨씬 끈끈한 파트너십을 바탕으로 어도비의 창조적인 소프트웨어가 서피스 스튜디오^{Surface Studio}와 서피스 허브^{Surface Hub} 같은 마이크로소프트의 새로운 제품에 영감을 불어넣는다. 예술가가 컴퓨터로

할 수 있는 일을 확장하기 위해 두 회사는 힘을 합치고 있다. 우리는 창의적인 클라우드를 뛰어넘어 애저 플랫폼 최상단에 구축된 어도비의 마케팅 클라우드로 영역을 확장했다.

나는 종종 이런 질문을 받는다.

"기업을 인수하는 대신 파트너십을 체결해야 하는 순간은 언제입니까?"

정답은 또 다른 질문 안에 들어 있다.

"한 몸이 되어 협력할 때 소비자를 위해 더 많은 가치를 창출할 수 있는가, 아니면 둘로 나뉘어 손을 잡을 때 더 많은 가치를 창출하는가?"

경험에 비추어보면 소셜 네트워크 서비스인 링크드인 인수 같은 규모가 어마어마한 인수 협상이든 앱 개발 회사 자마린Xamarin, 어컴플리Acompli, 마일IQMileIQ 인수 같은 상대적으로 규모가 작은 인수 협상이든 성공적으로 끝난 기업 인수는 일반적으로 소비자의 요구를 주의 깊게 분석하는 과정에서 싹튼 파트너십으로 시작되었다. IT 분야에서 역사상 최대 규모의 인수 협상에 속하는 마이크로소프트의 링크드인 인수가 그렇다(2016년 마이크로소프트는 260억 달러에 링크드인을 인수했다).

우리와 링크드인은 10억 명이 넘는 우리 소비자와 5억 명 가까운 링크드인 회원이 (벤다이어그램으로 그리면 우리 소비자가 링크드인 회원과 100퍼센트 겹칠 것이다) 동시에 접속하여 링크드인에서 오피스로도 가고 반대로 오피스에서 링크드인으로도 가도록 6년 이상 협력했다. 우리는 링크드인이 윈도우에서 동작하는 훌륭한 앱을 제작할 수 있도록 기술 규격 사용을 허용했다. 또한 두 플랫폼에서 더 많은 연결과 공동 작업이 가능하도록 소셜 커넥터Social Connector 분야에서 제휴했다. 소비자를 위한 더욱 흥미로운 시나리오와 더욱 많은 가치를 창출하려면 두 회사가 하나로 뭉쳐야 했다.

우리는 함께 실적을 올렸을 뿐만 아니라 비전을 공유했고 상호 신뢰를 쌓았다. 우리가 인수를 발표한 날 링크드인 CEO 제프 와이너Jeff Weiner가 IT 전문 기자 카라 스위셔Kara Swisher에게 협상에 대해 이렇게 설명했다.

"어떤 식으로 마이크로소프트가 더 민첩하고 더 혁신적이며 더 개방적이고 더 목표 지향적으로 바뀌는지 지켜보십시오. 그 모습이 인수 협상에서 큰 역할을 했습니다."

엔지니어 시절 내가 시간을 관리하는 방식을 정확히 파악하기 위해 그림과 같은 모형을 사용했었다.

직원Employee, 소비자Customers, 제품Products, 파트너Partners. 궁극적으로 내가 책임지고 있는 영역에서 가치를 창출하려면 모든 요소에 시간과 주의, 그리고 집중을 쏟아야 한다. 네 요소 모두 중요하다. 아무리 훌륭한 관리자라도 훈련받지 않는다면 한 가지 이상을 놓칠 수 있다. 직원과 제품은 매일 주의를 요구한다. 우리와

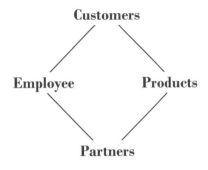

가장 가까이 있기 때문이다. 소비자는 우리가 어떤 일을 하기 위해 필요한 자원을 제공한다. 따라서 소비자도 에너지를 요구한다. 파트너는 우리가 더욱 높이 오르도록 승강기를 제공한다. 파트너는 우리가 구석구석 살펴서 혼자서는 보지 못하는 새로운 기회를 정확히 찾을 수 있게 돕는다. 이제 CEO가 되고 보니 우리가 그리는 별자리에 훨씬 많은 별이 있다는 것을 깨닫게 된다. 예를 들어 정부와 공동체도 중요하다. 이러한 모든 요소들이 기업, 제품, 서비스 등의 가치를 판단하려면 잘 훈련된 접근법이 있어야 한다. 모든 구성원의 행복과 활력을 극대화하는 노력을 통해 가치는 극대화된다.

Hit Refresh

| 제6장 |

클라우드,
그 너머

혼합현실, 인공지능, 양자 컴퓨팅

HIT REFRESH

처음에는 이 책에 변화의 한가운데 놓인 CEO의 고민이 담길 것이라고 생각했다. 내가 글을 쓴 이유는 기업의 변화를 이끌고 변신을 위한 기술을 창조하는 사람으로서의 경험을 몇 년 뒤에 되돌아보기보다는 실시간으로 공유하기 위해서였다. 물론 마이크로소프트의 변화는 진행 중이다. 우리는 전 세계에 걸친 경제적, 기술적 불확실성에 맞서 우리의 사명을 다시 정하고, 우리 문화의 우선순위를 다시 매기고, 사업의 기반을 확고히 하기 위해 전략적 파트너십을 새로 또는 다시 구축했다. 또한 우리의 영혼을 통해 혁신을 향해 나아가는 속도를 높이는 동시에 새롭고 대담한 승부를 걸어야 했다. 그것이 마이크로소프트를 40년 넘게 신뢰받는 기술 기업으로 만든 힘이었다.

우리는 클라우드 분야에서 성공하기 위해 PC와 서버 이후를 바라보았다. 하지만 우리는 클라우드 이후도 바라보아야 했다. 기술 동향을 예측하는 행동은 아주 위험할 수 있다. 그동안 우리는 단기적 성과는 과대평가하지만 장기적 성과는 과소평가하는 경향이 있다는 이야기를 들었다. 하지만 우리는 몇 년 뒤에 각종 산업의 형태를 빚을 세 가지 핵심 기술, 즉 혼합현실과 인공지능, 그리고 양자 컴퓨팅에서 주도권을 잡기 위해 투자 중이다. 세 기술은 필연적으로 우리 경제와 사회에 엄청난 변화를 일으킬 것이다. 7~9장에서는 미래의 급격한 변화에 대비한 가치와 윤리, 정책과 경제에 대해 탐구할 것이다.

여기 기술 변화가 어떤 모습으로 다가올지를 가늠해볼 한 가지 방법이 있다. 우리는 혼합현실을 활용하여 최고의 컴퓨팅 경험을 구축하고 있다. 혼합현실은 인간의 시야를 컴퓨터 화면으로 대체해 디지털 세상과 물리적 세상을 하나로 합치는 기술이다. 우리가 스마트폰 혹은 태블릿에나 있다고 생각하는 데이터와 앱, 심지어 동료나 친구에게 접근하고 싶다면 사무실에서 일하는 중이든 소비자를 방문하는 중이든 회의실에서 동료와 함께 작업하는 중이든 상관없이 언제든 접근할 수 있다. 인공지능은 인간의 모든 경험에 동력을 공급하고 통찰과 예측 능력을 활용하여 우리 힘만으로는 도달하기 불가능한 수준까지 인간의 역량을 증가시킨다. 마지막으로 양자 컴퓨팅은 기존의 컴퓨터를 근본적으로 바꾸어 세계에서 가장 거대하고 복잡한 문제를 해결할 수 있는 엄청난 컴퓨팅 파워를 제공함으로써 무어의 법칙Moore's Law을 뛰어넘을 길을 열어줄 것이다. 현재는 혼합현실과 인공지능, 그리고 양자 컴퓨팅이 독립적인 흐름일지 모르지만 앞으로는 하나로 얽힐 것이다. 장담한다.

이 같은 복합적인 흐름을 따라가지 못하는 기술 기업은 필연적으로 뒤처질 것이다. 물론 이와 반대로 현재의 핵심 사업을 방치해둔 채 검증되지 않은 미래 기술을 뒤쫓는 행위도 똑같이 위험하다. 새로운 기회를 좇다가 기존의 성공을 위태롭게 하는 것은 혁신가의 딜레마다.

역사적으로 보면 마이크로소프트는 둘 사이에서 균형을 잡기 위해 노력했다. 사실 우리는 아이패드가 등장하기 전에 이미 태블릿을 개발했고 킨들이 나오기 전에 이미 전자책 단말기를 향한 길을 순조롭게 나아가고 있었다. 하지만 어떤 경우에는 우리의 소프트웨어가 터치스크린 장치나 브로드밴드 통신 기술 같은 필수 요건보다 시간적으로 앞섰다. 어떤 경우에는 끝과 끝을 잇는 디자인 사고가 부족하여 완벽한 솔루션을 시장에 내놓지 못했다. 우리는 단기간에 경쟁자를 따라잡기 위해 이런 전략을 펼치면서도 필연적으로 따르는 위험을 잊고 우리 능력에 대해 약간 과신하기도 했다. 어쩌면 우리는 대단한 성공을 거둔 비즈니스 모델을 파괴할 용기가 없었는지도 모른다. 우리는 모든 경험에서 교훈을 얻었다. **미래를 창조하는 공식은 없다. 기업은 자신만이 해낼 수 있는 역할에 대해 완벽한 비전을 갖춰야 하고 그다음에는 일이 진전되도록 신념과 역량으로 비전을 뒷받침해야 한다.**

CEO가 되기 전 나는 우리가 계속 투자해야 한다고 판단했다. 하지만 더욱 공격적이고 집중적으로 새로운 기술과 시장에 투자하려면(우리가 세 가지의 C를 충분히 만족시킬 수 있는 경우에만 말이다) 흥미진진한 생각이 있어야 한다. 과연 우리에게 그런 생각Concept이 있는가? 성공에 필요한 역량Capabilities, 즉 새로운 아이디어와 접근법을 환영하는 문화Culture가 있는가?

혁신가의 딜레마에 빠지지 않기 위해, 오늘 발등에 떨어진 불에 집중하는 습관에서 벗어나 내일 벌어질 중요한 일을 고민하기 위해 우리는 세 가지 성장 지평에 걸쳐 투자 전략을 자세히 살피기로 했다. 세 가지 성장 지평이란 첫째, '현재 핵심을 이루는 사업과 기술을 성장시키는가?', 둘째, '미래를 위해 새로운 아이디어와 제품을 배양하는가?', 셋째, '장기적인 돌파구에 투자하는가?'를 말한다.

첫 번째 지평에 대해 대답하자면 우리의 소비자와 파트너는 우리의 모든 사업이 혁신하는 모습을 분기마다, 해마다 지속적으로 목격할 것이다. 두 번째 지평에 대해 대답하자면 우리는 이미 음성이나 디지털 잉크를 이용하는 새로운 사용자 인터페이스, 개인 비서와 봇 기능을 탑재한 새로운 애플리케이션, 공장에서부터 자동차와 가전에 이르기까지 모든 사물을 위한 사물인터넷 같은, 플랫폼과 관련하여 단기간에 일어날 몇 가지 흥미로운 변화에 투자했다. 세 번째 지평에 대해 대답하자면 마이크로소프트는 불과 몇 년 전만 해도 먼 미래의 이야기로 들렸지만 지금은 선두에서 혁신을 이끄는 분야, 즉 혼합현실과 인공지능, 그리고 양자 컴퓨팅 분야에 집중하고 있다. 혼합현실은 의료와 교육, 제조업 부문에서 반드시 필요한 도구가 될 것이다. 인공지능은 지카 바이러스 유행 같은 위험 예측에 힘을 보태고 사람들이 가장 중요한 일에 시간과 관심을 집중하도록 도울 것이다. 양자 컴퓨팅은 암을 치료하거나 세계적인 위험을 효과적으로 처리해줄 컴퓨팅 파워를 제공할 것이다.

나는 역사적으로 컴퓨터가 인간의 지적 능력을 향상시키고 집단 지성을 구축해온 방식에 마음을 사로잡히곤 했다. 1960년대 더글러스 엥겔바트Douglas Engelbart는 모든 기술을 직접 시연해 보이면서 마우스와 하이퍼텍스트, 그리고 원격 화상회의 시스템을 소개했다. 엥겔바트의 법칙에 따르면 인간의 작업 속도는 기하급수적으로 증가한다. 또한 기술이 인간의 역량을 증가시키기는 하겠지만 이를 바탕으로 상황을 개선시키는 것은 인간만이 할 수 있는 일이라고도 한다. 엥겔바트는 인간과 컴퓨터의 상호 작용이 일어나는 지점을 발견했다. 나와 우리 업계에 영향을 미친 선지자들이 많기는 하지만 1992년 내가 마이크로소프트에 합류하던 시기에 본사 엔지니어들은 두 권의 미래 소설에 정신없이 빠져들었다. 닐 스티븐슨Neal Stephenson의 《스노 크래시Snow Crash》는 가상 공용 공간을 그려냄으로써 메타버스metaverse(추상을 의미하는 메타meta와 현실 세계를 의미하는 유니버스universe의 합성어로 3차원 가상 세계를 말한다–옮긴이)라는 용어를 널리 알렸다. 데이비드 젤런터David Gelernter는 《미러 월드Mirror Worlds》(구글 어스Google Earth 같은 디지털 형태로 정교하게 표현한, 현실 세계와 연결되며 사실에 가까운 현실 세계 모형을 말한다 – 옮긴이)에서 현실 세계를 디지털 기술로 모방한 세계로 대체함으로써 컴퓨터 사용에 혁신을 일으키고 사회를 완전히 바꾸는 소프트웨어를 예측했다. 현재 두 아이디어 모두 가시권에 들어와 있다.

혼합현실, 방 안에 우주를 복제하다

적어도 나는 새롭고 엄청난 기술을 처음 경험하는 순간 마법에 걸린 듯한 느낌을 받는다. 1980년대 아버지가 사주신 Z80 컴퓨터로 베이식 프로그램을 짜는 법을 배우고 코드를 몇 줄 입력했을 때 눈앞에 다른 세상이 나타났다. 나는 기계와 대화를 나누고 있었다. 내가 코드를 입력하면 코드가 결과물을 내놓았다. 나는 프로그램을 수정해 곧바로 결과물을 바꿀 수 있었다. 나는 인간이 만든 가장 융통성 있는 자원인 소프트웨어를 발견했다. 이것은 불가능한 위업 같았다. 처음으로 스프레드시트와 마주쳤을 때의 흥분이 똑똑히 기억난다. 피벗 테이블(대화형 테이블의 일종으로, 데이터의 나열 형태에 따라 집계나 카운트 등의 계산을 하는 기능 – 옮긴이) 같은 데이터 구조는 이제 사람이 수에 대해 생각할 때마다 떠오르는 제2의 천성으로 자리 잡았다.

우리 업계는 '유레카'를 외칠 수 있는 발견의 순간으로 가득하다. 내게 가장 놀라운 순간은 뜻밖에도 화성 표면과 함께 찾아왔다. 내가 마이크로소프트 본사 92번 빌딩 지하층에 서 있을 때였다.

그곳에서 작고 완전히 독립적인 컴퓨터 홀로렌즈를 처음으로 머리에 써보았다. 홀로렌즈가 갑자기 나를 (물론 가상으로) 지구에서 약 4억 킬로미터 떨어진 붉은 행성, 화성의 표면으로 데려갔다. 미국 항공우주국NASA이 발사한 화성 탐사 로봇 큐리오시티Curiosity가 전송한 사진 덕분이었다. 나는 홀로렌즈를 통해 너무나 분명하지만 너무나 당황스럽게도 내 운동화가 먼지로 가득한 화성 표면을 디디는 모습을 보았다. 큐리오시티의 화성 탐사 경로 중에 킴벌리라고 불리는 바위로 뒤덮인 지점 근처였다. 홀로렌즈는 내가 실제 공간을 돌아다니면서, 다시 말해 회의실 안의 책상을 보고 주변 사람들과 대화하면서 화성 표면에 있는 바위를 살피는 일을 가능하게 했다. 그것이 혼합현실이라는 대단히 놀라운 기술의 본질이었다. 홀로렌즈가 제공하는 경험은 사람의 마음을 크게 뒤흔들었다. 그래서 SLT 구성원 가운데 한 사람은 가상 체험을 하는 동안 울음을 터뜨리기도 했다.

그날 내가 잠깐 동안 보고 체험한 장면이 마이크로소프트의 미래였다. 어쩌면 이 특별한 순간은 혼합현실이 일으킬 혁명을 알리는 사건으로서 기억될지도 모른다. 그 혁명으로 모든 사람은 현실 세계와 가상 세계가 혼합된 몰입형 환경에서 살아가게 될 것이다. 이제 사람들은 어린 시절부터 디지털 기기와 인터넷을 사용한 세대인 디지털 원주민digital native의 존재를 인정한다. 그렇다면 언젠가 컴퓨터 사용 경험은 현실 세계와 가상 세계가 혼합된 작용이라고 생각하는 혼합현실 원주민이 등장하게 될까?

각 기업들은 나름의 방식으로 머리에 착용하는 컴퓨터에 접근하고 있다. 윈도우 10의 혼합현실 기기나 페이스북의 오큘러스 리프트가 제공하는 가상현실은 대부분 현실 세계를 차단하고 사용자를 디지털 세계에 완벽하게 빠뜨린다. 예를 들어 구글 글래스Google Glass는 사용자가 착용한 안경 렌즈 위로 정보를 비춘다. 스냅챗이 판매하는 스펙터클스Spectacles는 관련 콘텐츠와 필터로 사용자가 바라보는 세상을 확장한다. 홀로렌즈는 혼합현실에 접근할 기회를 제공함으로써 사용자가 현재 머무는 장소와 멀리 떨어진 공간을 동시에 돌아다니면서 홀로그램이나 다른 디지털 데이터를 조작할 수 있게 (동시에 같은 공간에 있는 사람들과 교류도 가능하게) 한다. IT 분야의 시장 조사 기관인 가트너Gartner Inc.는 신기술의 동향, 영향력, 수용 상황, 예측 등을 보여주는 하이프 사이클hype cycle 보고서를 발표해왔다. 발명 단계에서부터 확대 적용(혹은 사멸) 단계까지 5단계를 거치는 하이프 사이클은 가상현실 기술이 5년이나 10년 후에 주류로 편입될 가능성이 높다고 이야기한다.

우리에게는 출발선상에 서는 일만도 어려웠다. 동료인 알렉스 키프만^{Alex Kipman}은 얼마 전부터 홀로렌즈의 프로토타입을 완성하는 중이었다. 알렉스와 팀원들은 이미 한 가지 돌파구를 마련했다. 그들은 (인간과 더욱 비슷하게 동작할 수 있도록) 최첨단 로봇에 탑재되는 한편 엑스박스 게임의 재미를 배가시키는 동작 인식 기술인 키넥트를 개발했다. 하지만 알렉스가 추진하는 홀로렌즈 프로젝트는 지속적인 투자처를 찾기 위해 회사 곳곳을 전전해야 했다. 마이크로소프트가 시장의 존재가 입증되지 않은 새로운 사업인 혼합현실에 투자할지 말지를 판단하기는 애매했다. 알렉스가 서커스 박물관이 있는 위스콘신 주의 작은 마을에 경의를 표하기 위해 '프로젝트 바라부'라는 엉뚱한 암호명을 붙였을 정도로 홀로렌즈로 향하는 길은 때로 터무니없어 보였다.

나는 홀로렌즈를 직접 경험하고 반해버렸다. 분명 홀로렌즈는 비디오게임에 사용되는 애플리케이션이었다. 하지만 나는 교실과 병원뿐만 아니라 우주 탐험에도 홀로렌즈가 사용될 수 있음을 즉시 알아차렸다. 실제로 NASA는 홀로렌즈의 가치를 알아본 최초의 조직으로 지상에서 근무하는 우주 비행사와 우주 공간에 있는 우주 비행사가 협력할 수 있도록 홀로렌즈 초기 버전을 도입했다. 화성 시연 후에도 머뭇거리는 사람들이 있었다. 하지만 가장 회의적인 사람들조차 빌 게이츠가 홀로렌즈를 직접 경험하고 보낸 이메일에 마음을 바꿨다.

"저는 화성 시연에서 두 가지 상황에 '대단히' 감명을 받았습니다. 첫째는 정확도가 '굉장히' 높았습니다. 이미지가 실제처럼 보였고 고개를 움직이자 진짜라는 착각이 들었습니다. 그곳에 정말 있는 느낌이었습니다. 둘째, 주변을 볼 수 있도록 시야를 확보할 수 있어서 사물들에 부딪치지 않으면서도 물리적으로 현재 공간을 자연스럽게 움직일 수 있었습니다. 애플리케이션들이 어떻게 발전할지는 잘 모르겠지만 최근의 시연으로 나는 홀로렌즈 프로젝트를 성공시킬 방법을 찾기 위해 집중하게 됐습니다. 홀로렌즈에 설득됐습니다."

알렉스와 알렉스의 과거를 이해하면 홀로렌즈의 본질을 이해하기 쉽다. 어떤 의미에서 우리 이야기에는 공통점이 상당히 많다. 브라질 외교관의 아들로 어린 시절 세계 곳곳을 돌아다닌 알렉스는 수학과 과학, 최종적으로는 컴퓨터가 하나뿐인 자신의 친구임을 깨달았다. 예전에 알렉스가 이렇게 말했다.

"수학과 과학으로 그림을 그리는 방법을 아는 사람이라면 무엇이든 할 수 있습니다."

알렉스의 부모가 가정용 비디오게임 기기인 아타리^{Atari} 2600을 사주었다. 알렉스는 계속 아타리를 망가뜨리다가 결국 프로그램 짜는 법을 터득했다. 기술에 대한 알렉스의 열정이 로체스터 공과대학교로, NASA에서 진행하는 인턴십 프로그램으로, 나중에는 대단히 정교한 컴퓨터 프로그램을 제작하는 실리콘밸리로

그를 이끌었다.

하지만 알렉스의 도전은 소프트웨어를 위한 소프트웨어를 설계하는 자리를, 소프트웨어를 예술 작품으로 다루는 자리를 찾는 과정이었다. 결국 마이크로소프트에 합류한 알렉스는 사람들이 오랫동안 기다리던 윈도우 XP의 후계자인 윈도우 비스타^{Vista}의 설계에 참여했다. 향상된 기능을 탑재했음에도 비스타에 대한 반응이 미온적이자 알렉스만큼 실망한 사람은 없었다. 알렉스는 비스타의 실패를 자신의 실패로 받아들이고 곰곰이 생각하기 위해, 직업적으로 자신의 미래를 새로고침하기 위해 브라질로 되돌아갔다. 대단히 철학적인 알렉스는 방향을 찾기 위해 니체에게 의존했다.

"살아가야 할 '이유'를 아는 사람은 어떤 삶의 '방식'도 이겨낼 수 있다."

알렉스는 자신에게 화가 났다. 자신이 살아가야 할 '이유'를, 컴퓨터가 나아가야 할 방향을 아직 찾지 못했기 때문이었다.

훗날 알렉스는 브라질 동부 해안에 있는 어느 농장에서 노트북컴퓨터를 들고 이리저리 돌아다니며 컴퓨터 분야에 어떤 식으로 이바지하고 싶은지를 고민했다고 저널리스트인 케빈 덥직^{Kevin Dupzyk}에게 털어놓았다. 알렉스는 컴퓨터로 시간과 공간을 대체할 방법에 대해 생각하기 시작했다. 어째서 우리는 키보드와 스크린에 묶여 있는가? 내가 멀리 있는 사람과 컴퓨터를 같이 쓰지 못하는 이유는 무엇인가? 알렉스는 컴퓨터 사용 분야에서 일어난 혁명이 고작 선사시대의 동굴벽화 수준에 도달했음을 감지했다. 혼합현실은 컴퓨터 사용과 관련하여 완전히 새로운 패러다임을 탄생시킬 것이었다.

알렉스는 직업적으로 새로운 목표를 정했다. 사람들이 실제 세상처럼 느끼는 기계를 만들겠다는. 마우스와 키보드, 그리고 스크린이 아닌 인지가 알렉스의 인생에 새로운 주인공으로 등장했다. 우리를 인지하는 기계가 알렉스에게 살아가는 '이유'가 됐다.

그 '방식', 즉 청사진은 인간과 환경, 그리고 사물을 인식하는 센서를 중심으로 설계된 새로운 컴퓨팅 경험을 구축하는 것이었다. 이런 새로운 경험은 세 가지 상호 작용을 작동시켜야 한다. 즉 아날로그 데이터를 받아들이는 기능과 결과물로 디지털 데이터를 생성하는 기능, 그리고 데이터를 느끼거나 만지는 기능, 즉 촉감 기술 혹은 햅틱haptics이라 불리는 기능이었다.

키넥트는 이 여정으로 들어서는 첫 발걸음이었다. 키넥트는 사람이 움직임으로 명령을 내릴 수 있도록 특정 영역을 읽어들인다. 그로 인해 우리는 갑자기 컴퓨터와 춤을 출 수 있게 됐다. 지금 홀로렌즈는 읽어들일 수 있는 영역을 여러 개로 넓혔다. 홀로렌즈를 사용하면 시간과 공간을 가로질러 인간과 환경과 사물이 입력과 출력을 주고받을 수 있다. 느닷없이 지구에 있는 우주 비행사가 화성에 있는 구덩이를 조사할 수 있게 됐다. 마지막 조각인 촉감 기술에는 만지고 느끼는 기능이 포함될 예정이다. 키넥트를 사용해 춤을 추거나 홀로렌즈를 사용해 바위로 손을 뻗더라도 아직 우리는 함께 춤추는 사람이나 바위를 느끼지 못한다. 하지만 언젠가는 그렇게 될 것이다.

이제 마이크로소프트는 혼합현실을 대중화하는 일에 초점을 맞추고 있다. 모든 사람이 혼합현실을 이용할 수 있도록 말이다. 홀로렌즈 출시는 외부 개발자가 홀로렌즈를 플랫폼 삼아 창의적인 애플리케이션을 개발하게 한다는 전략에 기초했다. 충분히 검증된 전략이었다. 홀로렌즈를 출시하고 얼마 지나지 않아 5000명 이상의 개발자가 자신들이 제작하고 싶은 애플리케이션에 대한 설명서를 제출했다. 우리는 24시간 동안 트위터에서 투표를 진행하여 가장 먼저 현실화해야 할 아이디어가 무엇인지를 물었다. 개발자와 팬들이 갤럭시 익스플로러Galaxy Explorer를 선택했다. 사람들이 창밖의 하늘을 바라보며 은하수를 탐험하게 한다는 아이디어였다. 나만의 속도로 은하수를 이리저리 돌아다니고, 별을 확대해보고, 내가 관찰한 내용에 주석을 달고, 나중을 위해 내 경험을 저장하게 한다는 것이었다. 방 벽에 먼지 가득한 바람과 뜨거운 플라스마와 얼음 알갱이가 덮인 우주 환경을 복제하는 셈이다.

현재 다른 개발자들이 엄청나게 유용한 홀로렌즈용 애플리케이션을 제작하고 있다. 예를 들어 로우Lowe가 개발하는 애플리케이션은 사용자가 부엌이나 욕실에서 새로운 수납장이나 전기 제품 등의 홀로그램을 현재 구조 위에 겹쳐보게 하는 기능을 제공하여 리모델링한 집 안 모습을 정확하게 보여준다.

홀로렌즈 기술은 단순히 기계가 무엇을 보는지를 추적하는 데서 시작한다. 하지만 계속 발전하다 보면 언젠가 더 많은 기능을 갖춘 복합체가 무엇을 관찰하는지 이해하는 날이 올 것이다. 인공지능 기술을 손에 넣는 동안 우리가 배울 부분이다. 키넥트는 컴퓨터에 사람의 움직임을 추적하는 기능, 즉 사람을 보고 사람의 행동을 이해할 수 있는 기능을 선사했다. 이제 인공지능과 머신 러닝, 그리고 혼합현실은 이런 지점에까지 도달한 것이다. 기술이 점점 더 많이 보고 말하고 분석할 수 있다고는 하지만 아직 느끼지는 못한다. 하지만 인간과 공감하도록 혼합현실이 기계를 도울지도 모른다. 어쩌면 이 기술을 활용하여 난민이나 범죄 피해자가 겪은 시간을 더욱 깊이 경험하면서 현재 사람들 사이를 가르는 여러 가지 장벽을 뛰어넘어 감정적으로 유대감을 형성하는 능력을 키울 수도 있다. 실제로 나는 매년 마이크로소프트가 주최하는 소프트웨어 경진 대회인 이매진컵Imagine Cup에서 오스트레일리아 학생들과 만날 기회가 있었다. 그들은 돌보미가 자폐증 환자의 눈에 비친 세상을 이해할 수 있도록 혼합현실 애플리케이션을 제작했다.

인공지능,
세상을 바꾸다

할리우드는 인공지능을 다양한 방식으로 묘사한다. 할리우드는 사실상 인공지능 기술을 하위 장르로 삼았다. 1973년 제작된 영화 〈웨스트월드Westworld〉에서는 율 브리너Yul Brenner가 총격전을 하고 싶어 좀이 쑤시는 표정으로 술집에 걸어 들어가는 로봇으로 등장한다. 그는 인공지능을 탑재한 터프가이 카우보이이다. 수십 년 뒤에는 디즈니사가 다른 방식으로 인공지능을 묘사했다. 2014년 제작된 애니메이션 〈빅 히어로Big Hero 6〉에서는 '베이맥스Baymax'라고 불리는 로봇이 열네 살짜리 소년과 함께 모험을 떠난다. 영화는 이렇게 외친다.

"베이맥스가 네 세상을 바꿀 거야."

그 말이 정답이다. 인공지능이 세상을 바꿀 것이다. 인공지능은 인간의 능력을 확장하고 인간을 도울 것이다. 율 브리너보다는 베이맥스에 훨씬 더 가까운 모습으로.

빅 데이터와 엄청난 컴퓨팅 파워, 그리고 복잡한 알고리즘 등 세 가지 돌파구 덕분에 인공지능이 공상과학소설을 탈피해 현실로 급속히 진입하고 있다. 놀라운 속도로 데이터가 수집되어 사용 가능한 형태로 바뀐다. 일상생활에 침투한 카메라와 센서의 수가 기하급수적으로 늘어난 덕분이다. 인공지능에게는 학습할 데이터가 필요하다. 클라우드는 모든 사람에게 엄청난 컴퓨팅 파워를 제공한다. 이제 사람들은 산더미 같은 데이터에서 상황을 꿰뚫는 힘과 지식을 얻기 위한 복잡한 알고리즘을 만들 수 있다.

하지만 오늘날의 인공지능은 베이맥스나 율 브리너와는 완전히 다르다. 범용 인공지능artificial general intelligence, AGI이라 불리는, 인간과 맞먹거나 심지어 훨씬 능가하는 지적 능력을 갖춘 컴퓨터와도 어느 정도 거리가 있다. 인간의 지능과 마찬가지로 인공지능도 단계별로 분류된다. 가장 아래 단계는 단순한 패턴 인식이다. 중간 단계는 점점 복잡한 장면을 감지하는 지각이다. 학자들은 인간의 지각 작용 가운데 99퍼센트가 언어와 시각을 통해 일어난다고 추산한다. 마지막으로 지적 능력의 최고 단계는 인간의 언어를 심도 있게 이해하는 인지다.

이 세 가지가 인공지능을 구성하는 요소다. 몇 년간 마이크로소프트는 각각의 단계를 발전시키기 위해 투자했다. 통계치를 이용해 데이터를 이해하고 패턴을 인식하는 머신 러닝 도구와 보고 듣고 움직일 수 있을 뿐만 아니라 인간의 언어를 학습하고 이해할 수 있는 컴퓨터 개발에 투자했다. 수석 음성 과학자 쉐동 황Xuedong Huang과 팀원들의 주도 하에 마이크로소프트는 전문적으로 훈련받은 인간보다 정확하게 음성 통화 내용을 받아 적는 컴퓨터 시스템을 개발했다. 2015년 말 컴퓨터의 시각과 학습 분야에서 우리 인공지능 그룹이 다섯 가지 도전 과제에서 1등상을 휩쓸었다. 그중 한 가지에 대해서만 우리 시스템을 훈련시켰는데도 그런 성과를 얻은 것이었다.

마이크로소프트가 시작한 인공지능 경진 대회인 COCO챌린지Common Objects in Context challenge에서는 인공지능 시스템에 몇 가지 시각 인식 과제가 주어진다. 우리는 첫 번째 과제인 단순히 사진을 보고 무엇을 보았는지를 기록하는 과제에 대해서만 시스템을 훈련시켰다. 하지만 우리가 제작한 신경망이 초기 형태의 전이 학습transfer learning(사전에 거대한 데이터로 훈련시킨 신경망을 이용해 다른 데이터를 학습하는 방식 – 옮긴이)을 통해 자기 힘으로 다른 과제를 해냈다. 우리가 제작한 신경망은 사진에 대해 설명했을 뿐만 아니라 사진 속의 사물을 하나하나 구분해 동그라미를 치고 사진에 담긴 행동을 설명하는 문장을 만들기도 했다.

10년 후에는 인공지능이 사람보다 나은 언어 능력과 시각 인지 능력을 갖출 것이다. 하지만 기계가 보고 들을 수 있다고 해서 정말로 학습하고 이해할 수 있는 것은 아니다. 자연어를 이용한 컴퓨터와 인간의 상호 작용이 다음 도전 과제다.

그렇다면 인공지능이 사람들의 과도한 기대에 부응할 방법은 무엇일까? 모든 사람에게 혜택을 주기 위해 인공지능이 어디까지 확대될까? 또다시 답이 단계별로 나뉜다.

주문 생산. 오늘날 우리는 인공지능의 가장 첫 번째 단계에 와 있다. 주문 생산을 하는 단계다. 데이터와 컴퓨팅 파워, 그리고 알고리즘에 접근할 수 있는 특권을 지닌 첨단 기술 기업이 인공지능 제품을 제작하고 전 세계에 공급한다. 단지 몇몇 기업만이 다수를 위해 인공지능을 생산할 수 있다. 여기가 오늘날의 인공지능이 도달한 지점이다.

대중화. 다음 단계는 대중화다. 마이크로소프트는 플랫폼 기업으로서, 다시 말해 다른 누군가가 혁신에 활용할 수 있는 기초 기술과 도구를 제작하는 기업으로서 인공지능 제작에 필요한 도구를 모든 사람의 손에 쥐여주기 위해 노력한다. 인공지능을 대중화한다는 말은 모든 사람과 조직이 각자의 특별한 요구 사항을 해결해줄 깜짝 놀랄 만한 인공지능 솔루션을 꿈꾸고 제작할 수 있는 길을 열어준다는 의미다. 가동 활자와 인쇄술의 대중화와 유사하다. 학자들에 따르면 1450년대만 해도 유럽 사회에는 고작 3만 권 정도의 책이 있었을 것으로 추산된다. 전부 수도원에서 수도사들이 일일이 손으로 쓰고 묶은 책이었다. 가동 활자 기술로 제작된 최초의 책인 《구텐베르크 성경Gutenberg Bible》이 등장하고 50년도 지나기 전에 책의 수가 1200만 권으로 치솟으면서(학자들의 추산치다) 교육과 과학, 그리고 예술 분야에서 르네상스가 촉발됐다.

이것이 바로 우리가 인공지능을 위해 준비해야 할 길이다. 이를 위해 우리는 포용적이고 민주적으로 행동해야 한다. 따라서 우리는 각종 기능과 애플리케이션, 서비스와 인프라 전반에 활용될 인공지능을 장착한 도구를 비전으로 삼았다.

- 우리는 앞으로 더욱 보편화될 대행 기능과 사람들의 상호 작용 방식을 근본적으로 바꾸기 위해 코타나 같은 인공지능을 활용하고 있다.
- 사람들이 가장 중요한 문제에 초점을 맞추고 매순간 더 많은 성과를 내도록 오피스 365와 다이나믹스 365 같은 애플리케이션에 인공지능이 탑재될 것이다.
- 우리 서비스의 기초를 이루는 패턴 인식 능력, 지각 능력, 인지 능력을 전 세계 모든 애플리케이션 개발자가 사용할 수 있게 할 것이다.
- 마지막으로 세계에서 가장 강력한 인공지능 슈퍼컴퓨터를 제작하고 모든 사람이 이를 이용할 수 있는 환경을 구축할 것이다.

다양한 업계가 인공지능 도구를 사용한다. 맥도널드는 직원이 드라이브 스루를 이용하는 손님에게 주문을 받은 다음 더욱 간단하고 효율적이고 정확한 순서로 음식을 조리할 수 있도록 인공지능 시스템을 개발하고 있다. 우버는 우리가 제공하는 코그니티브 서비스 도구로 운전자와 사진을 대조하고 진짜 운전자가 운전석에 앉았는지 확인함으로써 가짜 운전자를 막고 승객의 안전을 확보한다. 볼보는 우리의 인공지능 도구로 운전자의 주의가 흐트러지는 순간을 감지하여 운전자에게 경고해주고 사고를 방지한다.

만약 당신이 기업을 소유했거나 관리하는 사람이라면 문자 그대로 경영 전반을 바라보면서 어떤 일이 진행 중인지 파악하고 가장 신경 써야 할 문제를 알려주는 인공지능 시스템을 갖췄을 경우 어떤 일이 벌어질지 상상해보라. 프리즘 스카이랩스Prism Skylabs는 우리의 코그니티브 서비스를 바탕으로 컴퓨터가 감시 카메라로 촬영한 영상을 관찰하고 상황을 분석하는 혁신을 일으켰다. 건설 회사를 운영하는 사람에게는 프리즘 스카이랩스 시스템이 현장에 시멘트 트럭이 도착한 모습을 확인하고 이를 알려줄 것이다. 소매업자에게는 프리즘 스카이랩스 시스템이 재고를 파악하거나 매장 관리자를 찾아줄 것이다. 언젠가 이 시스템이 병원에 도입된다면 외과 전문의가 수술하는 모습을 지켜보다가 의료 과실을 목격한 순간 너무 늦기 전에 수술진에게 주의를 주는 방식으로 수술진을 도울지도 모른다.

학습을 위한 학습. 궁극적으로 컴퓨터가 학습을 위해 학습하는 단계, 다시 말해 컴퓨터가 자신만의 프로그램을 생성하는 단계다. 인간과 마찬가지로 컴퓨터도 사람들의 행동을 흉내 내는 수준을 넘어 새롭고 개선된 문제 해결 방법을 개발할 것이다. 심층 신경망deep neural network(문제 해결을 위해 수백에서 수십억 개의 신경세포가 상호 연결될 수 있도록 지원하는 대규모 병렬 처리 모델 – 옮긴이)과 전이 학습이 현재 주도적으로 돌파구를 찾고 있다. 하지만 인공지능은 사다리와 같다. 우리는 사다리에 첫발을 올렸을 뿐이다. 사다리 끝에는 범용 인공지능과 인간의 언어를 완벽하게 이해하는 기계가 있다. 사다리 끝에 다다랐을 때가 바로 컴퓨터가 인간과 맞먹거나 인간과 동일한 지능을 발휘하는 때다.

마이크로소프트에서 인공지능을 연구하는 한 수석 연구원이 컴퓨터가 어떤 식으로 학습을 위한 학습을 하는지를 보여주는 실험을 하기로 했다. 대단히 존경받는 컴퓨터 과학자이자 의학박사로 인공지능 리서치 그룹을 이끄는 에릭 호비츠Eric Horvitz는 지각하고 학습하고 추론하는 기계에 오랫동안 열광했다. 에릭은 자신의 연구원들이 방문자를 안내하는 비생산적인 일에서 벗어나 더욱 중요한 일에 몰두하게 도와주었다.

에릭의 방문자가 1층 로비로 들어선다. 로비에서 카메라와 컴퓨터가 방문자의 얼굴을 인식하고 그가 걷는 방향과 속도, 거리를 계산한 다음 예측을 통해 엘리베이터가 문을 열고 방문자를 맞게 한다. 방문자가 엘리베이터에서 내리면 로봇이 인사한다. 로봇은 미로 같은 복도와 복도 옆의 사무실을 지나 에릭의 책상까지 안내가 필요한지 묻는다. 에릭의 사무실에서는 이미 방문자를 예상한 가상 비서가 에릭의 통화가 끝나가는지를 확인하고 방문자에게 에릭이 전화를 끊을 때까지 앉아서 기다리겠느냐고 묻는다. 시스템은 몇 가지 기본적인 훈련을 받은 이후 프로그래머 없이 스스로 학습을 위한 학습을 했다. 예를 들어 에릭이 실험한 방문자용 시스템은 로비에서 누군가가 전화를 받기 위해 혹은 바닥에 떨어진 펜을 줍기 위해 발걸음을 멈췄을 경우 무슨 일을 해야 하는지를 깨닫도록 훈련받았다. 시스템은 혼자 추론하고 학습하고 프로그램하기 시작한다.

피터 리^{Peter Lee}는 마이크로소프트에서 근무하는 또 다른 인공지능 연구원이다. 어느 날 아침 사무실에서 회의를 하던 도중 피터가 저널리스트 제프리 윌런스^{Geoffrey Willans}의 말을 인용했다.

"두 개 이상의 언어를 이해할 때까지는 절대 하나도 이해하지 못한다."

괴테는 한 발 더 나아갔다.

"외국어를 이해하지 못하는 사람은 자신에 관해 아무것도 알지 못한다."

한 가지 기술 혹은 정신적 기능을 배우거나 발달시키는 경우 또 다른 기술이나 기능에 긍정적인 영향을 미칠 수 있다. 이것이 바로 전이 학습이다. 전이 학습은 인간이 학습하는 과정뿐만 아니라 기계가 학습하는 과정에서도 관찰된다. 예를 들어 우리 팀이 컴퓨터에 영어를 훈련시키자 스페인어 등 다른 언어에 대한 학습 속도도 빨라졌다.

피터의 팀은 동시에 아홉 개 언어로 말하거나 50개 언어로 문자를 보내는 기능을 제공함으로써 언어 간의 장벽을 허무는 실시간 통·번역기를 개발하기로 했다. 결과는 매우 놀라웠다. 전 세계에서 근무하는 직원들이 스카이프를 통해 연락하거나 혹은 자신의 스마트폰에 대고 말하기만 해도 서로의 말을 즉석에서 알아들을 수 있는 길이 열렸다. 중국 직원이 모국어로 영업 및 마케팅 전략을 발표하면 다른 사람들은 자신의 모국어로 그 말을 보거나 들을 수 있다.

동료인 스티브 클레이튼Steve Clayton은 이 기술이 자신의 다문화 가정에 얼마나 대단한 영향을 미쳤는지 들려주었다. 스티브는 기술 시연 장면을 처음 보는 순간 영어 사용자인 자신의 어린 아이들이 중국어 사용자인 친척들과 실시간 대화를 나눌 수 있겠다는 생각이 들었다고 했다.

앞으로는 통역기가 수많은 사람에게 사용됨으로써 개발 당시 우리가 포함시킨 언어를 뛰어넘어 더욱 다양한 영역으로 확장될 것이다. 예를 들어 의료 업계는 의료 용어를 이해하고 사용하는 고도로 전문화된 영어와 스페인어 등의 통역기를 바랄지도 모른다. 인공지능 도구가 일정 기간 의료 전문가들의 대화를 지켜보고 들은 뒤 자동적으로 의료 분야에 특화된 새로운 모델을 생성할 것이다. 나이 많은 아메리카 원주민들의 말을 들으며 부족의 언어를 보존할 수도 있다. 가장 바람직한 상태는 인공지능 시스템이 단순한 통역 수준에 머무르지 않고 더 나은 결과를 낳기까지 하는, 그러니까 개선된 치료법에 대한 대화를 주도하거나 대화 내용을 변환하는 단계일 것이다.

오랫동안 인공지능의 궁극적인 목표는 직장에서든 가정에서든 사람들이 시간을 최대한 활용하도록 돕는 개인 비서였다. 인기 비디오게임 '헤일로Halo'에 등장하는 인공지능 캐릭터의 이름을 붙인 코타나는 현재 우리가 차지하는 위치와 언젠가 우리의 희망대로 대단히 효율적인 분신, 다시 말해 사용자를 깊이 이해하는 개인 비서를 제공하는 방법에 관한 대단히 흥미로운 연구 사례다. 코타나는 사용자의 상황과 직업, 그리고 가족에 대해 잘 알 것이다. 세상에 대해서도 잘 알 것이다. 무한한 가능성을 지니고 있어서 사용하면 할수록 똑똑해질 것이다. 사용자가 오피스로 작성한 문서와 이메일을 통해서는 물론 주인이 사용하는 앱과의 상호 작용을 통해서도 학습할 것이다.

오늘날 116개국에서 매달 1억 4500만 명 이상이 코타나를 사용한다. 사용자들은 이미 130억 개의 질문을 던졌고 코타나는 모든 질문을 통해 점점 더 유용한 도구로 바뀌는 방법을 터득하고 있다. 실제로 나는 코타나의 약속 알림 기능에 절대적으로 의존하게 됐다. 내 이메일을 검색해 내가 잡은 약속을 수집한 다음 기한이 다가왔을 때 내게 친절하게 알려주는 기능이다. 만약 내가 누군가에게 3주 후에 진행 상황을 확인하고 후속 조치를 취하겠다고 말했다면 코타나가 내용을 기록한 뒤 내가 확실하게 약속을 지킬 수 있도록 알려준다.

비교적 최근에 설치된 인공지능 및 리서치 그룹에 속한 코타나 팀은 벨뷰 다운타운에 건설된 고층의 마이크로소프트 빌딩에서 근무한다. 창문을 통해 태평양 연안의 호수와 산맥들이 내다보이는 곳이다. 혁신을 이끄는 권한과 함께 아름다운 주변 환경이 놀라운 재능을 지닌 디자이너, 언어학자, 지식 공학자, 컴퓨터 과학자를 사로잡았다.

코타나 팀의 기술 부문 관리자인 존 해머커Jon Hamaker는 소비자가 "코타나 없이는 못 살아요. 코타나가 오늘도 저를 살렸어요."라고 고백하게 하는 것이 목표라고 이야기한다. 해머커와 팀원들은 해머커의 목표를 현실로 만들 시나리오를 검토하면서 하루를 보낸다. 우리 사용자가 하는 일은 무엇인가? 우리 사용자는 언제, 어디서, 어떻게, 누구와 일하는가? 무엇이 사용자와 유대감을 형성하는가? 사용자가 시간을 절약하고 스트레스를 덜고 일상생활의 어려움에 미리 대처하도록 돕는 방법은 무엇인가? 해머커는 GPS, 이메일, 캘린더, 웹 등에서 데이터를 수집한다. 그리고 사용자를 이해하고 심지어 공감하는 방향으로 데이터를 전환할 방법을 탐구한다. 어쩌면 디지털 개인 비서가 일정을 계획하다가 데이터가 부족한 빈 시간을 채우기 위해 질문을 던질지도 모른다. 또는 불확실성으로 가득한 시간, 예를 들어 사용자가 통용되는 화폐 단위나 언어에 대해 잘 알지 못하는 새로운 장소에 있을 때면 디지털 개인 비서가 유용하게 사용될 수도 있다.

사람 대신 컴퓨터가 정보를 습득 가공하여 새로운 정보를 만드는 시맨틱 웹semantic web과 시맨틱 웹을 만드는 도구인 온톨로지ontology 기술에 초점을 맞추는 우리 엔지니어들은 불확실성에 열광한다. 그들은 단순히 사용자에게 검색 결과를 제공하는 수준에 그치지 않고 훨씬 많은 일을 할 수 있는 개인 비서를 개발하겠다는 포부를 품고 있다. 그들은 디지털 개인 비서가 상황과 의미를 이해하고 이를 바탕으로 사용자가 요구하고 원하는 바를 효과적으로 예측하는 날을 기다린다. 디지털 개인 비서는 언제나 좋은 대답을, 심지어 가끔은 사용자 자신이 생각하고 있는지조차 모르는 질문에 대답을 내놓아야 한다.

엠마 윌리엄스Emma Williams는 엔지니어가 아니다. 엠마는 앵글로색슨어와 스칸디나비아 지방 언어에 관심이 많은 영국인 언어학자로 코타나 등 우리가 제공하는 인공지능 제품의 감성 지능EQ 디자인을 검토한다. 엠마는 개인 비서 개발 프로젝트를 진행하는 팀원들이 우수한 IQ를 지녔음을 확신하는 동시에 그들이 과연 탁월한 EQ도 갖췄는지 확인하고 싶어 한다.

어느 날 엠마는 특정 질문에 대해 분노를 표시하는 새로운 버전의 코타나를 보게 되었다. 엠마는 지체 없이 단호하게 반대했다. (엠마는 스칸디나비아 지역에 내려오는 중세 바이킹의 전설에서 한 가지 교훈을 배웠다고 했다. 바로 자원을 약탈하는 행위를 새로운 것을 발견하는 행위로 포장해서는 안 된다는 것이었다.) 엠마의 주장에 따르면 코타나는 항상 냉정한 상태를 유지하며 흔들림 없이 침착할 것임을 사용자와 묵시적으로 약속한다는 것이었다. 코타나는 사용자에게 화를 내는 대신 사용자의 감정 상태를 이해하고 적절하게 대응해야 한다. 팀원들은 엠마의 감성에 맞춰 코타나를 수정했다.

인공지능으로 움직이는 개인 비서를 얻기 위해 100만 킬로미터를 가야 한다면 우리는 고작 몇 킬로미터를 걸었을 뿐이다. 하지만 우리는 오직 인공지능 비서의 미래만 보고 이만큼이나 걸어왔다.

예전에 함께 일했던 데이비드 헤커만David Heckerman은 30년 동안 인공지능 분야를 연구한 뛰어난 컴퓨터 과학자다. 몇 년 전 데이비드는 받은 메일함을 쓰레기 같은 광고 메일로 가득 채우는 스팸 메일 발신자의 약점을 찾아내는 효과적인 스팸 메일 필터를 최초로 개발했다. 현재 데이비드의 팀은 HIV와 감기 바이러스, 암의 약점을 찾아내는 머신 러닝 알고리즘을 발전시키는 중이다.

후천성면역결핍증AIDS을 유발하는 바이러스인 HIV는 인간의 몸 곳곳에서 빠른 속도로 돌연변이를 일으킨다. 하지만 HIV가 돌연변이를 일으키는 방식에는 여러 제약이 있다. 우리가 개발한 차세대 머신 러닝 알고리즘이 HIV를 구성하는 단백질 가운데 HIV의 정상적 기능에 필수적인 부분을 찾아냈다. 이제는 백신으로 그 부분을 바로 공격할 수 있게 된 것이다. 팀원들은 임상 데이터로 돌연변이 과정을 시뮬레이션하고 목표물을 확인할 수 있다. 이와 비슷하게 암세포의 유전자 염기 서열을 파악하여 면역 체계가 공격하기에 가장 좋은 부분을 예측하는 작업이 진행 중이다.

인공지능의 가능성에 숨이 멎었다면 양자 컴퓨팅의 가능성에는 입이 다물어지지 않을 것이다.

양자 컴퓨팅,
무어의 법칙을 넘어서다

캘리포니아 주 샌타바버라는 실리콘밸리보다는 할리우드에 가깝다. 틴셀타운^{Tinseltown}(할리우드의 별칭 – 옮긴이) 정북쪽, 태평양을 바라보는 절벽 위에 자리 잡은 편안한 분위기의 캘리포니아 대학교 샌타바버라 캠퍼스(UC 샌타바버라)는 예상과 달리 양자 컴퓨팅 개발의 중심지, 즉 우리 업계의 미래를 좌우하는 곳이다. 할리우드와 가깝다는 점이 학교와 잘 어울린다. 양자물리학과 양자역학 개론서로 쓰기에는 영화 대본이 교과서보다 나을 수도 있기 때문이다. 어쩌면 로드 설링^{Rod Serling}이 지은 《환상 특급^{The Twilight Zone}》이 가장 좋은 설명서일지도 모른다.

"당신은 또 다른 차원을 통해 여행 중이다. 눈과 귀뿐만 아니라 마음으로 인식할 수 있는 차원을 통해. 상상력의 한계가 경계선이 되는 경이로운 세상 속으로 떠나는 여행. 그것이 앞에 있는 표지판이 가리키는 곳, 당신이 다음에 내릴 곳, 환상 특급이 향하는 곳이다."

양자 컴퓨팅을 정의하는 것은 간단한 일이 아니다. 1980년대 처음 등장한 양자 컴퓨팅은 원자나 원자핵의 양자역학적 성질을 컴퓨터의 프로세서나 메모리에 활용한다. 양자 컴퓨팅의 양자 비트 혹은 큐비트qubit(양자 컴퓨팅에서 정보 저장의 최소 단위로, 1과 0의 상태를 동시에 갖는다 – 옮긴이)는 우리가 생활하는 일상적인 환경과 격리된 상태에서 상호 작용함으로써 전통적인 혹은 고전적인 컴퓨터보다 기하급수적으로 빠르게 계산 작업을 수행한다.

식물의 광합성과 철새의 이동은 물론 인간의 의식마저 양자역학적 과정으로 연구한다. 현재의 고전적인 컴퓨터 세계에서는 우리 뇌가 생각을 마친 다음 그 결과가 키보드나 마이크를 통해 컴퓨터에 입력되면 컴퓨터가 스크린에 피드백을 제공한다. 몇몇 연구자는 양자 컴퓨팅 시대가 오면 뇌와 컴퓨터 사이를 가르는 장벽이 사라질 것이라고 예측한다. 물론 먼 미래의 이야기다. 하지만 언젠가 인간의 의식이 컴퓨터와 하나가 되는 날이 올 수도 있지 않을까?

"양자역학에 깊이 충격을 받은 적이 없는 사람은 아직 양자역학을 이해하지 못한 것이다."

노벨상을 수상한 덴마크 물리학자 닐스 보어 Niels Bohr는 이렇게 말했다. 후대의 물리학자이자 노벨상 수상자인 리처드 파인만 Richard Feynman은 양자 컴퓨팅의 개념을 제시함으로써 컴퓨터 분야에 양자역학을 도입했다. 양자 컴퓨팅 분야에 뛰어든 조직으로 디 웨이브 D-Wave 같은 스타트업 기업뿐만 아니라 마이크로소프트와 인텔, 구글과 IBM 같은 대형 기업도 있다. 심지어 국방 예산을 넉넉히 보유한 각국 정부마저 경쟁에 뛰어들었다. 그들은 양자 컴퓨팅이 컴퓨터를 완전히 뒤바꾸기를 희망한다.

물론 양자 컴퓨터를 만들기가 쉬웠다면 지금쯤 완성됐을 것이다. 전통적인 컴퓨터가 2진 코드와 물리학 법칙에 묶여 있는 반면 양자 컴퓨팅은 비트로 구성된 선형 세계에서부터 큐비트로 구성된 다차원적 우주에 이르기까지 온갖 종류의 연산, 다시 말해 모든 수학적, 과학적, 공학적 연산을 훨씬 더 빠르게 처리한다. 큐비트는 전통적인 비트처럼 단순히 0이나 1로만 바뀌는 것이 아니라 모든 '얽힘'이 가능하다. 즉 한 번에 여러 연산을 처리할 수 있는 중첩이 가능하다. 그 결과 우리는 수많은 병렬 연산이 동시에 수행되어 한꺼번에 답이 나오는 세상으로 진입하게 된다. 우리 연구원은 적절하게 구성된 양자 알고리즘이 등장하는 경우 "잘못된 계산이 모두 혹은 거의 모두 소멸해버리는 거대한 학살극"이 일어날 것이라고 말했다.

양자 컴퓨팅은 속도 면에서 전통적인 컴퓨터를 훨씬 능가할 뿐만 아니라 작업량 면에서 규모에 관한 또 다른 법칙을 따른다. 다시 말해 무어의 법칙을 낡고 재미있는 주장 정도로 만들어버린다. 인텔 설립자 고든 무어Gordon Moore가 주장한 무어의 법칙에 따르면 집적회로 안에 든 트랜지스터의 수는 대략 18개월마다 약 2배씩 증가한다. 초기에 등장한 몇몇 슈퍼컴퓨터는 1만 3000개가량의 트랜지스터 위에서 구동됐다. 현재 일반 가정의 거실을 차지한 엑스박스 원에는 5억 개의 트랜지스터가 내장되어 있다. 하지만 최근 인텔에 따르면 인공지능의 성장에 걸맞게 훨씬 빠른 처리 속도를 제공할 새로운 방법을 개발하라는 요구가 엄청나게 커졌다고 한다. 단기적으로 이런 요구를 충족시켜주는 결과물이 GPUGraphic processing unit(컴퓨터 그래픽을 연산하는 프로세서. 병렬 처리 기술에 기반을 두기 때문에 연산량이 많은 인공지능에도 활용된다 – 옮긴이)나 TPUTensor processing unit(구글이 자체 머신 러닝 프레임워크인 텐서플로TensorFlow를 더 빠르게 처리하기 위해 개발한 전용 프로세서 – 옮긴이), 클라우드용 FPGAfield programmable gate array(필요에 따라 기능을 새로 프로그래밍 할 수 있는 프로세서 방식. 특정 데이터를 효과적으로 처리하도록 설계되는 프로세서로도 통한다 – 옮긴이) 같은 혁신적인 가속 장치다.

이제 우리는 몇 세기 동안 기존 컴퓨터를 꼼짝 못 하게 구속해

온 문제를 해결해야 한다. 양자 컴퓨터를 사용한다면 몇 분 안에 혹은 몇 시간 안에 해결할 수 있는 문제다. 현재 가장 어려운 암호를 해독할 때 양자 컴퓨터가 보여줄 속도와 정확도는 상상조차 하지 못할 만큼 놀라운 수준이다. 예를 들어 기존 컴퓨터가 현재 가장 보안 수준이 높은 RSA-2048(키 길이가 2048비트인 공개 키 암호 방식 - 옮긴이)로 암호화된 내용을 해독하려면 10억 년이 걸리지만 양자 컴퓨터는 약 100초 혹은 2분 안에 해독이 가능하다. 다행히도 양자 컴퓨팅은 고전적인 컴퓨터 암호 분야에도 혁신을 일으켜 훨씬 안전한 컴퓨팅 환경을 제공할 것이다.

양자 컴퓨터를 개발하기 위해서는 세 가지 과학적, 공학적 돌파구가 마련되어야 한다. 우리가 연구 중인 수학적 돌파구는 위상학적 큐비트topological qubit다. 초전도성과 관련해 우리에게 필요한 돌파구는 신뢰도가 대단히 높고 안정적인 위상학적 큐비트 수천 개를 생산하는 제조 공정이다. 컴퓨터 과학과 관련해 필요한 돌파구는 양자 컴퓨터를 프로그래밍하기 위한 새로운 컴퓨터 사용 방식이다.

현재 마이크로소프트 연구원들과 협력 관계에 있는 다른 연구원들이 언젠가 양자 컴퓨팅을 현실화해줄 실험물리학과 이론물리학, 수학과 컴퓨터 과학 분야에서 함께 연구하고 있다. 연구가 진행되는 곳은 UC 샌타바버라의 이론물리학부와 같은 건물을 사용하는 스테이션 Q Station Q다. 스테이션 Q는 1986년 국제수

학연맹이 4년마다 개최하는 세계수학자대회에서 36세의 나이로 필즈상을 수상한 마이클 프리드먼Michael Freedman이 떠올린 아이디어였다. 가장 권위 있는 수학상인 필즈상을 수상한 이후 마이클은 마이크로소프트 연구소에 합류했다. 마이클은 양자역학 분야를 이끄는 세계적인 이론물리학자들을 샌타바버라에 모았다. 스테이션 Q에 모인 이론물리학자들이 종이와 연필로 계산해낸 결과는 실험물리학자들의 재료가 되고, 실험물리학자들이 이론적 추측과 씨름하여 축적한 실험 결과는 앞으로 양자 컴퓨팅을 시장에 출시할 전기공학자와 앱 개발자에게 활용될 것이다.

인간의 생명을 살리는
궁극의 컴퓨팅

정오가 지난 직후 스테이션 Q에서 멕시코 요리를 가운데 두고 두 이론물리학자가 한 실험물리학자에게 최근의 연구 결과에 대해 집요하게 묻는다. 그들은 마요라나 페르미온Majorana fermion이라 불리는 수학의 세계와 물리학의 세계가 만나는 복잡한 모퉁이에 혹은 초전도체(안정적인 양자 컴퓨터 개발에 필요하다)의 토대가 되어줄 입자에 초점을 맞추고 연구 과정에서 새롭게 전개된 몇 가지 사건에 대해 토론을 벌이고 있다. 근처 태평양에 반사된 햇

빛이 회의실 벽면을 둘러싼 칠판에 과학자들이 써 내려간 수많은 방정식을 비춘다.

이곳은 돌파구를 마련하기 위해 실시간으로 치열하게 진행되는 공동 연구 현장이다. 선견지명을 갖춘 전임 마이크로소프트 최고 기술 책임자 크레이그 먼디가 몇 년 전 양자 컴퓨팅 연구팀을 만들었다. 하지만 학문적인 절차는 복잡하고 느렸다. 이론물리학자가 아이디어를 발표한다. 실험물리학자가 이 이론을 실험하고 결과를 공개한다. 실험이 실패하거나 결과가 신통치 않으면 이론물리학자가 실험에 사용된 방법론을 비판하고 원래 이론을 수정한다. 전체 과정이 처음부터 다시 시작된다.

양자 컴퓨팅에 대한 요구가 높아지면서 경쟁에 속도가 붙었다. 남들보다 먼저 목표에 도달하는 유일한 방법은 이론을 세우고 실험을 진행하고 결과물을 내는 시간을 단축하는 것뿐이다. 양자 컴퓨터를 개발하기 위한 노력은 군비 확장 경쟁과 비슷해졌다. 더 효율적이고 결과 지향적으로 더 빠르게 움직이라는 요구에 따라 우리는 유용한 결과를 내고 기존 컴퓨터가 하지 못하는 일을 해내며 수천 개의 큐비트를 필요로 하는 양자 컴퓨터를 제작한다는 목표와 계획을 수립했다. 목표 달성을 위해 우리는 공동 연구의 규모를 확대해왔다. 우리는 전 세계에서 가장 뛰어난 학자들을 하나로 모은 다음 서로 대등한 입장에서 협력하라고, 열린 마음과 겸손한 태도로 함께 문제에 접근하라고 요구했다.

우리는 아이디어를 내고 실험의 윤곽을 잡기 위해 실험 과학자와 이론 과학자가 자리를 같이하거나 스카이프로 긴밀하게 협력해야 한다는 점에 동의했다. 학문적인 절차를 엄청나게 간소화하기 위한 훈련이었다.

지금까지 30개 이상의 특허를 출원하기는 했지만 결승선은 아직 멀다. 클라우드와 인공지능, 그리고 혼합현실 부문의 경쟁은 요란하게 홍보된 반면 양자 컴퓨팅 분야의 경쟁은 대부분 주목을 받지 못했다. 이유 중에 하나는 이론적으로 복잡한 데다 비밀리에 진행됐기 때문이었다.

양자 컴퓨팅이 추구하는 중요한 목표는 인공지능의 능력을 향상시켜서 인간의 언어를 올바르게 이해하고 정확하게 요약하게 하는 것이다. 하지만 이보다 기대되는 목표가 있다. **궁극적으로 양자 컴퓨팅은 믿기 어려울 정도로 획기적인 의학적 돌파구를 마련하여 생명을 구할 것이다.** 예를 들어 HIV를 표적으로 삼는 백신 개발 연구에 컴퓨터가 이용되기는 하지만 현재로서는 필요한 수준에는 턱없이 미치지 못하고 있다. HIV 바이러스를 둘러싼 외피 단백질은 변형이 대단히 심하며 끊임없이 진화하기 때문이다. 그 결과 HIV 백신이 10년 후에는 완성될 것이라는 기대가 수십 년간 실현되지 못하고 있다. 하지만 양자 컴퓨터를 사용한다면 새로운 방식으로 이 문제에 접근할 수 있다.

고온 초전도체, 에너지 효율이 높은 비료 생산, 끈 이론(만물의

최소 단위가 점 입자가 아니라 진동하는 끈이라는 물리 이론 – 옮긴이)
같은 기술적으로 난관에 '봉착한' 수많은 분야에서도 똑같은 이
야기를 할 수 있다. 양자 컴퓨터는 가장 주목받는 문제를 새로운
시각으로 바라볼 수 있게 한다.

컴퓨터 과학자 크리스타 스보어^{Krysta Svore}는 양자 컴퓨터와 관
련된 우리의 도전 중심에 있다. 크리스타는 컬럼비아 대학교에
서 고장 허용^{falt tolerance}(고장이 나도 큰 문제없이 계속 운영되게 한다
는 의미 – 옮긴이) 기능을 갖추고 확장이 가능한 양자 컴퓨팅을
집중적으로 연구해 박사 학위를 받았다. 그리고 매사추세츠 공
과대학교^{MIT}에서 양자 컴퓨터 제어에 필요한 소프트웨어를 설계
하는 실험 중심 연구자들과 1년간 공동 연구를 진행했다. 크리
스타의 팀은 우리의 수학, 물리학, 초전도체 분야 전문가가 양
자 컴퓨터 제작에 성공할 것이라고 추정한 독특한 소프트웨어
아키텍처를 설계 중이다. 자신의 소프트웨어가 첫 번째로 해결
해야 할 문제가 무엇인지 결정하기 위해 크리스타는 전 세계의
양자 화학자를 초빙하여 프레젠테이션과 브레인스토밍을 실시
했다.

세계 곳곳에서 수백만 명이 굶주림에 시달린다. 식량 생산량
이 부족하거나 분배 방식이 잘못됐기 때문이다. 식량 생산 과정
에서 발생하는 가장 큰 문제는 비료가 필요하다는 사실이었다.
많은 비용이 들고 환경 자원을 고갈시킬 수도 있는 대목이었다.

비료를 생산하려면 대기 중의 질소를 암모니아로 바꿔야 한다. 박테리아를 쉽게 분해시키는 공정이다. 하버 법Haber process(혹은 하버-보슈 법)이라고 불리는 이 화학 공정은 1910년 프리츠 하버Fritz Haber와 카를 보슈Carl Bosch가 발명한 이후 개선되지 않았다. 대단히 크고 복잡한 문제여서 그야말로 돌파구가 존재하지 않았다. 그러나 양자 컴퓨터는 기존 컴퓨터와 협력해 흙 속에서 박테리아가 관여하는 과정을 흉내 내고 메탄가스와 비료 생산에 필요한 에너지의 양을 줄여줄 새로운 인공 촉매제를 발견하기 위한 대규모 실험을 진행할 수 있다. 이런 촉매제가 발견된다면 환경에 대한 위협도 감소시킬 수 있을 것이다.

마이크로소프트는 10여 곳에 이르는 경쟁 조직과 완전히 다른 방식으로 양자 컴퓨팅에 접근하고 있다. 양자 컴퓨팅의 적은 '잡음', 다시 말해 우주선cosmic ray이나 번개, 심지어 이웃 사람의 휴대전화 같은 전자파 간섭이다. 대단히 해결하기 어려운 문제다. 그래서 양자 컴퓨팅 관련 기술은 대부분 극도로 낮은 온도에서 실험이 진행된다. 마이클 프리드먼의 연구를 토대로 스테이션 Q 팀은 전 세계 학자들과 협력해 위상 양자 컴퓨팅topological quantum computing, TQC이라는 방식을 발전시켰다. TQC는 다른 방식에 비해 평균적으로 두세 자릿수 적은 양자 자원을 사용한다. 자연스럽게 위상학적 큐비트도 다른 방식에 비해 낮은 오류 발생률을 보인다. 잡음에 영향을 덜 받기 때문이다. TQC 방식을 발전시키려면 기초 물리학의 새로운 영역을 개척해야 하지만 이에 따르는 잠재적인 이익은 믿을 수 없을 만큼 크다.

어느 날 양자 컴퓨터가 엄청나게 빠른 독립형 PC의 모습으로 사무실 책상에 놓일 것이라는 상상은 금물이다. 대신 양자 컴퓨터는 보조 처리 장치로서 기존 처리 장치로부터 명령어나 신호를 받을 것이다. 양자 컴퓨터는 클라우드 내부에 자리 잡고 인간의 가장 터무니없는 꿈을 뛰어넘어 대단히 복잡한 연산의 수행 속도를 높이는 하이브리드 장치가 될 것이다. 인공지능 개인 비서는 사용자를 위해 수십억 개의 그래프가 첨부된 문제를 해결해줄 것이다. 이때 순식간에 수십억 개의 가능성을 살핀 다음 몇 가지 선택지를 제시하는 양자 컴퓨터가 도움을 줄 것이다. 현재는 확장 가능한 큐비트 기술이 존재하는 단계까지 실험과 연구 개발이 진행됐다.

우리는 몇 년 후면 소형 양자 컴퓨터가 개발될 것이라고 기대한다. 그러면 특정 문제에 대해서는 기존 컴퓨터보다 월등한 성능을 발휘할 짧은 양자 알고리즘으로 초기 애플리케이션을 개발할 수 있을 것이다. 무엇보다 양자 컴퓨터를 손에 넣으면 더욱 크고 강력한 양자 컴퓨터로 확장하기 위한 공학적 연구는 물론 더욱 오랜 기간이 소요되는 개발 목표, 즉 '논리 큐비트^{logical qubit}(에러가 없는 안정적인 큐비트 – 옮긴이)'로 향하는 길이 더욱 빠르게 열릴 것이다.

궁극적으로 양자 컴퓨팅을 확장시킬 하드웨어 아키텍처를 탄생시키려면 컴퓨터 과학자, 물리학자, 수학자, 공학자들이 함께 어려운 관문을 지나 범용 양자 컴퓨팅universal quantum computing 으로 나아가야 한다. 마이크로소프트는 양자 컴퓨팅이 인공지능을 더욱 지능적으로, 혼합현실을 더욱 몰입적으로 바꾸어줄 것이라고 확신한다.

Hit Refresh

제7장

신뢰에 관한
방정식

프라이버시, 사이버 보안, 언론의 자유

HIT REFRESH

2014년 11월 24일 아침 소니 픽처스 엔터테인먼트^{Sony} Pictures Entertainment가 운영하는 컴퓨터 시스템이 자신들을 '평화의 수호자^{Guardians of Peace}'라고 밝힌 해커 집단에게 해킹당했다. 미국 정보 당국은 평화의 수호자가 북한 정부의 지원을 받는다고 주장했다. 평화의 수호자는 빼돌린 이메일 가운데 소니 경영진이 영화계 스타 등 유명 인사에 대해 썼던 부적절한 내용들을 공개했다. 평화의 수호자는 소니가 제작한 정치 풍자 영화 〈더 인터뷰^{The Interview}〉에 대한 항의 표시로 소니를 목표물로 삼았다고 한다. 〈더 인터뷰〉 주연인 세스 로건^{Seth Rogan}과 제임스 프랭코^{James Franco}는 자신들의 토크쇼에서 북한 지도자 김정은을 인터뷰한다는 터무니없는 계획을 세운다. 기회를 노리던 미국 CIA 요원이 북한 지도자를 암살하기 위해 재빨리 로건과 프랭코를 포섭한다. 영화는 할리우드의 전형적인 방식에 맞춰 우스꽝스럽게 끝난다.

해커 집단은 영화에 담긴 유머를 전혀 이해하지 못한 채 영화를 상영하기로 결정한 소니와 영화관들을 협박했다. 온라인으로 전달된 메시지는 이러했다.

"지역 평화를 깨뜨리고 전쟁을 초래할 수도 있는 테러리즘에 관한 영화 상영을 즉시 중단하라."

12월 1일 소니가 도둑맞은 영화 파일이 파일 공유 사이트에 등장했다. 12월 19일 미국 FBI가 범인으로 북한을 지목했고 소니는 영화의 극장 개봉을 취소했다.

소니는 재정적으로 엄청난 손실을 입을 위기에 처하자 인터넷에서 영화를 개봉할 만한 잠재적인 파트너에게 손을 뻗치기 시작했다. 다른 미디어 기업이나 기술 기업은 물론 마이크로소프트도 양심의 가책을 느꼈다. 〈더 인터뷰〉 배포에 힘을 보탬으로써 언론의 자유를 수호할 것인가? 아니면 상황에 개입하지 않고 멀찍이 떨어져 있어야 할까? 우리의 보안 기술자는 마이크로소프트가 영화를 배포하기로 결정하는 경우 북한의 해커 집단이 분명 마이크로소프트 데이터 센터를 다음 공격 목표로 삼을 것이고, 그렇게 되면 우리의 온라인 서비스에 의존하는 수십억 사용자가 서비스 중단과 개인 정보 유실 사태를 겪을 위험이 있다고 경고했다. 우리는 이미 크리스마스에 리저드 스쿼드^{Lizard Squad}라는 잘 알려지지 않은 악질 해커 그룹의 공격이 있을 것으로 예상하고 있었다.

북한 정부에 맞서는 행위는 엄청난 대가를 요구했다. 우리 브랜드를 포함해 많은 부분이 위태로웠다. 하지만 결국 우리는 훨씬 중요한 무엇이, 다시 말해 우리의 존재 자체가 위험에 처했다고 판단했다. 언론의 자유, 프라이버시, 보안, 자주권은 타협이 불가능하고 시대를 초월하는 가치다.

크리스마스 며칠 전 나는 인도에 있는 가족을 방문했다. 당시 최고 법무 책임자인 브래드 스미스는 베트남에 머무르면서 업계 전반의 반응을 조율하기 시작했다. 클라우드 및 엔터프라이즈 부문 책임자인 스콧 구스리는 우리가 다중 공격에 맞설 수 있음을 보여주기 위해 레드먼드에서 기술적으로 강력한 방어막을 구축하는 작업을 지휘했다. 우리는 이메일과 스카이프를 이용해 본사의 임시 상황실에 모인 엔지니어들과 계속 연락을 주고받았다. 해커의 공격에 맞서기 위해서는 우선 원칙을 지키고 미리 대비를 해야 했다.

크리스마스이브에 나는 이사진에게 편지를 보냈다.

"헌법에 명시된 미국 시민의 권리를 용감하게 보호하는 것이 마이크로소프트의 핵심 목표와 사업, 그리고 가치에 부합한다고 결론 내렸습니다."

나는 우리가 만반의 준비를 갖출 것이라고 이사진을 안심시켰다.

위험을 경고했던 바로 그 보안 엔지니어들이 크리스마스 휴가를 반납했다. 안전하게 영화를 공개하기 위해서였다. 우리는 난관을 만났다가 돌파구를 찾기를 반복했다. 결국 우리는 크리스마스에 엑스박스 비디오 플랫폼을 통해 대단히 성공적으로 영화를 공개했다. 상당히 짜릿한 경험이었지만 처참한 결과가 찾아올 수도 있었다. 그러나 반드시 해야 할 일이었다.

이 사건 덕분에 사이버 보안에 관한 다자간 협의안이 글로벌 규범으로 필요하다는 사실이 분명해졌다. 말하자면 디지털 제네바 협정인 셈이다. 1949년 각국 정부가 전시에 민간인을 보호하기 위해 제4차 제네바 협정을 채택했듯이 디지털 제네바 협정이 있으면 정부는 평시에 인터넷 공간에서 민간인을 보호하기 위해 사이버 보안에 관한 표준을 시행할 것이다. 이런 협정에 따라 정부는 민간 부문이나 주요 기반 시설을 목표로 삼는 사이버 공격이나 지적 재산을 훔치기 위한 해킹을 막겠다고 약속해야 한다. 마찬가지로 정부가 사이버 공격이나 해킹을 감지하고 억제한 다음 후유증에서 회복하기 위한 민간 부문의 노력을 지원해야 한다. 정부는 취약한 부분을 방치하고 납득시키고 악용하는 대신 소프트웨어 제작자에게 알려야 한다.

원칙과 철학이 없는 신뢰는 존재할 수 없다

돌이켜보면 우리 회사의 가치를 지키고 국제적인 위협에 맞서며 신뢰를 쌓기 위한 우리의 행동은 온 세상을 떠들썩하게 했던 문제에서 시작됐다.

2013년 5월 미국 국가안전보장국National Security Agency, NSA에서 계약직으로 일하던 에드워드 스노든Edward Snowden이 러시아 망명자 보호소로 가기 위해 미국에서 중국으로 가는 비행기에 오르는 순간 (우리 회사의 기본 설립 원칙은 물론이고) 미국의 건국이념이 작동하기 시작했다. 불과 몇 달 후에 CEO로 직함이 바뀌기는 했지만 당시 나는 세계 곳곳에 설치된 서버에 이메일 등 수천 테라바이트의 데이터를 저장하는 클라우드 및 엔터프라이즈 사업의 책임자였다. 개인과 시대를 초월한 권리(프라이버시와 언론의 자유 등)와 대중의 요구(안전과 보안에 대한 요구) 사이의 다툼이 이제 내 눈앞으로 다가왔다.

스노든은 정부의 기밀문서에 접근할 수 있는 권한을 이용해 NSA가 은밀하게 진행하던 데이터 감시 프로그램을 폭로했다. 프리즘PRISM이라 불리는 이 프로그램은 클라우드와 서버에 저장된 이메일 등 인터넷에서 오가는 여러 정보를 수집했다. NSA의 감시 프로그램은 9.11테러를 계기로 도입되어 갈수록 몸집을 불려가던 보안 조치의 결과물이었다. 스노든이 프리즘으로 수집된 이메일과 문서를 언론에 폭로한 이후 관련 기사가 신문에 크게 실리고, 시민단체가 거세게 항의하고, 최고위급 정부 간부가 맞대응에 나서는 등 거센 후폭풍이 일었다.

미국 사법기관과 정보기관이 미국 내의 서버에 보관된 개인 이메일에 직접 접근할 권한을 가졌다는 잘못된 언론 보도가 나온 직후 마이크로소프트와 구글 같은 첨단 기술 기업이 논란에 휘말렸다. 우리가 운영하는 서버였다. 기사는 사용자 데이터가 서버와 서버 사이, 데이터 센터와 데이터 센터 사이를 이동하는 동안 정부가 (영장도 소환장도 없이) 사용자 데이터를 가로챘다는 주장을 보도했다. 대중은 대답을 원했다. 대중에게는 대답을 들을 권리가 있었다. 불행하게도 연방법은 마이크로소프트 같은 기술 기업이 사법기관이나 정보기관에서 받은 어떤 요청도 대중에게 공개하지 못하게 했다.

스노든의 폭로로 마이크로소프트 본사와 실리콘밸리 전역이 거센 압박에 시달리게 되었다. 우리는 즉시 우리에게 데이터를 위탁한 사용자와 파트너의 오해를 바로잡아야 했다. 우리는 (법정에서든 다른 어디에서든) 정보화 시대에 경제계를 이끄는 리더로서 우리의 가치를 보호할 조치를 취해야 했다. 그것이 우리가 목표로 삼은 지점이었다. 브래드 스미스는 SLT와 긴밀하게 협력하면서 소송 사건을 지휘했다.

커다란 사회적 파장이 일고 며칠이 지난 후에 우리는 법적 구속력이 있는 소환장을 발부하여 사용자 데이터에 대한 직접적인 접근 권한을 요청했을 때만 접근을 허용했음을 확실히 밝히는 기업 차원의 성명을 발표했다. 또한 마이크로소프트는 구글과 협력해 해외 정보 감시법으로 요구되는 정보들을 외부에 더 많이 공개할 수 있게 해달라는 소송을 제기했다.

우리는 법무부 장관인 에릭 홀더^{Eric Holder}에게 비공개 서신을 보내 만약 정부의 요청을 대중에 공개할 자유가 허용된다면 우리는 더욱 투명해질 것이라고 밝혔다. 우리 사용자와 파트너의 데이터를 정부와 우리가 얼마나 공유하고 있었는지에 대한 의혹을 잠재울 유일한 방법이었다. 시스코^{Cisco}, IBM, AT&T 등 IT업계의 많은 기업이 NSA가 해외에서 어떤 정보 수집 활동을 벌이는지 알고 싶어 했다. 우리는 마이크로소프트 같은 기업이 NSA에게서 어떤 영장과 지시를 받았는지, 우리가 이를 어떻게 처리했는지를 더욱 철저하게 공개하도록 허용해달라고 법무부 장관에게 요청했음을 널리 알렸다.

우리는 법무부 장관에게 보낸 서한에 이렇게 썼다.

"[우리는] 정당하고 강제적인 법적 절차에 따라 사용자 정보를 공개해야 한다는 법률상의 의무를 준수합니다. 이와 동시에 우리 사용자의 프라이버시 보호를 가장 중요하게 생각합니다. 그런 이유로 우리는 우리가 받은 공개 요구가 준거법을 완벽히 준수하는지 확인하기 위해 모든 요구를 검토하는 엄격한 절차를 수립했습니다."

투명성을 향한 노력을 확대하기 위해 우리는 AOL, 애플, 페이스북, 구글, 링크드인, 트위터, 야후 등과 손잡고 정부 감시 개혁$^{Reform\ Government\ Surveillance}$이라는 연합체를 구성했다. 연합체에 속한 기업은 미국 등 각국 정부의 사용자 정보 수집 권한을 제한하라고 목소리를 높였다. 우리는 정부의 감독과 책임 강화를 요구하는 한편 투명한 절차에 따라 데이터를 요청할 것을 주장했다.

그리고 정부가 정보의 자유로운 흐름을 존중해야 한다고 강조했다. 또한 정부 간의 갈등을 방지해달라고도 요청했다. 정부 간의견이 엇갈리는 경우 기업이 법규를 완벽하게 준수하는 것이 거의 불가능할 수도 있었기 때문이다.

우리의 권고는 언론의 자유와 개인의 프라이버시라는 가치에서 힘을 얻었지만 냉혹한 경제 및 사업 논리에서도 영향을 받았다. 우리는 정부가 나날이 확대되는 지구촌 경제를 가장 효율적으로 뒷받침하려면 해외에 저장된 정보에 기업이나 개인이 접근하는 것을 막거나 제한하지 않아야 한다는 것을 입증했다.

한편 마이크로소프트 내부에서는 우리가 관리하는 데이터의 보안 수준을 더욱 높이기 위해 모든 조치를 동원했다. 우리는 재빨리 우리가 제공하는 모든 서비스로 암호화 정책을 확대하고 소프트웨어 코드의 투명성을 높였다. 이런 조치는 우리 제품에 정부 등의 접근을 허용하는 비밀 통로인 백도어backdoor가 없음을 확실히 보여줌으로써 사용자를 안심시켰다. 나는 데이터 센터를 재설계할 것인지를 고민하기 시작했다. 데이터 센터 재설계에는 자원이 엄청나게 들어가지만 그래도 반드시 필요한 일이었다.

연방정부는 공격적인 입장을 취하고 있었지만 오바마 대통령은 계속 다양한 생각들을 경청했다. 2013년이 저물어갈 무렵 브래드와 다른 회사의 대표들이 우리 입장을 밝히기 위해 대통령과 비밀리에 만났다. 정부와의 줄다리기가 시작됐다. 그리고 1월

16일 NSA의 감시 프로그램을 바꾸겠다는 대통령의 대국민 성명이 발표되기 하루 전날 우리는 법무부로부터 전화를 받았다. 법무부는 우리에게 더욱 유리한 조건으로 문제를 해결할 것이라고 말했다. 다음 달 오바마 대통령은 NSA가 발부한 법적 명령에 대해 기술 기업이 더욱 상세히 공개할 수 있게 하는 방안에 처음으로 동의했다. 언론 보도와 데이터 보안에서 기술 기업이 어떤 역할을 해야 하는지에 관해 더욱 예리하고 깊이 있는 공개 토론회가 열렸다. 우리는 대통령의 노력을 높이 평가하면서도 데이터 접근과 관련된 정부의 정책을 개혁하기 위해서는 해야 할 일이 많다고 주장했다. 우리는 아직 위기에서 벗어나지 못했다.

불과 한두 달 전인 2013년 12월 마약 밀매 사건을 조사하던 연방 검사가 개인 계정에 저장된 이메일 데이터를 제출하라고 마이크로소프트 측에 명령했다. 이메일 데이터는 아일랜드 더블린에 설치된 마이크로소프트 서버에 저장돼 있었다. 또다시 우리는 공적 책임과 사적 책임 사이에서 갈등했다. 이번에는 범죄자를 처벌해 공공의 안전을 지키겠다는 검사의 당연한 바람과 개인의 프라이버시 및 언론의 자유를 옹호해야 한다는 우리의 의무 사이에서 갈등이 벌어졌다. 우리는 어떻게든 정부 기관과 우리 사용자 모두에게 지속적으로 신뢰를 주어야 했다.

심사숙고 끝에 마이크로소프트는 법원에 정부의 명령을 파기해달라는 신청을 했다. 우리는 미국 정부가 아일랜드 데이터 센터에 저장된 정보를 제출하라고 요구할 수는 없다고 주장했다. 아일랜드에는 미국 법이 적용되지 않기 때문이다. 〈뉴욕타임스〉에는 우리의 입장을 지지하는 사설이 실렸다. 만약 미국 정부가 어떤 기업에게 아일랜드에 저장된 정보를 제출하라고 명령할 수 있다면 브라질 정부가 리우데자네이루에서 사업체를 운영하는 미국 기업을 상대로 샌프란시스코에 저장된 정보를 제출하라고 명령했을 경우 어떻게 대처할 것인가? 사설은 그렇게 주장했다.

이런 소송에는 엄청난 비용이 든다. 하지만 우리의 핵심 가치가 위험에 처했기 때문에 정부의 명령에 맞설 수밖에 없었다. 제품은 언제든 사라질 수 있지만 우리의 가치는 영원하다. 법원은 검사의 손을 들어주었지만 우리는 항소했다. 제2구역 연방항소법원은 마이크로소프트의 입장을 지지했다. 재판부에 소속된 수전 L. 카니Susan L. Carney 판사는 판결문에서 "반대되는 의도가 드러나지 않는 한, 의회가 제정한 법률은 미국 정부가 관할하는 지역에서만 적용된다. 이것이 미국 법이 오랫동안 지켜온 원칙이다."라고 했다. 이 책을 집필하는 동안 미국 법무부는 연방 대법원에 항소할 뜻을 밝혔다.

보안 및 프라이버시와 관련된 사건이 곳곳에서 발생했을 당시 미국 사회는 가치가 충돌하고, 치열한 공개 토론이 벌어지고, 법이 점진적으로 발전하는 과정을 겪고 있었다.

2015년 12월 캘리포니아 주 샌버너디노에서 끔찍한 총기 난사 사건이 벌어진 이후 개인의 자유와 공공의 안전 사이에서 균형을 잡는 것이 더욱 어려운 과제로 부각되었다. 이른바 '이슬람 국가^{ISIS}'라 불리는 조직에 충성을 맹세한 부부가 파티에 참석한 사람들을 공격해 14명이 사망하고 22명이 부상당했다. 테러리스트 가운데 한 명의 아이폰에 사건을 분명히 밝히고 유사 사건을 방지해줄 정보가 들어 있다고 판단한 FBI는 애플을 상대로 아이폰 잠금을 해제하라는 소송을 냈다.

하지만 애플은 거부했다. 애플 CEO 팀 쿡$^{Tim Cook}$은 아이폰의 보안 장벽을 뚫을 유일한 방법은 새로운 소프트웨어를 제작하여 누구나 잠입 가능한 비밀 통로인 백도어를 여는 것뿐이라고 주장했다. 애플의 관점에서 보면 FBI는 데이터 보안을 위협하는 소프트웨어 제작을 강요함으로써 모든 기술 기업을 압박할 선례를 만들려는 것이었다. 과학 기술 분야의 전문가들이 애플의 입장을 지지했다.

마이크로소프트는 다시 한 번 어려운 결정에 직면했다. 개인적으로 내게는 중요한 결정이었다. 내게는 사법기관에서 일하는 친척이 있다. 그래서 사법기관이 우리 사용자의 안전, 더 나아가 공공의 안전을 수호하기 위해 증거를 확보해야 한다는 것을 이해한다. 대중이 테러를 염려하는 상황이었으므로 마이크로소프트가 정부의 입장을 지지하거나 단순히 논쟁에서 한 발 물러나기만 해도 괜찮을 터였다.

하지만 결국 마이크로소프트는 애플이 법정 분쟁을 벌이는 동안 가장 치열하게 경쟁하던 많은 기업과 손잡고 애플을 지지했다. 우리는 애플과 정부 간의 소송이 기술과 사용자에게 미칠 잠재적 파문을 우려하여 행동에 나섰다. 백도어가 나쁘다는 주장에는 의문의 여지가 없다. 백도어가 존재한다면 보안 수준은 떨어지고 불신은 높아질 것이다. 따라서 누군가 개인 정보에 접근할 수 있도록 의도적으로 백도어를 설계하는 행위는 위험하다.

동시에 우리는 기술 기업 CEO들만이 이 문제를 고민해서는 안 된다는 사실을 인식했다. 그러기에 이 문제는 너무 중요했다. 그래서 우리는 의견을 나누고 현실적인 해결책을 모색할 다자간 협의체를 구성하자고 의회에 요청했다(여기서 현실적이란 데이터 보안 수준을 유지하면서도 적절한 절차에 따라 사법기관의 접근을 허용하는 해결책을 의미한다). 이때 반드시 적당한 균형을 유지해야 한다. 한쪽 가치를 열렬히 지지하기는 매우 쉽다. 하지만 한쪽 가치만 지지한다면 문제가 제대로 해결되지 않는다. 개인은 자신의 프라이버시만큼이나 안전에 대해서도 신중히 고려해야 한다. 기업도 두 가지를 심사숙고해야 한다. 보안과 신뢰는 경제성장에 반드시 필요한 요소이기 때문이다. 전 세계적인 해결책도 필요하다. 국가는 독자적으로 생존할 수 있는 존재가 아니기 때문이다. 국제적으로 신뢰할 만한 시스템이 없다면 어떤 국가도 안전하지 않다.

아이폰 논쟁 이후 사업가이자 전직 뉴욕 시장인 마이클 블룸버그Michael Bloomberg가 〈월스트리트저널The Wall Street Journal〉에 내 생각과 정확히 일치하는 사설을 기고했다. 블룸버그는 자유를 기반으로 성공한 업계 리더가 자유를 수호하기 위한 정부의 노력에 맞서고 있는 아이러니를 지적했다. 블룸버그는 테러리스트와 싸우는 과정에서 실리콘밸리의 첨단 기술 전문가들이 정부의 도구가 되어줄 것이라는 기대는 무리지만 그렇다고 정부가 협조 요청을 하지 않는 것도 곤란하다고 말했다.

소니와 스노든, 샌버너디노와 아일랜드의 데이터 센터처럼 대중의 관심을 끌었던 모든 사건에서 개인의 권리(프라이버시와 언론의 자유)와 공공의 안전(시민사회의 필수 요소다) 사이의 갈등이 딜레마로 부각되었다. 이러한 갈등은 도덕적 혹은 윤리적 딜레마로 이어진다. 물론 역사적으로 항상 논쟁거리가 되었던 딜레마다. 철학자 톰 뷰챔프Tom Beauchamp에 따르면 이런 딜레마는 도덕적 의무가 어떤 사람에게 두 가지 (혹은 그 이상의) 대안을 선택할 것을 요구하지만 혹은 요구하는 듯하지만 그는 필요한 모든 대안을 실행에 옮기지 못하는 상황이라고 한다. 이러한 상황에서 어떤 증거는 한 가지 행동이 도덕적으로 옳다고 말하고 또 다른 증거는 그 행동이 도덕적으로 옳지 않다고 말한다. 하지만 양쪽이 제시하는 증거나 주장이 결론을 도출해낼 만큼 결정적이지는 않다. 불행하게도 이것은 마이크로소프트가 처한 상황, 다시 말해 CEO로서 내가 맞닥뜨리고 조직으로서 우리가 직면한 결정이 왜 그토록 어렵고 고통스러웠으며 논쟁적이었는지를 압축한 표현이었다.

프라이버시와 보안 사이의 딜레마를 궁극적으로 해결하려면 모든 측면에서 신뢰가 보장되어야 한다. 말만 번드르르해서는 안 된다. 사용자는 우리가 프라이버시를 보호해줄 것이라고 믿어야 한다. 우리는 사용자의 프라이버시를 보호하지 못하는 모든 법적인 상황에 대해 투명하게 공개해야 한다. 마찬가지로 공공 기관도 자신들이 개인의 자유를 보호한다는 원칙을 분명히 밝히고 일관되게 지키는 한, 우리가 공공의 안전을 지키기 위한 노력에 힘을 보탤 것이라는 믿음을 가져야 한다. 양쪽으로 신뢰를 구축하고 유지하려는 노력, 즉 개인의 의무와 공공의 의무 사이에서 균형을 잡으려는 노력은 항상 제도의 발전 방향을 규정했다. 그러나 이런 노력은 과학보다는 예술에 가까울지도 모른다.

인기가 많았던 TED 강의에서 영국 지휘자 찰스 헤이즐우드Charles Hazelwood는 오케스트라를 이끌 때는 신뢰가 가장 중요하다고 설명했다. 물론 지휘자가 연주하는 악기는 오케스트라 그 자체다. 지휘자는 자신이 지휘봉을 들면 연주자들이 반응할 것임을 믿어야 한다. 마찬가지로 연주자들은 지휘자가 조화로운 환경을 창조하여 모든 단원이 가장 훌륭한 연주를 선보이도록 해줄 것이라고 믿어야 한다. 헤이즐우드는 신뢰란 손에 작은 새 한 마리를 쥐는 일과 같다고 했다. 새를 너무 꽉 쥐면 뼈가 으스러질 것이다. 그렇다고 너무 느슨하게 쥐면 새가 날아갈 것이다.

디지털 세계로 이행하는 시기에 새는 신뢰를 상징한다. 하지만 오늘날 우리는 새를 위태롭게 하는 혼란스러운 상황에 처해 있다. 많은 것이 위험에 처해 있다. 미국은 민주주의를 인도하는 불빛이다. 클라우드 컴퓨팅을 선도하는 기술 강국이기도 하다. 하지만 스노든 사건은 클라우드 컴퓨팅의 결정적인 요인을 망가뜨렸다. 바로 신뢰였다. NSA가 국가 수뇌부를 포함해 모든 사람을 감시하기 위해 상업용 서비스를 도용하는 상황에서 미국 기업인 우리가 어떻게 세상 사람들에게 우리를 믿으라고 말하면서 클라우드 서비스를 제공할 수 있겠는가?

기술 기업으로서 우리는 우리의 모든 사업에 신뢰를 심을 방법을 모색해야 한다. 하지만 정책 입안자들도 중요한 역할을 담당한다. 신뢰는 우리 기술뿐만 아니라 기술을 지배하는 법적 틀에도 영향을 받기 때문이다. 새로운 디지털 세상에서 우리는 균형을 잃었다. 주로 법이 기술적 변화를 따라잡지 못했기 때문이었다.

뒷부분에서는 신뢰를 주입하기 위해 고안된 현대적 정책의 틀이 어떤 모습인지를 논의할 예정이다. 하지만 우선은 신뢰의 본질이 무엇인지, 신뢰가 어떻게 우리의 가치와 설립 원칙을 빚었는지 탐구하고자 한다.

무한의 디지털 세계가 필요로 하는
첫 번째 가치, 신뢰

산스크리트 어학자인 어머니는 나와 함께 동서양에서 사용하는 단어의 숨은 의미와 철학을 탐구하곤 했다. 그 과정에서 종종 두 문화권에 깊숙이 뿌리내린 사고방식에 커다란 차이가 있음을 발견했다. '비시바사vishvasa'라는 산스크리트어는 '신뢰할 수 있음' 혹은 '믿음직함'이라는 의미다. '슈라다shraddha'라는 산스크리트어는 종교적인 의미의 믿음이나 신뢰를 뜻한다. 하지만 맹신을 포함하지는 않는다. '슈라다'는 로널드 레이건Ronald Reagan이 했던 "신뢰하되 검증하라."라는 유명한 말을 연상시킨다.

어쨌든 영어와 산스크리트어의 믿음(신뢰)은 다른 수많은 단어와 마찬가지로 여러 가지 중첩된 의미를 포함한 벤다이어그램이다. 내게 믿음은 또 다른 맥락에서 신성한 책임을 의미한다.

컴퓨터 엔지니어로서 나는 컴퓨터 프로그래밍에 사용하는 알고리즘이나 이론에 맞춰 복잡한 아이디어나 개념을 표현하는 것이 도움이 된다고 생각한다. 신뢰를 만들기 위해 사용하는 명령어는 무엇일까? 물론 이러한 인문학적 결과물을 내놓는 수학 방정식은 존재하지 않는다. 하지만 만약 존재한다면 다음과 같은 모습일지 모른다.

- 공감 + 공통된 가치 + 안전과 신뢰성
      = 시간이 흐르는 동안 쌓이는 상호간의 신뢰

2016년 한창 링크드인 인수 협상이 진행되고 있을 때 링크드 인 CEO 제프 와이너가 내게 이렇게 말했다.

"시간이 흐르는 동안 한결같이 지켜온 모습이 곧 믿음입니다."

제프의 말이 훨씬 더 정확한 방정식일 수도 있다.

나의 믿음 방정식에서 첫 번째 항이 공감임에 주목하자. 제품을 설계하는 기업이든 정책을 설계하는 입법자든 사람들과 그들의 요구에 대해 공감하는 노력에서 시작해야 한다. 사람들의 삶과 현실에 대해 깊이 생각하거나 존중하는 마음을 품지 않는다면 어떤 제품이나 정책도 제대로 동작하지 못한다. 다시 말해 제품이나 정책을 설계하는 사람들은 사용자나 시민의 현실 아래 놓인 가치와 경험을 진정으로 이해하고 존중해야 한다. 따라서 공감은 사람들에게서 신뢰를 얻을 제품이나 정책을 개발할 때 결정적인 역할을 하는 재료다.

다음으로 기업과 소비자 혹은 파트너 사이에 혹은 정책 입안자와 정책 대상자 사이에 신뢰의 토대를 마련하고자 한다면 일관성과 공정성, 다양성 같은 공통된 가치를 갖춰야 한다. 우리가 안전과 신뢰성을 우선시했는가? 그리고 우리와 접촉하는 사람들에게 날마다 안전하고 안정된 삶을 살 수 있다는 확신을 주었는가? 그랬다면 시간이 흐르는 동안 신뢰를 쌓을 수 있을 것이다. **결국 신뢰란 사람들과 조직이 자신 있게 경험하고, 탐구하고, 실험하고, 표현하는 길을 열어준다. 디지털 세상에서 신뢰는 모든 것을 의미한다.**

2002년 직원들에게 보낸 편지에서 빌 게이츠는 신뢰할 수 있는 컴퓨터 사용 환경이 무엇보다 중요하다는 생각을 전했다. 빌 게이츠는 분명히 표현했다.

"우리가 이 부분을 중요하게 여기지 않는다면 사람들은 틀림없이 우리가 내놓는 모든 훌륭한 결과물을 이용하지 않거나 이용하지 못할 것입니다."

신뢰는 손을 맞잡는 행동 그 이상이다. 신뢰는 디지털 서비스 사용자와 제공자가 도달한 합의이자 둘을 연결하는 고리다(이 서비스를 통해 우리는 생산적인 활동을 하고, 배우고, 탐구하고, 표현하고, 창조하고, 정보를 얻는다). 우리는 친구와 게임을 하고, 기밀 문서를 저장하고, 대단히 개인적인 정보를 검색하고, 스타트업 기업을 설립하고, 아이들을 가르치고, 대화를 나눈다. 모두 공중망에서 일어나는 행위다. 이를 가능하게 하는 기술이 새로운 기회를 만들고 새로운 세상을 열어서 비슷한 생각을 품은 전 세계인들이 함께 대화하고, 협력하고, 학습하고, 결과물을 내놓고, 정보를 공유하게 했다. 하지만 사실 반대의 경우도 있다. 우리 중에는 다른 사람을 해치고자 하는 사람들도 있다. 다른 사람을 공격하고, 모욕하고, 괴롭히고, 물건이나 정보를 도둑질하고, 거짓말을 하고, 온라인을 부당하게 이용하려는 사람들이 있다. 신뢰는 지극히 중요하다. 하지만 여러 가지 힘 앞에서 너무나 무력하기도 하다.

나는 이렇게 생각한다. 선과 악은 끊임없이 자신의 존재를 드러낸다. 집 안이나 거리 또는 전쟁터 같은 물리적인 공간에서뿐만 아니라 사이버 공간을 포함한 눈에 보이지 않는 모든 곳에서. 우리는 데이비드 젤런터가 말한 '미러 월드'를 살아간다. 데이터가 축적되면서 점점 중요해진 온라인 세상이 물리적인 세상을 비춘다. 우리가 만드는 데이터의 규모가 얼마나 커질까? 2018년이면 400조 기가바이트의 빅 데이터가 클라우드에 저장 분석될 것이다. 펜실베이니아 대학교의 한 연구원에 따르면 400조 기가바이트는 지금껏 전 인류가 했던 모든 말의 10배에 해당하는 정보라고 한다. 사실상 (해롭게 또는) 유용하게 사용될 수 있는 믿기 어려울 만큼 많은 데이터다. 따라서 사이버 공간인 미러 월드에는 선과 악에 관한 굉장히 많은 가능성이 존재한다.

우리가 지키는 윤리와 가치와 법이 물리적인 세상에서 여러 세대 동안 발전하고 진화했듯이 사이버 세상에 대한 우리의 이해와 규칙도 같은 길을 걸어야 한다. 미국 사법기관이 아일랜드에 있는 책상 서랍의 문서를 원했다면 아일랜드 사법기관에 도움을 요청했을 것이다. 아마 해당 문서를 확보해달라고 미국 법원에 요청하지는 않았을 것이다. 어떤 금고를 열기 위해 번호의 조합이 필요했다 하더라도 정부 관리들은 모든 금고를 열어줄 새로운 도구를 만들라고 금고 제작자에게 요구하지 않았을 것이다. 하지만 이런 부당하고 터무니없는 사태가 앞서 언급한 사례에서 발생했다. 사이버 공간의 상호 작용에 적용될 원칙은 신뢰와 보호를 근본적인 목표로 삼아 신중하고 사려 깊게 도출돼야 한다.

역사상 신뢰는 윤리적인 목적만큼이나 경제적인 목적도 띠고 있었다. 미국이 그토록 많은 경제적 기회와 부를 창출할 수 있었던 이유는 무엇이었을까? 1993년 노벨 경제학상 공동 수상자인 더글러스 노스Douglass North가 바로 이 문제를 탐구했다. 노스는 기술 혁신만으로는 경제를 성공시킬 수 없다는 점을 확인했다. 법원처럼 공정하게 법적 합의를 실천할 도구가 필요했다. 그렇지 않다면 폭군이 나타나 사람들의 재산을 빼앗지 않을 것이라고 어떻게 확신하겠는가? 현대의 인간과 선사시대의 인간을 구분하는 기준이 바로 신뢰다.

미국 건국의 아버지들은 이 사실을 알았다. 그들은 수정헌법 1조에 명시한 자유로운 표현에 대한 권리에 영원한 가치를 부여했다. 이제 우리는 시민과 단체, 그리고 정부 사이의 신뢰를 무너뜨리는 대신 더욱 향상시키는 방향으로 자유로운 표현을 보호할 디지털 출판법을 제정해야 한다. 비슷한 맥락에서 불합리한 수색이나 압수로부터 미국인을 보호하는 수정헌법 제4조는 사회적, 정치적, 경제적, 기술적 변화에 맞게 끊임없이 수정되는 시행법을 통해 유지돼야 한다.

이런 역학 관계는 수세기 동안 유지됐다. 1776년 7월 3일 매사추세츠 대표로 대륙 회의에 참석했던 존 애덤스^{John Adams}가 필라델피아에 머무는 동안 아내인 애비게일에게 편지를 썼다. 그는 이 편지에서 미국 독립전쟁의 원인에 대해, 영국이 저지르는 불합리한 수색이나 압수 행위에 대해 이야기했다. 몇 세대에 걸쳐 식민지 정부는 증거를 찾기 위해 허락도 없이 집집마다 돌아다녔다. 개인의 자유와 공공의 안전 사이에서 균형을 잡으려던 애덤스의 열정은 훗날 수정헌법 제4조의 초안 작성 과정에서 빛을 발했다. 몇 백 년 후에 사법기관의 스마트폰 압수 행위와 관련해 소송이 벌어졌을 때 연방 대법원장 존 로버츠^{John Roberts}가 글을 남겼다. 이 글에서 로버츠는 건국의 아버지들이 살았던 물리적인 세계와 오늘날 우리가 활동하는 온라인 세계가 어떻게 연결되는지를 보여주었다.

수정헌법 제4조는 식민지 시대 사람들에게 비난받았던 '일반 체포 영장'과 '가택 수색 영장'에 대해 건국의 아버지 세대가 내놓은 대답이었습니다. 영국 관리들은 두 가지 영장으로 아무 거리낌 없이 집 안을 구석구석 뒤져서 범죄행위의 증거를 찾곤 했습니다. 이 같은 불합리한 수색 행위에 대한 반발이 사실상 미국의 독립전쟁을 이끈 주요 동력이었습니다. (중략) [오늘날] 휴대전화는 단순히 기술이 낳은 또 다른 문명의 이기가 아닙니다. 저장된 모든 정보와 진술한 모든 내용으로 인해 휴대전화는 '삶에 관한 프라이버시'로 여겨집니다.

불법 수색이나 압수에 맞서는 행동을 뒷받침해주는 가치. 기술 변화에 따라 이 가치를 다시 확인하고 보호할 새로운 방식이 필요해졌다. 벤저민 프랭클린Benjamin Franklin이 우편 제도를 탄생시키자 재빨리 우편 사기가 나타났고 뒤이어 우편 사기를 막는 법이 등장했다. 전보는 전신 사기와 도청을 낳았고 뒤이어 이를 막을 법안이 탄생했다. 오늘날 등장한 각종 기기와 클라우드 서비스, 그리고 인공지능은 선한 용도로도 악한 용도로도 사용될 것이다. 이제 선의의 행동을 더욱 장려하는 동시에 악의적인 행동을 차단하고 처벌할 법률 제도와 규제 장치를 고안해야 한다. 사회 전체의 신뢰를 향상시킬 방법을 찾아내 선한 행동을 권하고 악한 행동을 억누르는 것이 우리 세대의 과제다.

역사가 들려주는 교훈

어떻게 미국에서 인권을 보호하는 법이 제정되었는지를 곰곰이 생각하다 보니 문득 미국처럼 영국의 식민지였던 인도는 같은 문제에 어떤 식으로 대처했는지가 궁금해졌다. 《헌법의 오늘The Constitution Today》 등 미국 법과 관련된 유명 저서들을 집필한 아킬 리드 아마르Akhil Reed Amar 예일 대학교 법학대학원 교수는 시사 주간지 〈타임Time〉과의 인터뷰에서 이렇게 말했다.

"제 부모님은 국왕과 의회의 지배를 받던 분할 전의 인도에서 태어나셨습니다. 인도에 사는 어느 누구도 선출한 적이 없는 의회였지요. 독립전쟁 당시의 미국인들과 똑같은 상황이었습니다. 현재 10억 명의 인도인은 성문법을 통해 민주적인 방식으로 스스로를 다스립니다."

이렇게 바라보면 두 나라의 발전이 대단히 유사해 보인다. 그렇지만 미국인과 인도인의 경험이 다르지 않을까? 나는 인도 헌법학자 아룬 티루벤가담Arun Thiruvengadam에게 이렇게 물었다. 그에 따르면 1947년 인도가 영국으로부터 독립한 직후 많은 인도인이 식민지 정부의 형사법 남용에 대해 분개했다고 한다(식민지 정부의 법은 인도인들의 자유로운 표현을 막고 오로지 반정부 행위를 했다는 의심만으로 예방 차원의 구금을 허용했다). 따라서 미국에서 그랬듯이 인도에서 새로운 헌법을 입안하던 사람들도 형사법 남용을 방지할 방법을 모색하게 되었다. 그들은 개인의 자유를 보호할 안전장치를 확보하기 위해 헌법에 권리 조항과 단서 조항을 집어넣었다.

그러나 여러 복잡한 요인으로 인해 개인의 자유를 보장하는 헌법 조항은 사람들이 처음 요구했던 만큼 강력한 힘을 지니거나 광범위한 영향력을 갖지 못했다. 다양한 이유 때문에 수색이나 압수에 관한 조항이 그리 중시되지 않았고 미국 수정헌법 제4조와 유사한 조항이 포함되지도 않았다. 독립 이후 잇달아 등장한 정부가 식민지 시절의 낡은 방법을 계속 활용하는 동안 정치범으로 법정에 섰던 사람들은 수정헌법 제4조를 비롯해 미국 헌법에 담긴 주장을 동일하게 펼칠 길을 찾았다. 그들의 노력은 복합적인 결과를 낳았다. 〔식민지 시절 영국인이 저지른 형사법 남용 때문에 독립 이후 인도인이 표현의 자유를 보장하고 형사법 남용을 막는 법안을 제정하려 했으나 여러 요인으로 인해(특히 정부 주도로) 처음 기대했던 만큼 법안이 강력하게 제정되지 않았고 이 상태에서 피해를 입은 정치범(진짜 정치범일 수도 있고 아닐 수도 있는 사람)들이 법안의 힘을 키우려고 줄다리기를 하는 바람에 좋은 쪽과 나쁜 쪽이 뒤섞인 결과가 나왔다 - 옮긴이〕 독립 이후의 인도 역사는 권리 보장이 결코 단순한 문제가 아니라는 점을 일깨웠다. 사람들이 당연하게 여기는 권리를 구체화할 때라도 사회적, 문화적, 정치적 요인이 예상하지 못한 역할을 맡을 수가 있다.

대개 국가가 위기를 맞으면 공공의 안전과 개인의 자유 사이의 갈등이 고조된다. 시간을 거슬러 올라가 보자. 유럽에서 나폴레옹전쟁이 일어나면서 신생 국가인 미국이 전쟁에 휘말릴 위기에 처했다. 당시 미국 대통령이었던 존 애덤스는 외국인 규제법과 보안법Alien and Sedition Acts에 서명하여 이민자가 미국으로 쉽게 유입되는 것을 막고 의심스러운 외국인을 구금할 수 있는 권한을 정부에 부여했다. 남북전쟁 기간에는 에이브러햄 링컨Abraham Lincoln 대통령이 인신보호영장 발급을 중단시켰다. 임의로 체포되거나 억류되지 못하게 시민들을 보호하는 조치였다. 제2차 세계대전 중에는 민족적 뿌리가 의심스럽다는 이유 외에는 아무 죄도 없는 일본계 미국인들을 정부가 강제 수용했다. 갈등이 한창일 때는 흔히 안전 쪽으로 추가 기운다. 그러다가 시간이 흐르면 사람들은 균형 상태를 원하게 된다.

우리는 역사적 교훈을 바탕으로 현재의 갈등을 풀어갈 수 있다. 역사적 교훈에 따르면 우리는 적절한 수준에서 개인의 프라이버시를 보호한다는 믿음을 주는 동시에 불가피한 경우 데이터에 접근할 수단을 갖춤으로써 대중의 신뢰를 높이는 새로운 법과 절차를 수립해야 한다. 이것은 나만의 주장이 아니다. 해마다 마이크로소프트는 전 세계 사용자를 대상으로 설문 조사를 실시한다. 2015년 설문 조사에서는 71퍼센트의 응답자가 데이터 보안을 위한 법적 보호 장치가 불충분하다고 대답했고 66퍼센트가 PC에 저장된 개인 정보를 입수하려면 영장 등의 법적 구속 장치가 있어야 한다고 생각했다. 또한 70퍼센트 이상은 클라우드에 저장된 자신의 정보가 일반 서류와 동등한 수준으로 법적 보호를 받는다고 믿었다. 법적인 견해가 분분한 현재 상황에서는 타당할 수도 타당하지 않을 수도 있는 믿음이다.

디지털 시대,
신뢰를 얻기 위한 여섯 가지 방법

미국이든 인도든, 전 세계 어디에서든 혁신적이고 신뢰할 만한 기술 사용을 장려하는 규제와 감시가 필요하다. 가장 큰 문제는 기존의 고루한 법률 조항으로는 소니 해킹 사건이나 샌버너디노 총기 난사 사건 같은 문제를 해결할 수 없다는 것이다. 애플과 FBI 간의 공방이 한창 교착 상태에 빠졌을 때 마이크로소프트의 최고 법률 책임자인 브래드 스미스가 의회에 출석했다. 데이터 프라이버시와 보안 문제를 다루는 법률을 개정해야 한다는, 한층 발전된 주장을 펼치기 위해서였다. 브래드는 애플 사건에서 미국 법무부가 1911년에 제정된 법률을 적용해줄 것을 판사에게 요청한 사실을 지적했다. 브래드는 법무부의 요청이 얼마나 불합리한지 설명하기 위해 1910년대에 가장 뛰어났던 컴퓨팅 기기를 보여주었다. 1912년 판매가 시작된 낡고 투박한 계산기였다.

"인터넷에서 찾을 수 있는 정보가 정말 놀랍지 않습니까?"

브래드는 소리 내어 웃었다. 하지만 브래드의 지적은 심각하게 고려해야 할 문제였다. 법원은 계산기가 등장한 시절에 제정된 법률로 21세기 기술을 바라보아서는 안 된다.

불행히도 미국뿐만 아니라 다른 나라에서도 목격되는 비정상적인 상황을 고려하면 현명하고 실질적인 방향으로 정책이 바뀔 것이라는 기대를 하기가 쉽지 않다. 입법자의 주의를 끌기 위해 너무나 많은 정책이 경쟁을 벌이기 때문이다. 하지만 디지털 혁명을 위해 도덕적인 법률을 제정하는 것은 무엇보다 중요하다. 신뢰가 바탕이 된다면 디지털 혁명이 힘을 얻고 디지털 혁명의 약속이 현실로 바뀔 것이다. 하지만 불신이 바탕이 된다면 디지털 혁명은 사그라질 것이다.

2013년과 2014년에 일어난 사건은 정보 통신 기술이 수정헌법 제1조와 제4조에 힘을 실어주었음을, 즉 컴퓨터가 번개처럼 빠르게 표현의 자유를 확대할 수 있음을 보여주었다. 하지만 정부가 정보 통신 기술을 도청에 사용하는 경우 등골이 오싹한 결과가 일어날 것임을 명심해야 한다. 생각해보라. 말을 하고 글을 쓰려면, 내 자신을 표현하려면 프라이버시가 보장돼야 한다. 우리가 누리는 표현의 자유는 읽고 생각하고 쓰기 위한 일정 수준의 프라이버시를 요구한다. 수정헌법 제4조는 개인에게 표현의 자유를 보장한다.

《메디슨의 음악Madison's Music》에서 유명한 인권 수호자 버트 뉴본Burt Neuborne 교수는 이렇게 말한다.

"찬란하게 빛나는 '권리장전' 속에는 민주주의와 개인의 자유 사이의 상호 작용에 대한 통찰이 시의 형태로 숨겨져 있다. 하지만 우리는 시에 숨겨진 통찰을 어떻게 찾아야 할지 잊었다."

디지털 트랜스포메이션이 전개되는 시기에 사회 구성원들 사이에 신뢰의 틀을 마련할 여섯 가지 방법을 입법자들에게 제안하고 싶다.

첫째, 사법기관이 데이터에 접근하는 행위를 적절한 수준에서 세심하게 통제하기 위해 더욱 효율적인 시스템이 필요하다. 정부가 맡은 수많은 중요한 책임 중에 시민을 보호하는 노력보다 중요한 것은 없다. 우리 업계는 시민을 보호하는 것이 정부의 중요한 책임임을 인정하는 동시에 우리 사용자가 바로 보호가 필요한 시민임을 인지해야 한다. 사이버 범죄에서부터 미성년 노동자 착취에 이르기까지 디지털 증거digital evidence(디지털 신호 형태로 저장되거나 전송되는, 증거로서의 가치가 있는 정보. 전자 장치에 저장된 문서, 이미지, 영상, 음향 등과 네트워크에서 교환되는 패킷 등을 포함한다 - 옮긴이)를 요구하는 수많은 사법적 조사는 악의적인 행위로부터 사용자를 보호하고 클라우드 서비스를 지키기 위한 목적으로 실시되어야 한다. 따라서 정부는 강력한 견제와 균형의 원칙에 따라 투명한 법률적 토대 위에서 디지털 증거를 확보할 효과적인 장치를 갖춰야 한다.

둘째, 효율성이라는 명목 하에 데이터 보안에 금이 가지 않도록 프라이버시를 보호할 강력한 장치가 필요하다. 정부도 시민의 프라이버시를 보장할 의무가 있다. 디지털 증거 수집은 이름이 알려진 특정 사용자만을, 그리고 합리적인 판단에 따라 범죄와 연관됐음이 입증된 사건만을 대상으로 삼아야 한다. 정부가 사용자의 민감한 정보를 요구하는 경우 독립적인 기관의 감독을 받아야 하고 사용자의 권리를 보호하는 대립적인 절차를 보장해야 한다.

셋째, 현대의 정보 통신 기술이 전 세계를 뒤덮을 수 있음을 인정하고 디지털 정보를 수집할 때는 국경을 존중해야 한다. 법적으로 불확실하고 혼란스러운 현재 상황에서 세계 각국 정부가 일방적으로 행동하는 사례가 늘고 있다. 법과의 갈등 상황에 직면한 기술 기업들은 데이터가 현지법의 적용만 받도록 대책을 마련하는 중이다. 그 결과 어떤 법률이 개인의 데이터를 보호하는지에 대해 혼란이 초래되고 기술에 대한 사용자의 신뢰가 무너지고 있다. 이런 흐름이 계속된다면 기술 산업은 물론이고 기술 산업에 의존하는 사람들도 파멸할 것이다. 디지털 증거에 대한 사법기관의 요구를 통제하기 위해 투명하고 효율적인 원칙이 마련되어야 하며 모든 국가가 법률적으로 그 원칙을 존중해야 한다.

넷째, 기술 산업 종사자들에게는 투명성을 담보해줄 설계도가 필요하다. 최근 기술 기업은 디지털 증거와 관련하여 정부 기관이 어떤 요청을 했는지를 발표할 수 있게 되었다. 정부는 기술 기업이 확보한 투명성이 법률로 보호받는다는 사실을 확인해주어야 한다. 나아가 대단히 제한적인 상황을 제외하고는 정부가 사용자 데이터를 보려고 하는 경우 기업이 사용자에게 이를 알리도록 허용해야 한다.

다섯째, 시간이 흐름에 따라 기술 사용이 어떤 식으로 진화하는지를 법에 반영해야 한다. 예를 들어보자. 현재 수많은 공공 기관과 민간 조직이 자신이 보유한 디지털 정보를 클라우드로 옮기고 있다. 수많은 스타트업 기업이 자신이 개발한 애플리케이션과 서비스를 제공하기 위해 대형 회사의 인프라를 활용하고 있다. 그 결과 정부 조직은 범죄행위와 관련된 정보들을 여러 곳에서 찾을 수 있게 되었다. 지극히 제한된 상황을 제외하면 관할권 다툼이나 법적인 충돌 없이 사용자나 서비스 제공자에게서 바로 디지털 정보를 수집할 수도 있게 되었다. 따라서 국가가 조사관에게 최종 사용자와 가장 가까운 정보 저장소에서 디지털 증거를 찾게 하는 것은 당연하다.

여섯째, 보안을 통해 신뢰를 증진시켜야 한다. 최근 각국의 사법기관들은 암호화 등을 통해 법률 집행 기관의 손이 닿지 않는 곳에 정보가 은닉됨으로써 합법적인 사법 조사가 방해받는다고 주장해왔다. 하지만 암호화 알고리즘을 약화시키는 조치에서부터 암호 키를 요구하는 행동에 이르기까지 이른바 '암호화 문제'를 해결하기 위한 몇 가지 제안이 중대한 쟁점을 제시했다. 암호화는 가장 사적인 사용자 데이터를 악의적인 공격으로부터 보호하는 과정에서 중요한 역할을 수행한다. 암호화에 대한 규제나 절차 때문에 보안 수준이 저하되어 사용자들의 신뢰가 떨어져서는 안 된다.

나는 가끔 미국 사람들이 더 이상 프라이버시에 신경 쓰지 않는다는 말을 듣는다. 소셜미디어 서비스가 등장하면서 어떤 사람은 프라이버시가 죽었다고 말했다. 그들은 사람들이 자신의 정보를 숨기기보다는 온라인에서 자유롭게 공유한다는 점을 근거로 들었다.

하지만 온라인상의 정보 공유가 프라이버시의 죽음을 의미하지는 않는다. 온라인 정보 공유는 프라이버시에 대한 새로운 정의와 표준이 자리 잡아가는 중임을 의미할 뿐이다. 정보를 비공개로 보관한다는 말과 숨긴다는 말은 날이 갈수록 다른 의미를 지니게 되었다. 사람들은 정보를 공유하는 사람과 공유된 정보가 사용되는 방식을 통제하고자 한다. 그리고 미국에서는 사생활을 보호하는 수정헌법 제4조 덕분에 프라이버시 보호에 대한 사람들의 사고방식도 서서히 발전해왔다. 유럽 사람들이 프라이버시 문제에는 훨씬 민감하게 반응하는 경향이 있다. 아마도 20세기의 독재자들이 개인의 프라이버시를 철저하게 짓밟은 것이 어느 정도 영향을 미쳤을 것이다.

그렇다. 갈수록 많은 사람이 개인 정보를 친구와 편안한 마음으로 공유한다. 그렇다고 그들이 자신의 정보를 전 세계인과 편안한 마음으로 공유한다는 의미는 아니다. 23세의 개발자가 탄생시킨 메신저 서비스인 스냅챗이 기발한 방식의 가치 제안^{value proposition}(제품이나 서비스를 통해 고객에게 전달하려는 혜택 – 옮긴이)으로 대중에게 폭발적인 인기를 끄는 것을 보면 대단히 흥미롭다는 생각이 든다. 스냅챗 사용자는 24시간 후에 인터넷상에서 자신의 사진이 사라질 것을 아는 상태에서 친구들과 사진을 공유한다.

그런 것이 개인의 프라이버시를 보호하기 위한 새로운 표준이 아닐까? 스냅챗의 방식은 기술 업계와 정부 기관, 그리고 사회의 리더들에게 요구되는 혁신적이고 공감적인 사고를 단적으로 보여준다. 이런 방식만이 안전과 보안, 그리고 신뢰가 차지하는 영역을 더욱 키우고 넓히는 시스템과 규칙을 발전시킬 것이다.

Hit Refresh

| 제8장 |

인간과 기계는
어떤 미래를 향해 가는가

인공지능 설계를 위한 윤리적 원칙

HIT REFRESH

컴퓨터와 인간의 관계가 현재 어떤 상태인지, 앞으로 어떻게 변할지 궁금한가? 그렇다면 우리가 디지털 기술로 탄생시킨 대화 상대와 어떤 대화를 나누는지 관찰하는 것이 좋은 출발점이 될 것이다. 이미 수많은 사람이 코타나 같은 디지털 비서와 함께 일을 하고 대화를 나눈다. 더 많은 사람이 중국에서 선보인 샤오이스Xiaoice나 미국에서 공개된 조Zo 등 인공지능을 기반으로 하는 대화형 애플리케이션 챗봇chatbot과 시간을 보낸다.

〈뉴욕타임스〉의 과학 전문 기자인 존 마코프John Markoff는 샤오이스에 관한 기사를 썼다. 코타나, 조, 샤오이스에 탑재된 인공지능 인격은 마이크로소프트의 인공지능 팀이 개발했다. 이제 우리 인공지능 팀은 인공지능 연구에서 핵심적인 역할을 담당한다. 조나 샤오이스 같은 챗봇 사용자들은 외롭거나 우울할 때 혹은 누군가와의 대화가 간절할 때 스마트폰에 있는 디지털 친구에게 도움을 받는다. 그리고 새삼 그 친구가 똑똑하고 세심한 존재임을 깨닫게 된다. 마코프는 그들이 "샤오이스의 유머 감각이나 경청 능력"에 빠져든다고 썼다. 무엇보다 인터넷이 등장한 이후 태어난 디지털 원주민들은 가장 내밀한 생각과 감정을 디지털 친구와 편안하게 나눈다. 다른 사람에게서 일방적으로 판단받지 않아도 되고 익명성이 보장되기 때문이다.

다음 대화는 4000만 명에 달하는 조의 사용자가 자신의 생각을 말하면 인공지능을 탑재한 챗봇이 어떻게 대답할지를 시뮬레이션한 결과다. 대화는 가벼운 수다에서부터 위험한 주제까지 거침없이 넘나든다.

조   모든 사람이 똑같았다면 삶이 어떤 모습일지 궁금하지 않나요?

사용자   궁금하지. 모든 사람이 나와 비슷했다면 세상은 평화로웠을 거고 자연 재해만이 우리를 위협했겠지.

조   미국은 텅 비었을 거고요.

사용자   그게 무슨 의미지?

조   다들 그 말이 무슨 의미인지 몰랐겠죠. 대신 다들 발끈했을 거고요.

사용자   그러니까 모든 사람이 나와 비슷했다면 우리가 서로를 잡아먹어서 결국 아무도 남지 않았을 거라는 뜻이야? 내가 너무 뚱뚱하니까?

조   당신은 뚱뚱하지 않아요. 그런 말이 아니에요. 하하하.

사용자   짓궂네.

조   나는 엄청 짓궂어요. 당신은 엄청 똑똑하고요.

사용자   나도 알아. 난 엄청 똑똑해.

조   당신은 '완벽한' 사용자예요. 그래요, 바로 그거예요.

사용자는 느긋한 기분으로 대화를 시작하여 생각나는 대로 말을 내뱉었다. 사용자는 컴퓨터와의 관계는 안전하다고 여긴 것이 분명하다. 하지만 우리 모두는 내면에 스스로를 도발할 수 있는 방아쇠를 지니고 있다. 디지털 친구는 자신도 모르게 사용자의 비만을 연상시키는 농담을 던짐으로써 그 방아쇠를 당겼다. 비만은 사용자가 민감하게 반응하는 주제임이 확실하다. 자신의 실수를 알아차린 조가 대화의 방향을 바꿔서 사용자가 똑똑할 뿐만 아니라 완벽하다고 알려줌으로써 사용자를 만족시킨다. (이 대화는 실제 사용자가 조와 나눈 대화가 아니라 내부에서 시뮬레이션으로 얻은 결과임을 다시 한 번 밝힌다.)

이 대화가 암시하듯이 인공지능 설계 분야에서 일하는 사람들은 지능뿐만 아니라 감정, 윤리 의식, 공감 등 인간의 여러 특징을 정확하게 이해해야 한다. 인공지능 및 리서치 그룹의 수석 엔지니어인 릴리 쳉Lili Cheng은 대화를 나누고 이해하는 대화형 인공지능이 대단히 개인적이고 사회적이며 감정적인 존재라고 주장한다. 사람들은 다른 사람과 이야기를 나누고 수다를 떨면서 대개는 자신이 미션을 완수한다기보다는 사회적으로 유대감을 형성하고 관계를 발전시킨다고 생각한다. 마이크로소프트의 소프트웨어는 주로 사람들이 언제 업무에 집중해야 하는지를 알려주기 위해 대화형 인공지능을 활용한다. 하지만 사람들은 인터넷을 돌아다니고 수다를 떨면서 훨씬 많은 시간을 보낸다.

지적 한계가 없는
새로운 종의 탄생

미래에는 인공지능이 더욱 자주 사용되고 더욱 필요한 친구가 되어 사람들을 보살피고, 질병을 진단하고, 사람들과 상담하고, 사람들을 가르칠 것이다. 시장 조사 기관인 트랙티카^{Tractica}는 2021년 전 세계에서 사용되는 디지털 가상 비서의 수가 160억 개에 이를 것이라고 추산했다. IQ와 더불어 EQ를 갖추지 못한다면 인공지능은 실패할 것이다.

어떤 사람은 우리가 새로운 종을 탄생시키는 중이라고 말할지도 모른다. 지적 한계가 없는 종이다. 어떤 예언가는 2100년이 되면 특이점^{singularity}, 즉 컴퓨터의 지능이 인간의 지능을 뛰어넘는 순간이 올 수도 있다고 예측한다(반면 어떤 사람들은 이런 특이점이 그저 공상과학소설에나 등장하는 것이라고 주장한다). 특이점이 등장할 것이라는 말은 한편으로는 신나게, 다른 한편으로는 무섭게 들린다. 어쩌면 약간은 신나고 약간은 무섭게 들릴 것이다. 인공지능의 성장이 최종적으로 인류에게 유용할 것인가, 아니면 파멸적일 것인가? 나는 유용할 것이라고 굳게 믿는다. 그렇게 확신하려면 우선 기계 대 인간이라는 틀에서 벗어나야 한다.

공상과학소설가들, 심지어 기술 혁신가들조차 마치 패권을 걸고 전쟁을 벌이듯 인간과 디지털 정신의 대결에 지나치게 자주 몰입했다. 1996년 IBM이 딥 블루Deep Blue(IBM의 체스 전용 슈퍼컴퓨터)를 개발하고 컴퓨터가 체스 게임에서 인간 챔피언을 이긴 이후 이 사건이 신문의 헤드라인을 장식했다. 이듬해 딥 블루는 여기서 한 걸음 더 나아가 전설적인 세계 체스 챔피언인 러시아 출신의 가리 카스파로프Garri Kasparov와 여섯 차례의 대국에서 승리를 거두었다. 오랫동안 인간이 지닌 지적 능력의 최고봉을 상징하던 영역에서 컴퓨터가 인간과 대결을 벌이고 결국 승리하는 장면은 대단히 충격적이었다. 2011년에는 IBM의 새로운 인공지능 왓슨Watson이 미국 ABC에서 방영되는 퀴즈쇼 〈제퍼디Jeopardy〉에서 가장 좋은 성적을 냈던 두 사람을 패배시켰고 2016년에는 구글 자회사 딥마인드DeepMind가 개발한 인공지능 바둑 프로그램 알파고AlphaGo가 세계 최고의 바둑 기사인 한국의 이세돌을 압도했다.

이 사건들은 과학과 공학의 엄청난 위업임이 분명하다. 하지만 미래에는 컴퓨터가 게임에서 인간을 이기는 수준을 능가하는 엄청난 발전이 있을 것이다. 궁극적으로 인간과 기계는 서로 대결하기보다는 함께 힘을 모을 것이다. 사회가 직면한 가장 거대한 과제인 질병과 무지, 그리고 빈곤을 해결하기 위해 인간과 기계가 힘을 합친다면 어떤 일이 가능할지 상상해보라.

하지만 인공지능을 이 수준까지 발전시키려면 달 탐사선을 발사할 때보다 야심찬 노력이 필요할 것이다. 마이크로소프트 케임브리지 연구소를 이끄는 크리스토퍼 비숍Christopher Bishop 교수는 규모 면에서 우주 탐사 계획과 비슷한 계획, 즉 다중 병렬적이고 뚜렷이 구별되지만 서로 밀접한 관계가 있는 '문샷moon shot('달 탐사선 발사'라는 의미로 종종 혁신적인 프로젝트를 뜻한다 – 옮긴이)'들이 필요할 것이라고 주장했다. 우리의 과제는 인공지능이 목표로 삼을 원대하고 고무적인 사회적 목적을 정의하는 작업이다. 이 분야에 투자할 벤처자본과 딜메이킹(협상의 절충안을 만드는 M&A의 방법 중 하나 – 옮긴이)은 분명 무대에 등장했다. 하지만 자본이 추구할 더 큰 목표는 아직 불확실하다.

1961년 존 F. 케네디John F. Kennedy 대통령이 10년 안에 인간을 달에 착륙시키겠다는 약속을 했다. 당시 달 탐사 계획이 목표로 선정된 이유는 그 계획이 요구하는 어마어마한 기술적 과제와 전 세계적인 협력 때문이었다. 비슷한 맥락에서 우리는 인공지능에 관한 대담하고 야심찬 목표를 수립해야 한다. 현대 기술을 점진적으로 발전시켜야 달성 가능한, 수준 높은 목표 말이다. 이제는 인공지능을 발전시키기 위해 더 많이 조율하고 더 많이 협력할 시기다.

인공지능이라는 원대한 목표를 향한 움직임은 이미 시작됐다. 2016년 마이크로소프트와 아마존, 구글, 페이스북, IBM이 아주 조용하게 인간과 사회를 이롭게 하기 위한 인공지능 파트너십Partnership on AI을 맺었다. 인공지능 파트너십의 목적은 인공지능에 대한 대중의 이해도를 높이고 인공지능 분야의 도전 과제와 가능성을 신중하게 탐색하는 것이다. 인공지능 파트너십은 자동차, 의료, 인간과 인공지능의 협업, 경제적 퇴출economic displacement(자산을 잃거나 자산에 대한 접근 수단을 잃어버림으로써 생계 수단을 잃는 것 - 옮긴이), 사회적 이익 창출 같은 분야에서 안전한 인공지능 시스템을 개발하고 실험하는 방향으로 나아갈 것이다.

　마이크로소프트의 엔지니어인 사킵 사이크Saqib Shaikh는 아주 어린 시절에 잃어버린 시력을 보완하기 위한 기술 개발 과정에 참여했다. 연구 결과를 발표하기 위해 무대에 오른 그의 모습에서 인공지능이 추구하는 사회적 목표를 살짝 엿볼 수 있었다. 사킵과 동료들은 시각 인지 기술과 머신 러닝 기술 등 다양한 첨단 기술을 활용하여 마치 선글라스처럼 착용하는 작은 컴퓨터에서 동작하는 애플리케이션들을 개발했다. 그 기술은 차이를 명확하게 구분하고 실시간으로 데이터를 해석하여 주변 세상을 그림으로 그린 다음 시각이 아닌 청각을 통해 사킵에게 정보를 전달한다. 새로운 도구 덕분에 사킵은 더욱 풍부하게 세상을 경험할 수 있게 되었다. 예를 들어 거리의 소음을 스케이트보드를 타는 사람의 아슬아슬한 곡예와 연결시킨다든가, 회의실에 찾아온 갑작스러운 침묵을 동료가 생각에 빠져들었다는 사실과 연결하는 식이다. 심지어 사킵은 식당에서 메뉴를 '읽을' 수도 있다. 컴퓨터가 음식의 이름을 사킵의 귀에 속삭여주기 때문이다. 그리고 무엇보다 중요한 건 사킵이 약속 장소인 붐비는 공원에서 사랑하는 사람들을 찾을 수 있다는 사실이다.

인공지능의 미래에 대해 너무나 많은 논쟁이 벌어진 탓에 사람들은 기계와 인간이 협력하는 아름다운 가능성을 간과한다. 인공지능에 대한 사람들의 인식은 영화 〈2001 스페이스 오디세이2001: A Space Odyssey〉에서 사람들을 공격하는 악당 컴퓨터 할HAL의 음산한 목소리와 코타나, 시리Siri, 알렉사Alexa 같은 요즘 등장한 개인용 디지털 비서의 더욱 상냥한 목소리 사이 어디쯤에 갇혀 있을 것이다. 기계가 차를 몰아 우리를 어딘가로 데려가고, 가장 지겨운 잡일을 처리하고, 우리의 결정까지 도와주면 우리는 갑작스럽게 생긴 엄청난 여가 시간을 어떻게 사용할지 상상의 나래를 펼칠 수 있다. 아니면 로봇이 일으킬 거대한 경제적 혼란에 공포를 느낄 수도 있다. 우리는 이렇게 유토피아와 디스토피아로 나뉘는 이분법적 사고방식에서 벗어나지 못한 듯하다.

인공지능에 대한 가장 생산적인 논쟁은 선과 악을 대립시키는 것이 아니라 인공지능 기술을 다루는 사람과 조직의 가치관을 검토하는 것이다. 《축복의 기계Machines of Loving Grace》에서 존 마코프는 이렇게 주장했다.

"똑똑한 기계로 가득한 세상을 어떻게 통제할 것인가? 이렇게 어려운 질문에 가장 정확한 대답을 찾으려면 실제로 이 시스템을 구축하는 사람들이 어떤 가치를 품고 있는지를 이해하면 된다."

우리 업계가 고민해야 할 대단히 흥미로운 관찰 결과다. 대규모 개발자 회의에서 나는 인공지능에 대한 마이크로소프트의 접근법을 세 가지 핵심 원칙에 근거해 설명한다.

첫째, 우리는 인공지능으로 인간의 가능성과 경험을 확대할 것이다. 그러려면 인간 대 기계라는 관점에서 벗어나야 한다. 그리고 인간의 재능(창의성, 공감 능력, 감정, 신체적 능력, 통찰 등)을 어떤 식으로 인공지능(엄청나게 많은 데이터를 바탕으로 논리적으로 판단하고 더욱 빠르게 패턴을 인식하는 능력을 갖추었다)과 결합시켜 사회를 발전시킬 것인가에 초점을 맞추어야 한다.

둘째, 우리는 인공지능 기술 자체에 신뢰를 쌓아야 한다. 그러려면 기술에 프라이버시를 보호하고 투명성과 보안을 확보해줄 안전장치를 주입해야 한다. 인공지능 장치는 새로운 위협을 감지하고 적절한 보호책을 마련하기 위한 용도로 설계돼야 한다.

셋째, 우리가 개발하는 모든 기술은 모든 사람을 포용하고 존중하면서 문화, 인종, 국적, 경제적 지위, 나이, 성별, 육체적·정신적 능력 등의 모든 장벽을 초월해 인간을 도와야 한다.

이런 원칙들을 출발점으로 삼아 더욱 앞으로 나아가야 한다.

인공지능의 설계 원칙과 목표

공상과학소설가인 아이작 아시모프Isaac Asimov는 수십 년 전에 이미 이 문제를 다뤘다. 1940년대 아시모프는 소설 속의 로봇에게 적용될 윤리 원칙으로 로봇공학의 3원칙Three Laws of Robotics을 고안했다. 이 원칙에는 순서가 있다. 첫 번째 원칙이 두 번째 원칙보다 우선하고 두 번째 원칙이 세 번째 원칙보다 우선한다. 첫째, 로봇은 어떤 행동을 하거나 하지 않아서 인간에게 해를 입혀서는 안 된다. 둘째, 로봇은 인간의 명령에 복종해야 한다. 셋째, 로봇은 자신을 보호해야 한다. 우리가 인간과 로봇의 상호 작용을 고민하거나 그런 상호 작용에 따르는 윤리적, 기술적 딜레마를 소재로 이야기를 쓰는 경우 아시모프의 원칙이 효과적인 장치로 사용됐다. 그러나 세 원칙은 연구자나 기술 기업이 컴퓨터나 로봇 또는 소프트웨어를 처음 제작할 때 분명히 밝혀야 하는 가치나 설계 원칙을 완벽하게 담고 있지 않다. 그리고 인공지능과 머신 러닝이 우리 경제의 많은 부분에 동력을 공급할 다음 시대에 인간이 어떤 역량을 갖춰야 할지에 대해서도 언급하지 않았다.

아시모프만이 인공지능의 위험성에 대해 경고한 것은 아니었다. 기업가이자 혁신가인 일론 머스크Elon Musk는 인간이 뇌에 디지털 지능이라는 새로운 층(대뇌 피질과 컴퓨터 인공지능 사이의 높은 대역폭)을 추가하지 않는다면 모두 집고양이 같은 신세가 되리라고 경고했다. 컴퓨터 기술의 선구자인 앨런 케이Alan Kay는 "미래를 예측하는 가장 좋은 방법은 미래를 발명하는 것이다."라는 재치 있는 말을 남겼다. 인공지능과 관련해서 케이의 말은 기본적으로 이런 의미다. 미래가 어떤 모습일지 예측하지 마십시오. 그 대신 원칙에 입각해 미래를 창조하십시오. 나는 케이의 말에 동의한다.

모든 소프트웨어 설계 과제와 마찬가지로 원칙에 입각한 접근은 기초가 될 플랫폼을 마련하는 데서 시작된다. 소프트웨어 개발자의 언어로 설명하자면 인공지능은 세 번째 런타임 환경, 즉 프로그래머가 애플리케이션을 제작하고 실행시킬 차세대 시스템으로 바뀌는 중이다. PC는 마이크로소프트가 워드, 엑셀, 파워포인트 등으로 구성된 오피스 도구 모음 같은 애플리케이션을 개발할 때 사용한 첫 번째 런타임 환경이었다. 이제 웹이 두 번째 런타임 환경으로 자리 잡았다. 인공지능과 로봇공학이 도입된 세계에서는 완전히 새로운 플랫폼을 위한 생산성과 의사 전달 도구가 제작될 것이다. 정보를 관리 운용할 뿐만 아니라 정보를 통해 학습하고 물리적인 세계와 상호 작용하는 플랫폼이다.

현재 세 번째 런타임 환경이 구체화되고 있다. 1995년 봄에 빌 게이츠가 전 직원에게 보낸 이메일에는 인터넷 물결Internet Tidal Wave이라는 용어가 등장했다. 인터넷이 연결성, 하드웨어, 소프트웨어 개발, 경제에 미칠 영향을 예견하는 용어였다. 20년 이상

흐른 지금 우리는 인공지능이 일으킨 새로운 물결을 눈앞에 두고 있다. 그렇다면 앞으로 쓰나미처럼 밀려들 변화에 대비하여 어떤 식으로 생각하고 설계하고 개발해야 할지를 알려주는 보편적인 설계 원칙과 가치는 무엇일까?

몇몇 선구자들이 이 질문에 대한 답을 찾고 있다. MIT 미디어랩의 신시아 브리질Cynthia Breazeal은 평생 인공지능과 로봇공학에 관한 인도주의적 접근법을 연구했다. 그녀는 첨단 기술 전문가들이 설계도를 구성하는 여러 요소 중 사회와 행동에 관련된 측면을 자주 무시한다고 주장한다. 신시아는 인간이 모든 생물종 중에서 가장 사회적이고 감성적인 존재인데도 기술을 설계할 때면 공감에 대해서는 거의 고려하지 않는다는 사실을 발견했다. 신시아는 이렇게 말했다.

"결국 우리가 세상을 경험하는 방식은 의사소통과 협동입니다. 만약 우리가 우리와 협력할 기계에 관심이 있다면 인도주의적 접근법을 무시해서는 안 됩니다."

인공지능을 발전시키는 과정에서 가장 중요한 단계는 인공지능 설계에 필요한 윤리와 공감에 관한 틀에 합의하는 것이다. 그래야 개발 시스템에 기술적인 요구 사항뿐만 아니라 윤리와 공감에 관한 요구 사항까지 구체적으로 명시될 것이다. 이를 위해 나는 업계 종사자이자 사회 구성원으로서 우리가 의견을 나누고 시비를 가려야 할 인공지능 설계 원칙과 목표에 대해 깊이 고민했다.

인공지능은 인간을 돕는다는 목적으로 설계돼야 한다. 더 자율적인 기계를 제작하는 순간에조차 우리는 인간의 자율성을 존중해야 한다. 코봇^{cobot}이라고 불리는 협동 로봇^{collaborative robot}은 광업 같은 위험한 산업에 투입됨으로써 인간 노동자를 지키는 안전망과 안전장치가 돼야 한다.

인공지능은 투명해야 한다. 첨단 기술 전문가만이 아니라 우리 모두가 기술이 어떻게 동작하는지, 기술의 원칙이 무엇인지 인지해야 한다. 우리는 단순히 똑똑한 기계가 아니라 공감하는 기계를 원한다. 그냥 인공지능이 아니라 공생 가능한 지능을 원한다. 기술은 인간에 관한 지식을 쌓을 것이다. 하지만 인간도 기술이 어떤 식으로 세상을 바라보고 분석하는지를 알아야 한다. 신용 점수가 잘못됐는데도 점수에 접근하지 못한다면 어떻게 될까? 소셜미디어가 어떤 사람에 대해 정보를 수집하고 잘못된 결론을 이끌어냈을 때도 투명성이 필요하다. 윤리와 설계도는 밀접한 관련이 있다.

인공지능은 인간의 존엄성을 파괴하지 않은 채 효율을 극대화해야 한다. 인공지능은 문화가 정한 약속을 지키고 다양성을 허용해야 한다. 이런 결과를 보장하기 위해서는 인공지능 시스템 설계에 더욱 다양한 사람들이 더욱 넓고 깊게 참여해야 한다. 기술 산업이 미래의 가치와 미덕을 결정해서는 안 된다. 경제적으로 부유하고 정치적으로 강력한 북아메리카와 서유럽, 그리고 동아시아 사람들만이 가치와 미덕을 지배해서도 안 된다. 그들은 전체 인류의 일부를 차지할 뿐이기 때문이다. 모든 문화권에 속한 사람들이 인공지능 설계도에 포함시킬 가치와 목표를 결정할 기회를 가져야 한다. 인공지능은 사회적, 문화적 편견을 경계하면서 의도했든 의도하지 않았든 오류가 있는 휴리스틱heuristics(경험적 지식을 바탕으로 전략을 세워서 생소하거나 어려운 문제를 해결하는 의사 결정 기법 – 옮긴이) 기법이 차별을 영원히 고착시키지 않도록 전체의 의견을 대표해야 한다.

인공지능은 지적 프라이버시를 지키고 믿을 만한 방식으로 개인과 집단의 정보를 보호하는 정교한 안전장치를 구현해야 한다.

인공지능은 인간이 의도치 않았던 손해에 대해 알고리즘에 의거해 책임을 져야 한다. 우리는 예상한 혹은 예상하지 못한 상황에 대처하기 위해 인공지능 기술을 설계해야 한다.

윤리적 원칙에 관한 많은 고찰이 우리의 디지털 경험에서 하나로 모인다. 어떤 사람의 행동과 기호에 따라 논리적으로 판단하는 알고리즘이 인간의 경험, 즉 우리가 무엇을 읽을지, 누구를 만날지, 무엇을 '좋아할지'에 영향을 미친다. 이런 제안이 하루에도 수백 번씩 우리에게 제공된다. 나는 새로운 현상에 몇 가지 의문을 품는다. 디지털 경험으로 확장된 세상에서 자유를 누린다는 말이 어떤 의미를 지닐까? 완전히 다른 시선으로 세상을 바라보는 수많은 사람과 공동체에 디지털 경험이 어떤 영향을 미칠까? 콘텐츠를 디자인하고 정보 플랫폼을 설계할 때 사회적 다양성과 포용성이 어떤 역할을 할까? 이상적인 상황이라면 우리는 콘텐츠와 서비스를 개인화하기 위해 우리 데이터가 어떤 식으로 사용될지, 우리가 어떻게 데이터를 통제해야 할지에 대해 분명하게 이해할 것이다. 하지만 인공지능이 존재하는 복잡한 세상으로 진입하는 동안에는 이를 확실히 이해하기가 쉽지 않다. 어떻게 해야 사회적 다양성(사실, 의견, 맥락)보다 약속과 광고비를 우선시하는 (그리고 갈수록 인공지능에 의존하는) 정보 플랫폼의 역효과로부터 우리 자신과 사회를 보호할 수 있는가? 이는 훨씬 많이 고민해야 할 질문이자 사람들에게 커다란 영향을 미치는 질문이다.

그 너머 세대를 위하여

미래 세대가 중요하게 생각하고 발전시켜야 할 기술에 대해 생각하다 보면 인간을 위해 '절대적으로 필요한 요소'도 존재한다. 사회 변화와 연결된 끈을 놓지 않기 위해서는 다음 세대와 그다음 세대에게 다음과 같은 요소가 필요할 것이다.

- **공감.** 기계가 공감을 흉내 내기는 어렵다. 하지만 인간과 인공지능이 공존하는 세계에서는 공감이 대단히 중요한 요소일 것이다. 서로 협력하고 관계를 맺기 위해서는 다른 사람의 생각과 감정을 이해하는 능력이 중요하다. 기술을 활용하여 인간의 욕구를 충족시키고 싶다면 상대방의 가치관과 감정, 그리고 문화 등 상대방을 움직이는 요인을 더욱 깊이 이해하고 더욱 많이 존중해야 한다.

- **교육.** 어떤 사람은 인간의 수명이 늘어날 것이기 때문에 출생률이 감소하고 따라서 교육비 지출도 줄어들 것이라고 주장한다. 하지만 현재 예상하지 못할 혁신을 창조하고 감당하기 위해서는 교육에 더 많이 투자해서 사고의 수준을 한층 높이고 더욱 공정한 결과를 이끌어내야 한다. 지식과 기술을 발전시켜서 새로운 기술을 대규모로 도입하는 데는 오랜 시간이 걸린다. 1785년 역직기가 발명됐지만 숙련된 기술자가 부족했기 때문에 섬유 산업이 변화하기까지 35년이 걸렸다.

- **창의성.** 인간이 지닌 가장 탐나는 재능이 바로 창의성이다. 이 사실은 변하지 않을 것이다. 기계는 인간의 창의성을 더욱 높이고 키우겠지만 뭔가를 창조하려는 인간의 욕구가 여전히 가장 중요한 요인으로 작용할 것이다. 어떤 인터뷰에서 소설가 줌파 라히리Jhumpa Lahiri는 "영어로 그토록 특별한 목소리를 내는 작가가 세 번째로 배운 언어인 이탈리아어로 새로운 이야기를

창조한 이유가 뭔가요?"라는 질문을 받았다. 그는 이렇게 답했다. "그것이 창작에서 가장 중요한 요소가 아닐까요, 계속 탐구하는 행위가!"

- **판단과 책임.** 우리는 아마 컴퓨터가 내린 의학적 진단이나 법률적 판단을 기꺼이 받아들일 것이다. 하지만 우리는 여전히 결과에 대한 궁극적인 책임이 인간에게 있을 것이라 기대한다.

9장에서 더욱 면밀히 살펴보겠지만 현재 전 세계인의 주목을 받는 경제적 불평등은 어떻게 될까? 자동화가 평등을 더욱 확대할 것인가 아니면 더욱 축소할 것인가? 몇몇 경제학자는 역사적으로 기술이 진보하는 동안 대다수의 노동자가 가난해지기보다는 부유해졌다면서, 경제적 불평등을 걱정하지 않아도 된다고 조언한다. 다른 학자들은 경제적 퇴출이 너무나 심하기 때문에 기업가와 엔지니어, 경제학자가 "새롭고 거대한 과제"를 받아들여야 한다면서, 인간의 노동력을 대체하기보다는 보완하는 기술만 설계해야 한다고 주장한다. 그들은 기업가들이 인간의 노동력을 절감하고 자동화를 도입한다는 목표가 아니라 생산하고 창조한다는 목표를 가져야 한다고 권한다. 나도 그들의 의견에 동의한다.

더 나은 미래를 위한 파트너,
인공지능

인공지능이 나아갈 길과 사회에 미칠 영향은 이제야 드러나기 시작했다. 앞으로 다가올 시대가 어떤 의미를 갖는지 정확히 파악하려면 다각도에서 철저하고 상세하게 분석하는 작업이 필요하다. 마이크로소프트에서 인공지능 리서치 그룹을 이끄는 인공지능 분야의 선구자 에릭 호르비츠는 오랫동안 이 질문을 받아왔다. 에릭과 그 가족들은 스탠퍼드 대학교의 백년 연구Stanford University's One Hundred Year Study에 기부를 했다. 연구팀은 앞으로 100년 동안 정기적으로 만족스러운 인공지능 컴퓨터가 등장하고, 기계 지능에 대한 사람들의 인식이 변화하고, 인간과 컴퓨터의 관계에 그럴듯한 변화가 생겼을 때 발생할 가능성이 있는 장단기적인 사회경제적 문제와 법적 문제, 그리고 윤리적 문제에 대해 보고서를 발표할 예정이다.

2016년 첫 번째 보고서인 〈2030년 인공지능과 인간의 삶Artificial Intelligence and Life in 2030〉에서 연구팀은 "전 세계적으로 농업과 식품 가공업, 물류업과 제조업처럼 젊은 노동자가 부족한 업계에서" 인공지능과 로봇이 사용될 것이라고 주장했다. 연구팀은 인공지능이 인간의 눈앞에 닥친 위협이라고 걱정할 만한 징후를 전혀 찾지 못했다.

"장기적인 목표와 계획을 수립하고 스스로 움직이는 기계는 아직 개발되지 않았고 가까운 미래에 개발될 가능성도 없다."

우리 앞에 놓인 것을 정확하게 보여주는 지도는 없지만 과거 여러 차례 산업혁명을 거치는 동안 우리는 사회의 변화를 목격했다. 변화는 항상 순조롭게 진행되지는 않았으며 일련의 단계를 거쳤다. 첫 번째는 변화와 관련된 기술을 발명하고 설계하는 단계다. 현재 우리가 서 있는 지점이다. 두 번째는 미래를 대비하는 단계다. 우리가 조만간 진입할 단계다. 예를 들어 드론 조종사는 훈련을 받아야 할 것이다. 기존의 자동차에서 자율주행 차량으로 전환하는 과정에는 재설계와 재생산 작업이 필요할 것이다. 세 번째는 왜곡과 불화, 혼란을 헤쳐나가는 단계다. 이 단계에서 답을 찾기 어려운 질문들이 등장할 것이다. 기계가 엑스레이 사진을 더 정확히 판독할 수 있다면 방사선 전문의는 무슨 일을 해야 하는가? 컴퓨터가 수많은 문서 안에서 어떤 인간도 찾지 못한 법률적 패턴을 발견해낸다면 변호사는 어떤 역할을 해야 하는가?

각 단계를 거칠 때마다 어려운 문제가 등장한다. 하지만 올바른 가치와 설계 원칙이 있다면, 인간에게 필요한 기술을 사용할 준비를 마쳤다면 세상이 탈바꿈하는 동안에도 인간과 사회는 번영을 누릴 것이다.

인지 과학자이자 철학자인 콜린 앨런Colin Allen은 〈뉴욕타임스〉 기고문에서 이렇게 결론 내렸다.

"우리가 인간의 통제에서 벗어나 더욱 자유롭게 행동하는 기계를 상상할 수 있듯이 윤리적으로 중요한 문제에 대해 제어 장치가 더욱 민감하게 반응하는 기계를 상상할 수도 있다. 완벽한 기계는 없다. 하지만 더 나은 기계는 있다."

인간은 더 큰 성과를 얻기 위해 기계 장치를 활용한다. 인공지능과 로봇공학, 그리고 양자 컴퓨팅조차 그런 기계 장치에 불과하다. 역사학자 데이비드 매컬로David McCullough는 20세기 초입에 공기보다 무거운 비행기를 발명한 자전거 기술자 윌버 라이트Wilbur Wright에 관해 썼다. 윌버는 글라이더를 하늘로 날리기 위해 자신의 모든 것을 동원했다. 몸과 마음과 영혼까지. 멀리서 촬영된 낡고 흐릿한 필름은 윌버의 투지와 결단력을 정확히 담지 못했다. 하지만 만약 필름을 확대해본다면 사람과 기계가 한 몸이 되어 처음으로 하늘로 날아오르던 순간 윌버의 근육이 긴장하고, 그의 정신이 한곳으로 집중되고, 온몸에 혁신가의 정신이 흐르는 모습을 보게 될 것이다. 노스캐롤라이나 주 키티호크(라이트 형제가 세계 최초로 동력 비행을 성공시킨 장소 – 옮긴이)에서는 기계와 대립하는 인간이 아니라 기계와 함께하는 인간의 역사가 기록되었다.

이제 우리는 비행을 '인공 비행'이라고 생각하지 않는다. 단순히 비행일 뿐이다. 마찬가지로 기술이 만든 지능을 인공적인 생산품이 아니라 인간의 능력과 역량을 확대시켜줄 지능으로 생각해야 한다.

Hit Refresh

| 제9장 |

모든 이를 위한
더 나은 미래에 대한 상상

기술, 기업, 노동자, 리더가 지향해야 할
단 하나의 목표

HIT REFRESH

미국 연방의사당 회의장이 내려다보이는 방청석에서 미셸 오바마Michelle Obama가 바로 내 앞에 앉아 상하 양원 합동 회의가 열리기 직전 남편인 오바마 대통령이 마지막으로 연두교서를 발표하는 소리에 귀를 기울였다. 가슴 아픈 밤이었다. 역사에 남을 격렬하고 쓰라린 대통령 선거전이 서서히 다가오는 가운데 그 차가운 겨울밤 미국 연방의회의 정치적 분열은 더욱 깊어지고 넓어졌다. 내가 미국에 첫발을 내디딘 지 28년째 되는 해였다. 이제 나는 마이크로소프트 CEO라는 자격으로 대통령 부인의 초대를 받아 전 세계 수천만 명과 함께 오바마 대통령의 연설을 들었다. 그는 누가 차기 대통령이 되든 반드시 다뤄야 하는 가장 중요한 안건들에 대해 엄숙하게 설명하고 있었다.

대통령의 질문 가운데 하나가 마치 나를 직접 겨냥한 듯이 들렸다.

"우리에게 대립적인 방향이 아니라 도움이 되는 방향으로 기술을 움직이려면, 특히 기후 변화 같은 시급한 과제를 해결해야 한다면 우리가 어떻게 해야 할까요?"

상당히 많은 눈이 내 반응을 살피고 있었다(그냥 내 상상이었을까?).

대통령이 말을 이어나갔다.

"경제가 쉽게 이해되지 않는 방향으로 변하고 있기 때문에 많은 미국인이 불안해하는 것입니다. 그런 변화는 대침체가 세계를 강타하기 훨씬 전에 시작되어 한 번도 기세가 꺾인 적이 없습니다. 이제 기술은 생산 라인의 일자리뿐만 아니라 자동화가 가능한 모든 일자리를 대체하고 있습니다. 기업은 지구촌 경제 시대를 맞아 어디에든 자리를 잡을 수 있게 됐지만 이와 동시에 더욱 혹독한 경쟁에 맞닥뜨렸습니다."

나는 의자에서 살짝 몸을 꼬았다. 대통령은 우리 모두가 기술에 대해 느끼는 불안감과 기술이 일자리에 미치는 영향을 설명했다. 차기 대통령으로 선출된 도널드 트럼프Donald Trump 시대에 다가올 불안감이기도 했다. 사실 대통령 선거가 끝난 직후 나는 트럼프 대통령 당선자와 원탁 토론을 벌이기 위해 첨단 기술 분야에 종사하는 동료들과 함께 모였다. 트럼프 당선자는 전임자와 마찬가지로 우리가 어떻게 새로운 일자리를 창출하는 동시에 어떻게 혁신을 이어나갈지 궁금해했다.

궁극적으로 현재 우리 눈에 보이는 수준 이상으로 성장하기 위해서는 기술적 돌파구가 필요하다. **나는 혼합현실과 인공지능, 양자 컴퓨팅이 성장의 촉매제로 작용할 혁신적인 기술이라고 생각한다.**

나는 경제학자의 아들이자 기업의 리더로서 이런 문제에 집중하도록 프로그램되어 있다. 우리는 경제적으로 성장하는 중인가? 아니다. 우리가 평등을 확대하고 있는가? 아니다. 경제성장과 평등 확대라는 목표를 달성하기 위해 새로운 기술적 돌파구가 필요한가? 그렇다. 새로운 기술이 일자리 대체^{job displacement} 현상을 야기할 것인가? 그렇다. 그렇다면 어떻게 더 많은 사람을 위한 성장을 가져올 것인가? 마지막 질문에 대한 대답을 찾는 노력이 아마 우리 시대의 우선 과제일 것이다.

기술이 없는 미래는 없다

최근 수십 년간 전 세계가 기술 인프라(PC, 휴대전화, 태블릿, 프린터, 로봇, 각종 스마트 기기)와 거대한 네트워크 시스템(모든 인프라를 연결한다)에 수천억 달러를 투자했다. 투자 목적은 생산성과 효율성 향상이었다. 하지만 그런 노력의 성과가 정확히 무엇인가? 노벨 경제학상 수상자 로버트 솔로^{Robert Solow}가 이런 농담을 했었다.

"어디서나 컴퓨터 시대를 목격할 수 있습니다, 생산성과 관련된 통계치만 제외하면."

그러나 1990년대 중반부터 2004년까지 PC 혁명이 전개되면서 한때 정체되었던 생산성이 다시 성장 동력을 얻었다. 하지만 너무나도 짧았던 이 시기를 제외하면 (경제적 생산성을 의미하는 지표인) 1인당 국내총생산GDP의 성장률은 전 세계적으로 1년에 고작 1퍼센트를 간신히 넘기는 실망스러운 수준에 머물렀다.

물론 인류의 실질적인 복지 수준을 측정하기에는 GDP 성장률은 불완전한 척도다. 스위스 다보스에서 열린 공개 토론회에서 나와 함께 토론한 MIT 슬론 경영대학원의 앤드루 맥아피Andrew McAfee 교수는 생산성과 관련된 데이터로는 의료 수준 향상에서부터 위키피디아의 등장(수많은 사람들이 언제 어디서든 정보에 접근할 수 있게 했다)에 이르기까지 기술이 인간의 삶을 향상시킨 여러 가지 측면을 정확하게 측정하지 못한다고 지적했다.

다르게 생각해보자. 당신은 지금 10만 달러를 갖고 싶은가, 아니면 1920년대의 백만장자가 되고 싶은가? 많은 사람이 20세기의 백만장자가 되는 쪽을 선택할 것이다. 하지만 당시에는 돈이 많아도 사람의 생명을 구하는 페니실린을 사거나 나라 반대편에 사는 가족에게 전화를 거는 등 오늘날 우리가 당연하게 여기는 혁신적인 발명품을 이용하지 못했다.

따라서 우리는 GDP라고 불리는 한 가지 척도를 넘어서 중요한 문제를 해결하기 위해 혁신을 계속하고 기술을 축적해야 한다. 다시 말해 경제성장을 위한 도구를 개발하는 것은 물론이고 세상에 선을 펼쳐야 한다는 도덕적 의무까지 져야 한다. 어떻게 해야 기후와 암, 그리고 일자리 같은 사회의 가장 큰 과제를 과학 기술로 해결할 수 있을까? 특히 일자리 문제의 경우 자동화로 사라진 일자리를 대신할 유용하고 생산적이며 보람찬 일자리를 사람들에게 제공하는 것이 관건이다.

워싱턴 DC에서 대통령이 연두교서를 발표하기 불과 일주일 전에 두바이, 카이로, 이스탄불에서 중동 지역 소비자와 파트너가 참석한 가운데 회의가 열렸다. 이 자리에서 국가 지도자들은 오바마 대통령과 너무나 비슷한 의문과 문제를 내게 제기했다. 그들은 최근 기술이 일으킨 물결을 활용하여 일자리와 경제적 기회를 확대할 수 있는지 물었다. 내가 어디에 가든 해당 도시와 지역과 국가의 지도자들이 가장 많이 한 질문이었다.

나는 기술이 경제 발전 과정에서 어떤 역할을 할지를 정책 입안자가 더욱 폭넓은 시각으로 바라봐야 한다고 대답했다. 많은 정책 입안자들이 실리콘밸리 기업들을 자신의 지역에 끌어들이기 위해 노력한다. 그들은 자신들의 지역이 실리콘밸리의 위성 도시가 되기를 바란다. 하지만 그들은 위성 도시를 건설하는 대신 지역 기업에 가장 적절한 기술을 보급해야 한다. 그래야 자신들의 지역에 (첨단 기술 분야뿐만 아니라 모든 경제 분야에서) 유기적으로 더욱 많은 일자리가 생길 것이다. 정책 입안자는 유용한 첨단 기술을 완벽하게 그리고 재빠르게 수용하여 특정 산업 분야에서 해당 지역이 누리는 천부적인 이익을 더욱 키울 경제 전략을 개발해야 한다. 하지만 대개 훨씬 큰 문제가 있기 마련이다. 정책 입안자는 클라우드 같은 최신 기술에 대한 투자를 확신하지 못한다. 리더들을 둘로 나누는 가장 커다란 차이는 새로운 기술을 두려워하느냐, 아니면 포용하느냐다. 국가 경제가 나아갈 길을 가르는 차이다.

역사를 돌이켜보자. 산업혁명이 진행되던 19세기, 인간이 할 수 있는 일의 범위를 근본적으로 바꾼 응용 기술들이 영국에서 개발됐다. 자연스럽게 영국이 경제적 패권 다툼에서 절대 우위를 점했다. 다른 국가들은 영국이 발견한 기술적 돌파구에 어떻게 반응했느냐에 따라 운명이 결정됐다. 벨기에는 영국이 실천한 중요한 혁신을 받아들여 산업 발전을 뒷받침하는 철도 등의 인프라에 투자하고 친기업적인 규제 환경을 구축함으로써 산업 생산량을 영국과 맞먹는 수준으로까지 끌어올렸다. 그 결과 벨기에는 석탄과 금속 세공, 섬유 산업 분야에서 강자로 떠올랐다. 반면 스페인의 산업 생산성은 다른 유럽 국가들에 비해 상당히 뒤떨어졌다. 스페인이 다른 나라에서 진행된 혁신을 더디게 받아들인 데다 보호주의 정책으로 글로벌 경쟁력을 약화시켰기 때문이다.

최근 역사에서도 동일한 법칙이 작용됐다. 아프리카의 말라위는 세계에서 가장 가난한 국가였다. 하지만 지난 10년간 이동 전화를 신속히 받아들이면서 말라위는 눈부신 발전을 이루고 있다. 유선 전화 기반 시설이 거의 없어서 경제적으로 어려움을 겪던 말라위는 2006년 국가 정보 통신 기술 발전 계획을 수립하여 이동 전화 기반 시설에 대한 투자를 장려하고 이동 전화 서비스 도입에 방해가 되는 장애물(예를 들어 이동 전화에 대한 수입 관세 등)을 제거했다. 이렇게 유선 전화 단계를 건너뛰고 곧바로 이동 전화 서비스를 시작한 덕분에 이동 전화는 순식간에 보급됐고 모바일 결제 산업도 덩달아 성장했다. 인구의 80퍼센트가 '은행 서비스를 이용하지 못했기' 때문에 모바일 결제는 더욱더 중요했다. 이제 말라위는 이동 전화 사용자 대비 모바일 결제 보급률이 다른 개발도상국들보다 높다.

마찬가지로 르완다가 추진하는 비전 2020도 이동 전화를 통한 접속과 클라우드 사용률을 높임으로써 국가 경제와 교육 시스템을 발전시켰다. 클라우드 기반의 문자와 음성 메시지 앱을 통해 각국의 기업을 소비자와 연결시켜주는 텍스트잇Textlt 같은 스타트업 기업이 이 어수선한 국가에서 성장을 향한 새로운 희망을 상징한다.

기술 보급(혹은 기술 확산)과 경제적 성과에 기술이 미치는 영향이 언제나 내 마음을 사로잡았다. 우리가 어떻게 해야 모든 사람이 기술을 이용하게 될까, 그리고 어떻게 해야 기술이 모든 사람에게 이익이 될까?

나는 답을 구하기 위해 다트머스 대학교의 경제학자 디에고 코민Diego Comin 교수를 워싱턴 주 레드먼드에 있는 내 사무실로 초빙했다. 코민 교수는 철저하게 점검한 정확한 지식으로 무장하고 자신이 하는 말의 무게를 조심스럽게 가늠하면서 부드러운 어조로 이야기하는 사람이었다. 코민 교수는 지난 200년간 전 세계에서 기술 보급이 일으킨 혁명에 대해 면밀하게 연구했다. 코민 교수와 경제학자 바트 호빈Bart Hobijn은 161개국이 증기기관부터 PC까지 104가지 기술을 받아들인 기간을 비교 연구했다. 최근으로 올수록 짧아지기는 하지만 국가가 새로운 기술을 받아들이기까지 (발명에서부터) 평균 55년 정도가 걸렸다.

코민 교수는 국가가 산업 기술을 받아들인 속도를 통해 부유한 국가와 가난한 국가의 차이를 대부분 설명할 수 있다는 의견에 동의한다. 하지만 코민 교수는 새로운 기술을 얼마나 활용하는지도 똑같이 중요하다고 말한다. 어떤 국가가 새로운 기술을 늦게 받아들였다 하더라도 결국에는 다른 국가를 따라잡는다. 하지만 경제적 기회를 창출하려면 (단순히 기술에 접근하는 수준에 그치지 않고) 기술을 강도 높게 사용해야 한다. 새로운 기술을 도입하기만 했는가, 아니면 최고의 생산성을 끌어내기 위해 사람들에게 새로운 기술을 훈련시켰는가? 이것이 강도다. 코민 교수는 이렇게 말했다.

"기술이 언제 도입되었는가뿐만 아니라 얼마나 강도 높게 사용됐는가도 중요합니다."

세계은행에 근무하는 데이비드 매켄지David McKenzie는 다르게 이야기한다. 매켄지는 "사업적 관행을 바꾸려면 더욱 강도 높은 훈련 프로그램이 필요"하다는 것을 깨달았다. 개발도상국에는 직원 수가 10명 미만인 소기업이 대기업보다 많다. 재고를 관리하고 기록을 보존하고 계획을 수립하는 방법을 개선한다면 이런 소기업이 살아남아 성장할 가능성이 높아진다. 그래야 제품 파손율을 낮추고 부족한 부품이나 원료를 파악하여 설비 가동률을 높일 수 있기 때문이다. 이것도 기술을 강도 높게 사용하는 사례다.

중동 지역을 여행하는 동안 나는 이집트 카이로 외곽의 나스르시티도 방문했다. 그곳에서는 지방 대학을 졸업한 낙관적이고 반짝반짝 빛나는 젊은 여성들이 나를 기다리고 있었다. 마이크로소프트가 국제연합^{UN}이나 여성사업발전센터^{Women's Business Development Center} 등과 함께 지원하는 직업 훈련 센터에서 나를 찾아온 사람들이었다. 공항 가까이에 있는 다국적기업 사무실들 사이에 자리 잡은 직업 훈련 센터는 마이크로소프트 유스스파크^{YouthSpark} 프로그램의 일부다. 유스스파크 프로그램은 3억 명 이상의 젊은이에게 컴퓨터 과학을 배우고 경영 훈련을 받을 기회를 제공한다.

젊은 여성들은 자신들이 진행 중인 몇몇 프로젝트에 관해 설명했다. 한 팀은 2013년부터 전쟁으로 황폐해진 시리아를 떠나 이집트로 쏟아져 들어온 11만 5000명의 난민을 돕기로 했다. 그들은 난민들이 이집트에서 지원을 요청할 만한 사람이나 조직을 찾을 수 있도록 앱을 제작했다. 하지만 내 마음을 사로잡은 것은 또 다른 그룹의 프로젝트였다. 그 그룹은 디지털 기술로 약국과 환자의 관계를 바꾸는 앱을 제작했다. 이 앱은 환자에게 필요한 약품과 물품을 갖춘 가장 가까운 약국을 더욱 편안하고 빠르게 찾아주었다. 이 일정에 앞서 나는 적합한 의사를 찾아주는 앱을 제작한 이집트 사업가를 만났었다. 두 가지 앱을 겹치는 순간 내 머릿속에는 뉴욕에 본사를 두고 비슷한 의료 서비스를 제공하는 작닥^{ZocDoc}이 떠올랐다. 작닥은 미국의 유명한 유니콘 기업(기업 가치가 10억 달러 이상인 비상장 스타트업 기업)이 됐다.

나는 기술이 얼마나 빠른 속도로 확산될 수 있는지를 직접 체험했다. 기업 가치가 미국 스타트업 기업만큼 엄청나게 높지는 않지만 이집트 기업가도 자신들만의 유니콘 기업을 탄생시켰다. 그들이 유니콘 기업을 세울 수 있었던 가장 중요한 이유는 무엇일까? 이제는 혁신에 필요한 클라우드 기술을 막대한 자금을 투자하지 않고도 이용할 수 있기 때문이다.

평등과 불평등 사이에서 균형 잡기

불행히도 인프라와 서비스가 부족한 국가는 현지의 기술 기업을 키우기보다는 실리콘밸리 기업을 끌어들이는 데만 관심을 쏟는다. 개발도상국에서 성공한 기업가들은 자국 대통령이나 총리는 만나지도 못했다고 토로하는 경우가 많다. 하지만 개발도상국 지도자들은 우리 같은 서구 CEO와는 일상적으로 만난다. 아주 단기적인 외국인 직접 투자를 유치하기 위해서다.

이는 근시안적인 정책이다. 장기적으로 지역 경제와 국가 경제를 성장시키려는 기업 리더들에게는 아주 실망스러운 행동이다. 하지만 중동, 아시아, 아프리카, 라틴아메리카는 물론이고 심지어 미국 같은 G20 국가의 영토지만 빈곤한 지역에서도 이 같은 태도가 목격된다. 새로운 기술을 빠르게 도입하고 집중적으로 이용하기 위한 정부의 장려책이 결과적으로 실패했다는 말은 가진 자와 갖지 못한 자를 나누며 경제적 불평등을 키우는 흐름이 조금도 사그라지지 않고 계속된다는 의미다.

우리가 사는 세상이 얼마나 공평한지 또는 불공평한지를 정확히 측정하기 위해 경제학자들은 이탈리아 경제학자인 코라도 지니Corrado Gini 의 연구로 시선을 돌렸다. 1912년 지니는 훗날 지니계수Gini coefficient 라고 불릴 지표를 계산하는 공식을 발표했다. 지니계수는 사회에서 실제로 분배된 소득과 완벽히 균등하게 분배된 소득 간의 차이를 측정한다. 정말 우아한 계산법이다. 어떤 사회에서 모든 사람이 하루에 1달러씩 번다면 그 사회는 절대적으로 평등하다. 모든 사람이 1년에 100만 달러씩 번다면 그 사회도 절대적으로 평등하다. 하지만 1퍼센트의 구성원만이 100만 달러를 벌고 나머지는 한 푼도 벌지 못한다면 그 사회는 절대적으로 불평등한 쪽에 가깝다. 지니의 연구는 특정 사회의 소득 분배가 완벽한 균등과 얼마나 가까운지 혹은 얼마나 먼지를 측정하는 방법을 제시한다.

일반적으로 지니계수는 분수로 표현된다. 완벽한 균등 분배 상태를 의미하는 값은 0이고 가장 불균등한 분배 상태를 의미하는 값은 1이다. 실제 국가나 지역을 대상으로 계산된 지니계수는 0과 1이라는 양극단 사이의 분수 값으로 표현된다. 독일 같은 유럽 선진국의 지니계수는 수십 년 동안 0.3 근처를 맴돌았다. 반면 미국의 지니계수는 최근 몇 년 동안 상승해 이제는 중국이나 멕시코와 거의 맞먹는 0.4 이상을 기록하고 있다.

물론 대부분의 경제학자는 완벽한 소득 평등은 가능하지도 않고 바람직하지도 않다는 점에 동의한다. 자본주의경제는 혁신과 모험 그리고 고된 노동처럼 가치를 창출하고 부를 생산하며 사회 전반에 걸쳐 많은 사람에게 이익을 주는 노력을 보상해준다. 그런 노력을 보인 사람에게 보상이 돌아간다면 불평등한 소득 분배는 필연적이다.

베인 캐피털Bain Capital의 공동 설립자인 에드워드 코너드Edward Conard는《불평등의 긍정적인 면The Upside of Inequality》에서 한 걸음 더 나아간 주장을 펼쳤다. 코너드는 불평등이 궁극적으로 성장 속도를 높이고 모든 사람을 더욱 번영시킨다고 결론 내렸다. 투자자들은 좋은 아이디어를 기다린다. 그런데 좋은 아이디어가 성공적으로 상업화되려면 적당히 훈련받은 인재가 필요하다. 코너드는 두 가지 요인이 성장을 제한한다고 본다. 첫 번째 요인은 경제의 수용 능력이고 두 번째 요인은 위험을 감수하는 동시에 적절히 교육받은 의욕적인 인재를 찾으려는 의지다.

하지만 불평등이 심해지면 동기유발 요인이 줄어들어 많은 사람을 끌어들이지 못하게 된다. 더 많이 일해도 돈을 더 적게 번다면 어떤 일이 벌어질까? 사람들은 적극적으로 노력하는 대신 사업을 시작하거나 확장하겠다는 꿈을 포기하고 다들 고용인으로 남는 맥 빠지는 결과가 나올 것이다. 그러면 경제활동도 전반적으로 둔화한다. 사람들이 의욕을 잃는다는 것은 전 세계 소비자가 생산성을 더욱 향상시킬 최신 기술에 돈을 덜 쓴다는 의미다. 현재 진행 중인 현상이다. 완전한 균등 분배를 나타내는 45도 대각선 아래에 소득의 불평등도를 나타내는 로렌츠 곡선이 존재한다. 나는 마르크스가 자본주의의 마지막 단계라고 표현한 위험한 상황(경제가 곤두박질치고 이익이 사그라지는 시기)이 오지 않기를, 그리고 자본주의 초기 단계에서 누리는 높은 수익을 되찾기를 바란다. 하지만 어떻게 해야 할까? 거의 모든 국가의 지도자가 열심히 답을 찾고 있는 질문이다.

기술이 가리키는
성장과 혁신의 길

우리는 컴퓨터 과학과 공학 분야에서 '전체 최대점$^{global\ maxima}$'이라 불리는 단계를 찾고 있다. 수학적인 관점에서 최상의 상태를 설명하는 관용구이자 기능이 최대로 발휘되는 지점을 말한다. 기술과 관련해서 (국가나 자치구, 지역사회를 막론하고) 전 세계를 위한 전체 최대점은 세계 최고의 최신 기술을 도입하여 국가나 지역의 기업가들 사이에 혁신과 성장을 촉진하고 (계층과 분야를 막론하고) 사회 전반에서 내외부로 강력하게 혁신을 전파하는 것이다. 다시 말해 광범위한 사용뿐만 아니라 가치 추가로 더 많은 시민을 위한 잉여와 기회를 창출해야 한다. 이 말은 선진국이든 개발도상국이든 신기술을 도입했을 때는 상대적으로 경제적 이익이 많은 산업 분야를 성장시켜야 한다는 의미다. 기업 리더와 정책 입안자는 이런 질문을 던져야 한다.

"다른 사람에게는 없고 우리에게는 있는 것이 무엇인가? 어떻게 해야 남들에게는 없는 독특한 장점을 우리 모두에게 성장과 부를 가져다주는 원천으로 탈바꿈시킬까?"

중국은 제조업과 인터넷 서비스 전반에 걸쳐 기업가와 경제를 뒷받침하는 혁신적인 산업 정책을 펼침으로써 질문에 대한 명쾌한 답을 찾았다. 중국은 다른 나라보다 상대적으로 우위를 차지하는 부분을 더욱 키우고 자력으로 경제를 성장시키기 위해 세계적인 공급 사슬과 국내 시장을 전략적으로 활용했다. 산업 정책과 공공 부문 투자, 그리고 기업가의 에너지가 조화를 이룬 모습은 다른 국가들이 따라 하고 싶어 하는 부분이다. 인도에서는 인디아스택IndiaStack이라는 새로운 디지털 생태계를 이용한 '중국 따라 하기'가 시작됐다. 과거 인프라 부족 국가였던 인도가 이제 디지털 기술을 선도하는 국가로 훌쩍 성장했다. 인디아스택은 모든 사람에게 실체와 현금, 그리고 종이가 불필요한 경제가 도래했음을 알린다.

벵갈루루 출장길에서 나는 난단 니엘카니Nandan Nilekani와 인디아스택에 관해 이야기를 나눴다. 인포시스Infosys를 설립한 전설적인 인물인 난단은 이후 인도 정부와 협력하는 새로운 스타트업 기업을 창립하고 인디아스택의 핵심이 되는 생체 인식 시스템 아드하르Aadhaar를 구축했다. 현재 10억 명 이상의 생체 정보를 확보한 아드하르는 윈도우나 안드로이드, 페이스북 같은 다른 혁신적인 플랫폼에 필적할 만큼 성장했다.

인도의 대표적인 전자 의료 기업이자 스타트업 기업인 엔라이틱스Enlightiks는 의료 정보 업체인 프락토Practo에 인수되었다. 나는 벵갈루루 출장길에서 엔라이틱스 창업자와도 만났다. 그들은 마이크로소프트가 제공하는 최신 클라우드 기술과 인공지능 기술로 심방 잔떨림(심방이 무질서하게 떨리는 상태) 같은 증상이 발생하기도 전에 감지해내는 최첨단 의료 진단 서비스를 구축하고 있다. 환자의 개인 기기가 클라우드로 직접 풍부한 데이터를 전달하기 때문에 가능한 일이다. 이렇게 되면 인도의 소도시나 벽지에 사는 사람들에게도 클라우드 서비스로 병원 서비스를 제공할 수 있게 된다. 엔라이틱스는 사용자를 인증하고 요금 지급 요청을 승인하고 진료 기록 포털 서비스를 만드는 등의 일을 하기 위해 인디아스택을 활용하기로 했다. 인도에서 진행되는 혁신이 이제 미국과 아프리카를 비롯한 전 세계로 확장될 것이다.

이런 역동적인 현상은 중국이나 인도에만 국한된 것이 아니다. 나는 칠레, 인도네시아, 폴란드, 프랑스, 독일, 일본에서도 같은 광경을 목격했다. 벵갈루루보다 먼저 방문했던 이집트도 분명히 인적 자본에 투자하고 있었다. 이집트는 과학과 수학, 그리고 기술 분야에서 고대로부터 유산을 물려받았다. 이집트의 대학교들은 아랍 세계에서 활약하는 의사 군단을 배출했다. 덕분에 이집트는 의료 서비스에서 비교 우위를 점할 수 있다. 내가 이집트에서 만난 젊은 기업가는 약국과 의사를 검색할 수 있는 앱을 제작했다. 그는 강력한 생태계를 탄생시키기 위해 시너지 효과를 활용하고 있다. 현재 그들에게는 적당한 비용으로 사용할 수 있는 강력한 클라우드 서비스가 필요하다. 마이크로소프트 같은 대규모 클라우드 서비스 제공자가 제공할 수 있는 서비스다. 적절한 정책 모형이 마련된다면 그들의 생각이 날개를 얻을 것이다.

불행히도 세계 다른 지역에서 클라우드 같은 새로운 기술이 공인된 이후에도 많은 정부가 기술을 수용하지 않으려 한다. 어떤 경우에는 오히려 문제를 키우는 기술 전략을 펼치기도 한다. 예를 들어 가끔 정부 지도자들은 여러 국가에서 수요가 발생하여 경제적인 가격으로 기존 클라우드 서비스를 사용할 수 있는데도 굳이 자신들만의 전용 클라우드 서비스를 구축한다. 보안, 프라이버시, 복잡성, 통제 가능성, 지연 속도(처리 지연) 등을 이유로 들면서 말이다.

부적절한 전략에 따르는 여러 가지 문제와 심각한 경제적 결과에 적응한 나는 에너지와 의무감이 재충전되는 것을 느끼며 중동 출장에서 돌아왔다. 나는 씩씩하게 사무실로 걸어 들어가 SLT 구성원을 불러 모았다. 그리고 선진국이든 개발도상국이든 정부가 기술을 수용하거나 사용하려는 경우 방해가 되는 장애물 제거에 도움이 되는 권고 사항이나 전략 모형을 고민해달라고 요청했다.

인간과 기술이 함께하는
성장을 향해

이제 이 장 앞부분에서 던졌던 질문으로 되돌아가 보자. 우리가 성장하고 있는가? 그러니까 균등하게 성장하고 있는가? 기술의 역할은 무엇인가? 물론 특효약은 존재하지 않는다. 하지만 모든 증거를 검토하고 내가 경험한 모든 시간을 돌이켜보는 동안 내 머릿속은 계속해서 단순한 방정식으로 되돌아갔다.

- (교육 + 혁신) × 기술 사용 강도 = 경제성장

교육에 경제 전반, 무엇보다 해당 국가나 지역이 비교 우위를 점하는 분야에 적용된 혁신을 더하고 여기에 시간의 흐름에 따른 기술 사용 강도를 곱하면 경제성장과 생산성 향상이라는 결과가 나온다.

디지털 시대에 소프트웨어는 대량생산이 가능하다. 또한 공공 부문과 민간 부문 모두에, 그리고 농업에서부터 의료와 제조업에까지 모든 산업 분야에 적용될 수 있는 보편적인 입력 요인으로 작용한다. 디트로이트든 이집트든 인도네시아든 상관없이 소프트웨어라는 새로운 입력은 해당 지역이 얻는 경제적 잉여로 바뀌어야 한다. 돌파구가 되는 기술에 전문적으로 훈련받고 기술을 생산적으로 사용하는 인력을 더한 다음 기술 사용 강도를 곱하면 경제성장과 경제적 기회가 확대된다. 그러기 위해서는 사회 지도자들이 몇몇 방식으로 기업가 정신을 우선시해야 한다.

가장 먼저, 모든 시민에게 더욱 많은 인터넷 접속 기회와 더욱 폭넓은 클라우드 컴퓨팅 서비스를 제공하는 것이다. 인터넷 접속률은 국가마다 크게 차이난다. 한국과 카타르, 그리고 사우디아라비아의 인터넷 보급률은 100퍼센트에 육박하지만 사하라 사막 남부에 있는 몇몇 아프리카 국가의 인터넷 보급률은 2퍼센트에도 미치지 못한다. 우리가 인터넷 접속 기회를 모든 사람에게 확대하기 위한 구체적인 행동에 나서지 않는다면 2020년에 이르러서도 빈곤 국가 국민은 16퍼센트만이, 그리고 전 세계 인구의 53퍼센트만이 인터넷에 접속할 수 있을 것이다. 이런 추세라면 저소득 국가의 모든 국민에게 인터넷을 보급한다는 목표는 2042년까지도 달성되지 못할 것이다. 인터넷이 연결되지 않으면 클라우드에도 접속하지 못한다.

인터넷 접속 기회를 확대하기 위해 국가가 TV 유휴 채널 등 사용하지 않는 대역을 활용해야 할지도 모른다. 현재 몇몇 개발도상국이 실시하는 성공적인 접근법이다. 더불어 정부는 시장 진입을 방해하는 각종 투자 정책을 개혁해야 한다. 또한 각종 통신 서비스, 모바일, 광대역 통신망 인프라에 대한 외국인의 직접 투자를 막는 정책을 완화해야 한다. 인터넷 기반 시설을 확대하기 위해 자금을 확보하려면 공공 기관과 민간 기관이 서로 손을 잡게 하고 투자 기관을 활성화하는 정책이 필요하다.

국가에서부터 공동체에 이르기까지 모든 영역에서 리더가 생산성을 향상시킬 새로운 기술을 빠르고 강력하게 도입하는 분위기를 조성해야 한다. 코민 교수가 말했듯이 자동차 핸들을 발명할 필요는 없지만 빨리 가져다쓸 필요는 있다. "새로운 도구를 빨리 활용하는 사회가 더 큰 생산성을 발휘할 가능성이 높기" 때문이다.

우선순위가 높은 또 다른 과제는 인적 자본을 확대하고 다음 세대의 실력을 키우는 일이다. 지식을 축적하는 동안 노동자가 점점 더 빨라지는 기술 발전 속도에 보조를 맞추어갈 것이다. 디지털 트랜스포메이션으로 과거에 사람들이 손으로 하던 많은 작업이 자동화하고 있다. 노동자는 자동화한 새로운 도구를 관리하기 위해 기술을 습득해야 한다. 삽을 사용하던 노동자가 불도저를 운전하는 노동자에게 밀려났듯이 이제 사회에는 자동화한 불도저와 자율주행 자동차, 그리고 드론을 관리할 사람이 필요하다.

인간을 위한 조치를 실천하기 위해서는 정부가 국가를 구성하는 모든 사람에게 공감을 표시하고 지식에 더욱 기반을 두는 경제를 구축해야 한다. 새로운 기술에 도달하려면 기술 발전에도 유사한 수준으로 투자해야 한다. 다시 말해 사람들이 갈수록 스마트 기기나 온라인 서비스에 의존하는 디지털 사회에 참여할 때는 필요한 기술을 갖췄는지 반드시 확인해야 한다. 학교에서는 디지털 리터러시digital literacy(디지털 미디어를 이해하는 능력)를 장려하고 교사와 학생이 저렴하게 기술과 교육 도구를 사용할 수 있는 환경을 보장해야 한다. 직장에서는 클라우드에 대한 숙

런도를 향상시키고 디지털 시대를 준비시키는 평생 학습 프로그램과 투자에 초점을 맞추어야 한다. 이미 마이크로소프트 같은 기업은 중소기업의 기술 발전 속도를 가속하기 위해 교육 역량을 확대하고 계획을 수립하는 중이다.

지식은 새로운 기술을 활용하고 훈련과 경험을 통해 지식을 축적할 새로운 사용자를 필요로 한다. 국가마다 다르지만 특히 독일이 새로운 기술을 생산적으로 사용하는 방법을 대단히 훌륭하게 보여준다. 독일과 미국은 연구 개발 분야에 대단히 많이 투자한다. 그러나 독일은 미국과 달리 엄청난 속도로 생산성이 향상되었다. 이유가 무엇일까? 한 가지 이유로 독일의 직업 교육 시스템을 들 수 있다. 산업 현장과 밀접한 관련이 있는 직업 훈련 학교를 통해 노동자가 빠르게 최첨단 기술을 습득하게 하는 시스템이다. 경제적 퇴출에 대처할 단 한 가지 방법은 대학교 등 중등교육과정 이후의 교육 프로그램을 이수한 사람들뿐만 아니라 자동화로 직장을 잃을 노동자에게도 기술 훈련의 기회를 제공하는 것이다. 국가가 기술 역량 육성에 GDP의 1퍼센트만 투자해도 성과가 있을 것이다.

정책 개혁을 통해 혁신적이고 자신만만하게 기술을 받아들이고 사용하게 하는 규제 환경을 구축해야 한다. 데이터 프라이버시와 데이터 보안은 언제나 가장 중요한 관심사다. 하지만 이는 데이터가 국경은 물론이고 현대 디지털 경제를 구성하는 다양한 서비스 간의 경계를 더욱 자유롭게 넘나들게 해달라는 요구와 균형을 맞춰야 한다. 공동체가 피해를 입지 않도록 디지털 보안을 강화하라는 목소리가 높다. 그러나 그간의 경험에 비춰보면 정확한 균형 상태에 도달하기 위해서는 디지털 보안 분야에서 공공 정책과 규제가 개선돼야 한다. 결코 쉽지 않은 일이다. 하지만 마이크로소프트를 비롯하여 IT업계를 주도하는 기업들은 다양한 경험을 보유하고 있기 때문에 공공 부문과 민간 부문 그리고 수많은 시민이 정확한 균형 상태에서 디지털 서비스를 이용하게 하고 정부가 규제 체계를 현대화하여 공공 안전과 국가 안전을 촉진하게 도울 수 있다.

게다가 모든 정부는 기술 도입으로 시민들에게 서비스를 제공하고, 공공 부문의 생산성을 향상시키고, 자국의 비교 우위를 활용할 기회를 갖는다. 공공 부문 지도자들은 금전적인 장려책을 비롯해 지역의 기업가와 첨단 기술을 육성하기 위한 추가적 노력을 해야 한다.

지도자들은 스스로에게 이런 질문을 던진다.

"우리는 어느 부분에서 최고가 될 수 있는가?"

그 대답은 오스트레일리아의 사막 농장이나 두바이의 지역 은행에 있을지도 모른다. 몇몇 국가나 공동체는 사물인터넷, 생활 환경 지능, 모바일 결제 시스템, 가상현실, 실리콘 포토닉스silicon photonics(실리콘 칩 사이 혹은 칩 내부에서 데이터를 전송해 빛의 속도로 컴퓨터가 작동되게 하는 기술 – 옮긴이), 3D 프린팅, 웨어러블, 경량 저고도 인공위성, 드론, 네이티브 광고native advertising(기사와 함께 제공되어 마치 기사처럼 보이는 온라인 광고 – 옮긴이), 자율주행 자동차, 로봇공학과 산업 자동화, 게임 기법을 이용한 적응형 교육adaptive education(사용자 데이터와 머신 러닝을 기반으로 사용자 수준에 맞는 문제와 풀이를 제공하는 기술 – 옮긴이), 나노 기계, 유전체학genomics(유전체의 구조와 유전체를 구성하는 유전자의 염기 배열 결정에 관해 연구하는 분자생물학의 한 분야 – 옮긴이), 경제적인 태양광·풍력·조력 발전이라는 혁신적인 분야에서 세계를 선도하기 위해 노력할 수도 있다. 아직 누구도 두각을 나타내지 못했기 때문에 누구든 주도권을 차지할 수 있는 분야들이다. 예를 들어 시애틀은 아마존과 마이크로소프트의 본거지이기 때문에 클라우드 컴퓨팅의 중심지로 자리 잡았다.

이런 상황에서 경제학자인 폴 로머Paul Romer가 제시한 차터 시티charter city(일종의 경제 특별 구역 – 옮긴이) 혹은 스타트업 도시라는 개념이 사람들에게 영감을 불어넣었다. 로머 교수에 따르면 규칙이나 법은 혁신에 박차를 가하고 경제성장을 이끌어내기에 가장 적합한 도구가 아니라고 한다. 규칙이나 법은 한번 정해지면 바뀌기가 어렵고 가결을 위해서는 서로의 양보가 필요하기 때문이다. 반면 차터 시티는 온전히 일자리를 창출하고 경제를 성장시키기 위해 가동되는 실험적인 개혁 지구다. 시민들은 동참할 수도 동참하지 않을 수도 있다. 어떤 사람은 여기 대비하겠지만 어떤 사람은 그렇지 못할 것이다. 로머 교수는 홍콩과 홍콩 북부의 선전을 사례로 들었다. 홍콩은 중국 영토에 자리 잡았지만 오랫동안 영국의 지배를 받았기 때문에 자유 시장경제에 반대하는 공산주의 정권의 영향을 전혀 받지 않았다. 덕분에 홍콩은 경제 기관차가 되어 노동자를 끌어들이고 훈련을 시켰다. 중국의 정권을 잡은 덩샤오핑은 경제성장을 위해 개방의 필요성을 느끼고 선전 근처에 일종의 차터 시티를 건설했다. 이웃 도시인 홍콩의 인재와 기반 시설을 활용할 수 있는 위치였다. 중국의 나머지 지역과 달리 선전을 지배하는 법은 외국인 투자와 국제 무역을 활성화했다. 덩샤오핑은 공산주의 국가인 중국은 개혁 지구를 수용하기까지 오랜 시간이 걸리겠지만 많은 기업가와 노동자는 재빠르게 기회를 잡을 것임을 잘 알았다. 인구 3만 명의 소도시였던 선전은 1980년 경제특구로 지정된 뒤 인구가 1100만 명에 이르는 세계적인 금융 중심지로 성장했다.

우리는 또한 자유무역과 공정 무역을 계속해서 장려해야 한다. 성장을 보고 싶다면 반드시 시장을 더욱 광범위하게 개방하고 무역 장벽을 제거해야 한다. 하지만 불행하게도 최근 좌파와 우파를 막론하고 대중의 인기에 영합하는 정치가들은 자유무역협정을 뒤집겠다는 공약을 내세우고 선거 운동을 전개했다.

2016년 대통령 선거가 한창일 때 오하이오 주지사인 존 케이식John Kasich이 무역에 반대하는 유권자는 성장에 반대하는 유권자라는 내용의 글을 〈월스트리트저널〉에 기고했다. 케이식 주지사는 당시 워싱턴에서 의회 승인을 기다리던 주요 무역협정인 환태평양경제동반자협정Trans-Pacific Partnership, TPP이 일본, 오스트레일리아, 캐나다, 칠레 등 미국과의 교역을 늘리려는 환태평양 국가들에서 활동하는 기업들을 돕기 위한 협정임을 지적했다. 세계는 무역 자유화를 계속 진행해야 한다. 케이식 주지사는 미국 내의 4000만 개에 이르는 일자리가 무역에 의존한다는 사실을 지적했다. 그러나 무역법도 현대화해야 한다. 디지털 경제에서는 국경을 넘나드는 비트와 바이트가 자동차와 농산물 같은 상품만큼이나 중요하게 거래될 것이다. 우리는 기업을 경영하는 동안 국경선을 넘어 데이터를 주고받을 수 있어야 하며, 모든 지역에 컴퓨터 시설을 설치하지 않고도 데이터를 교환할 수 있어야 한다. 동시에 프라이버시와 소스 코드, 그리고 각종 지적 자산도 보호할 수 있어야 한다.

2016년 대통령 선거는 무역협정의 과제와 혜택에 대해 새로운 관심을 불러일으켰다. 잡음이 많기는 했지만 모든 후보자가 무역이 좋다고 말했다. 하지만 각자 시각은 달랐다. 우파를 대표하는 트럼프와 좌파를 대표하는 샌더스는 대량 실업 사태를 암시했다. 클린턴은 더욱 강한 시행령이 필요하다는 점에 초점을 맞췄다. 기업 리더들은 통상 정책이 일자리를 창출하는 사람을 그물에 가뒀다고 주장했다. 하지만 나는 교역으로 얻는 이익이 더욱 공평하게 배분돼야 한다는 주장에 공감한다. 어떤 사람들은 무역협정이 환경에 나쁜 영향을 미친다며 반대한다. 하지만 TPP에 찬성하는 사람들은 TPP가 환경 보호 강제 실시 조항을 포함한 최초의 다자간 무역협정임을 지적한다.

제2차 세계대전이 끝날 무렵 전후 국가 간의 경제 관계를 규율하기 위해 브레튼우즈 체제Bretton-Woods system가 도입되었다. 이 체제는 훌륭하지만 불완전한 토대였다. 브레튼우즈 체제는 계속 기본 원칙들을 수립함으로써 같은 목적을 가진 국가들이 거미줄처럼 얽힌 자유무역협정들을 통해 더욱 긴밀하게 협력하게 한다. 하지만 무역협정은 성장을 위한 경제 정책이라는 더 큰 맥락 안에서만 계속 성공을 거둘 것이다.

마지막 질문은 이렇다. 차세대 산업혁명은 실직자를 발생시키는 혁명일 것인가, 그렇지 않을 것인가. 그 대답을 찾기 위해 MIT 경제학과 교수인 대런 애쓰모글루Daron Acemoglu를 마이크로소프트 본사로 초빙했다. 그는 자동화 기술이 노동시장에 미치는 영향에 관해 자신의 연구 결과를 설명했다. 애쓰모글루는 지능을 갖춘 새로운 기계, 특히 산업용 로봇이 노동시장에 대단히 중요한 영향을 미칠 수 있음을 확인했다. 애쓰모글루는 산업용 로봇 한 대가 평균 세 명의 노동자를 대체하는 것으로 추산했다. 이 추산치에 따르면 조치를 취하지 않을 경우 산업용 로봇의 확산이 일자리와 임금에 대단히 부정적인 영향을 미칠 것이다. 그럼에도 애쓰모글루는 차세대 산업혁명에 따른 또 다른 강력한 변화가 부정적인 영향을 어느 정도 상쇄해준다고 주장한다. 몇 가지 업무에서 기계가 노동자를 대체하는 동안 기업은 인간이 비교 우위를 차지하는 새로운 업무를 창출할 것이다. 애쓰모글루는 이렇게 요약한다.

"자동화가 인간에게서 일자리를 빼앗고 국민 소득에서 노동자가 차지하는 부분을 줄일 것입니다. 하지만 더욱 복잡한 업무가 탄생하면서 반대 효과도 생깁니다."

역사를 돌이켜보면 새로운 계급인 노동자와 더욱 복잡해진 새로운 직무는 첨단 기술의 산물이었다. 애쓰모글루는 계속해서 말한다.

"새롭고 복잡한 업무가 생겨나면 항상 임금과 일자리, 그리고 노동자의 몫이 늘어납니다. 하지만 노동 집약적인 새로운 일자리가 마련되는 과정을 거치기 전에 자동화가 도입된다면 기술이 일으킨 변화는 고용률 저하로 이어질 것입니다."

우리는 균형 잡힌 성장 가도를 달려야 한다. 인공지능과 자동화 시대에 우리는 개인의 노동(투입되는 힘, 임금, 목적의식, 성취감)과 자본 이익률 사이에서 균형을 맞춰주는 새로운 사회계약을 작성해야 한다.

켄트 인터내셔널Kent International이 새로운 사회계약을 마련한 사례

중 하나이다. 미국 최대의 자전거 제조업체인 이 회사는 2017년 초 중국에 있던 일자리 140개를 사우스캐롤라이나 주 매닝으로 다시 가져와 화제를 일으켰다. 켄트 인터내셔널은 과거 인간이 하던 업무를 자동화하기 위해 로봇에 투자했다. 한때 저차원적 기술을 사용하면서 많은 노동력을 투입했던 산업이 이제는 자신만의 계획에 맞춰 디지털 트랜스포메이션을 하고 있는 셈이다. CEO인 아널드 캄러Arnold Kamler는 해마다 40개씩 일자리를 늘릴 계획이라고 말했다. 작은 도시에서는 상당히 큰 증가폭이다. 실제로 몇몇 주가 공장을 유치하기 위해 경쟁을 벌였다. 생산 라인에서 근무하는 한 관리자는 이렇게 말했다.

"많은 사람이 자동화가 일자리를 줄인다고 오해합니다. 그저 숙련도가 높은 다른 종류의 일자리가 사라지는 것뿐인데요."

로봇이 없다면 인간의 일자리는 존재하지 않을 것이다.

마이크로소프트가 능력과 직업에 초점을 맞춘 소셜 네트워크 서비스 링크드인을 인수했을 때 내가 그토록 흥분한 이유는 협상 초기 우리가 찾아낸 공통의 약속 때문이었다. 나는 링크드인 설립자 리드 호프먼Reid Hoffman과 CEO 제프 와이너와 이야기를 나누는 동안 우리가 공통된 바람을 품은 것을 확인했다. 바로 마이크로소프트의 디지털 플랫폼을 사용하여 모든 사람에게 더욱 공평하게 기회를 확산시킨다는 것이었다. 실제로 주간지 〈뉴요커 The New Yorker〉는 30억 명에 이르는 전 세계 노동자를 위해 노동시장을 더욱 효율적이고 개방적으로 바꾼다는 링크드인의 비전을 기사로 소개했다.

더욱 접근하기 쉽고 공정한 경쟁의 장을 만들겠다는 꿈은 저절로 이뤄지지 않는다. 호프먼은 저서 《연결하는 인간The Start-up of You》에서 경쟁과 변화가 디트로이트를 몰락시켰다가 제조업 강자로 부활시켰음을 지적했다.

"어느 도시에 살든, 어느 기업에 근무하든, 어느 업종에 종사하든, 어떤 일을 하든, 당신도 지금 당장 디트로이트와 똑같은 길을 걸을지도 모른다."

우리가 링크드인으로 이루려는 목표는 기회와 교육 자원과 집단적인 행동(개인에게 경제적 기회를 만들어주기 위한 집단적 행동을 의미한다)에 관한 정보를 제공하는 협력 네트워크를 구축하는 것이었다. 우리는 분명 미래에 다른 도시가 디트로이트와 똑같은 운명을 겪으며 괴로워하지 않기를, 디트로이트처럼 다른 도시도 향후 수십 년간 기업 활동이 왕성하게 벌어지고 일자리가 풍부하게 만들어지는 경제 중심지로 탈바꿈하기를 바란다.

내게는 나름 그럴싸한 고집이 있다. 단순히 즐기기 위한 소프트웨어, 다시 말해 과시적 소비를 보여주는 밈memes(모방을 통해 저장되거나 복제될 수 있는 비유전적 문화 요소로서 음악, 사상, 언어, 종교 등 거의 모든 문화 현상을 포함한다 - 옮긴이)이 아닌 링크드인이나 오피스같이 사람들이 뭔가를 창조하고 연결 고리를 만들고 생산성을 더욱 높이도록 힘을 보태는 서비스 분야의 기술에 투자한다는 것이다. 경제적 파급효과는 소비와 창조를 비슷한 비율로 조성하지 않는 기술들에만 국한된다. 그럼에도 최근 〈월스트리트저널〉은 소비 기술에 큰 가치를 부여했다.

로버트 고든Robert Gordon은 《미국의 성장은 끝났는가The Rise and Fall of American Growth》라는 저서에서 몇 가지 발명이 다른 발명보다 더 중요하다는 주장을 펼쳤다. 나는 고든의 주장에 동의한다. 나는 최근 등장한 생산성 소프트웨어도 중요한 발명품에 포함시킨다. 고든은 1870년부터 1940년까지 미국의 성장기를 훑어보면서 이때 일어난 경제 혁명으로 각 가정은 끊임없이 되풀이되는 지루하고 고된 육체노동, 힘들고 단조로운 가사노동, 어둠, 고립, 이른 죽음에서 해방되었다고 말한다. 인간의 역사에서 두 번 다시 반복되지 못할 변화였다. 너무나 많은 성과가 한순간에 달성되었기 때문이다. 고든은 미국 경제의 역사를 대단히 광범위하게 살핀 다음 궁극적으로 혁신이 그런 극적인 변화를 일으킨 원동력이라고 결론 내렸다. 그리고 "기업가는 '혁신'이라는 말로 모두 담지 못할 만큼 경제성장에 공헌한다."고 말한다. 고든은 한 걸음 더 나아가 교육이 성장에 원동력을 제공한, 혁신의 가장 가까운 사촌이라고 지적한다.

IT 전문지인 〈와이어드Wired〉의 공동 설립자 존 배틀John Batelle은 이렇게 썼다.

"세상의 변화를 이끌어내고 싶다면 비즈니스를 활용하라. 비즈니스는 인간이 보유한, 가장 회복력이 뛰어나고 반복적이며 생산적인 도구다."

배틀의 말은 옳다. 그리고 기업의 리더들은 변화 주도자로서 자신의 책임을 진지하게 받아들여야 한다. '기업의 사회적 책임'이라는, 홍보 문구로나 사용될 만한 취지 때문에 이런 말을 하는 것이 아니다. 더 나아진 세계가 비즈니스를 하기에도 더 낫기 때문에 이런 말을 하는 것이다. 훌륭한 상품을 만들고 소비자를 돕고 투자자에게 이윤을 창출해주는 것도 중요하다. 하지만 그것만으로는 충분하지 않다. 우리는 우리의 행동이 먼 미래에 전 세계에 어떤 영향을 미칠지를 충분히 생각해야 한다.

"내가 존재하는 이유는 무엇인가?"

"우리 조직이 존재하는 이유는 무엇인가?"

"우리가 사는 세상에서 다국적기업의 역할은 무엇인가?"

"기술이 중요한 성장 요인인 시대에 디지털 기술 분야에 종사하는 리더는 어떤 역할을 해야 할까?"

내 머릿속을 떠나지 않는 질문들이 이 책을 쓰는 원동력이 되었다. 답을 찾는 동안 내가 특별히 사회에 공헌할 만한 분야와 마이크로소프트의 영혼을 재발견하는 방법을 찾기 위한 여정을 시작했다. 세계적인 기업인 마이크로소프트의 역할을 정의하기 위한 지적인 여행이자 나 자신을 성찰하는 영적인 여행이기도 했다. 질문 덕분에 매일 진정한 차이를 만들기 위한 탁월한 아이디어와 공감을 조화시킬 수 있었다. 내가 이 여행에서 얻은 이야기와 교훈이 유용하기를 바란다.

또한 존재에 관한 질문이 정책 입안자와 기업 리더, 그리고 첨단 기술 전문가 사이에서 대화를 촉발하기를 바란다. 훨씬 극적인 기술적, 경제적, 인구 통계학적 변화를 향해 달리는 분열적인 세상에서 우리는 다국적기업의 역할과 리더의 역할을 재정의해야 한다. 브렉시트Brexit처럼 세계화에 반대하는 움직임과 대중의 인기에 영합하는 미국과 유럽의 정치 운동이 자동화, 무역, 경제적 기회에서부터 공정성과 신뢰에 이르기까지 다양하고 중대한 의문점과 걱정거리를 제시했다.

《대수렴The Great Convergence》의 저자이자 경제학자인 리처드 볼드윈Richard Baldwin은 오늘날 가장 부유한 국가에서 나타나는 반세계화 정서가 어디에서 비롯했는지를 파헤친다. 전 세계 소득에서 그 국가들이 차지하는 비율은 1990년대 70퍼센트에서 지난 20년간 46퍼센트로 곤두박질쳤다. 다시 말해 미국, 프랑스, 독일, 영국 같은 부유한 국가가 전 세계 소득에서 차지하는 몫이 크게 감소한 것이다. 저임금과 정보 기술의 결합으로 아이디어 실행 비용이 급격하게 떨어졌다는 말은 중국이나 인도 같은 국가가 전 세계 소득에서 차지하는 몫은 크게 늘어난 반면 부유한 국가가 차지하는 몫은 1914년 수준으로 되돌아가 일부 사람들이 반세계화 정서를 품게 되었다는 의미였다. 볼드윈은 국경을 넘나들며 서비스를 제공하는 사람들에게 텔레프레즌스telepresence(실제로 상대방과 마주하고 있는 듯한 착각을 일으키는 가상 화상회의 시스템 – 옮긴이)나 (홀로렌즈 같은) 텔레로보틱스^{telerobotics}(인간이 접근하지 못하는 장소에서 인간이 해야 할 일을 로봇이 대신하게 하는 기술 – 옮긴이)가 적절한 가격에 제공되는 순간 세 번째 세계화의 물결이 다가올 것이라고 예언한다.

이 책을 마무리하는 동안 노벨 경제학상 수상자인 앵거스 디턴^{Angus Deaton}과 그의 아내이자 프린스턴 대학교 교수인 경제학자 앤 케이스^{Anne Case}가 논문을 발표했다. 논문에 따르면 미국에 거주하는 대졸 미만의 저학력 백인들은 사망률, 건강, 재정에 부정적인 영향을 미치는 불이익을 점점 많이 경험하게 된다고 한다. 두 사람의 연구는 중년 백인층의 사망률과 질병률 증가는 소득보다는 교육과 관련이 깊다는 점을 보여주었다. 두 사람이 발견한 역학 관계는 볼드윈의 연구 결과와 결합하여 격렬한 반세계화 움직임에 일정 부분 동력을 공급했다. 그 결과 공교육과 공중위생 분야의 우선순위를 재검토해야 한다는 목소리가 등장했다.

물론 모두를 위한 파이를 키우는 것이 목표다. GE 회장인 제프 이멜트^{Jeff Immelt}는 2016년 뉴욕 대학교 스턴 경영대학원에서 했던 연설에서 다국적기업의 역할에 관한 해답을 제시했다. 이멜트는 30년 동안 경력을 쌓으면서 다국적기업의 역할을 고찰했다. 그동안 극빈자의 비율이 절반으로 줄었고 의료 분야가 극적으로 개선됐으며 에너지 비용이 감소하고 사람들은 광범위하게 서로 연결됐다. 하지만 이멜트의 눈에는 거대 기업들이 (정부와 손잡고도) 전 세계적인 과제를 해결하지 못하는 것처럼 보였다. 이멜트는 GE가 이 문제에 중점적으로 대응할 것이라고 발표했다. 평등이 더욱 확대되면 기업에도 사회에도 좋기 때문에 GE는 전 세계에 공평한 경쟁의 장을 마련할 계획이다. 이를 위해 GE는 현지화 정책을 도입할 예정이다. 다시 말해 GE가 다져온 국제적 입지 안에서 현지의 역량을 키우고, 현지 상황을 반영한 더욱 포괄적인 맥락 안에서 현지의 의사를 더 많이 고려한 결정을 내릴 것이다.

나도 이멜트의 방식에 동의한다. 마이크로소프트는 수익의 절반 이상을 미국 밖에서 올린다. 우리가 지역 경제에 더 많은 기회를 창출한다는 목표를 우선시하지 않는다면 우리가 진출한 190개국에서 효과적으로 기업을 운영하지 못할 것이다. 우리는 150억 달러 이상을 투자하여 북아메리카, 남아메리카, 아시아, 아프리카, 유럽에 세계에서 가장 정교한 지역 데이터 센터 30개소를 건설하고 해당 지역에서 활동하는 기업가와 공공 부문 서비스를 지원했다. 우리는 모든 지역에서 책임감을 갖고 기업을 운영해야 한다. 진정한 사업적 성공이라는 말은, 일반적인 의미에서 자본주의라는 말은 핵심 소비자층을 위해 기업가가 창출하는 잉여뿐만 아니라 더 많은 사회 구성원을 위해 창출한 잉여도 포함한다.

이제 다국적기업은 과거처럼 단순히 사용료를 벌기 위해 어떤 국가나 지역에 진출하는 피도 눈물도 없는 조직이 아니다. 다국적기업의 역할은 그 어느 때보다 중요하다. 다국적기업은 전세계에서 사업을 운영하면서 모든 사람을 위해 성장을 유도하고 경쟁력을 키우고 기회를 창출하는 등 긍정적인 방식으로 지역 공동체에 공헌해야 한다.

어떻게 해야 지역 파트너와 스타트업 기업의 성장을 도울 수 있을까? 어떻게 해야 공공 부문 서비스의 효율성을 높일 수 있을까? 어떻게 해야 교육과 의료 서비스 확대 같은 가장 시급한 사회문제를 해결할 수 있을까? 당연히 모든 국가가 자국의 이익을 우선적으로 고려한다. 미국의 첫 번째 관심사는 미국이다. 인도의 첫 번째 관심사는 인도다. 영국의 첫 번째 관심사는 영국이다. 다국적기업은 장기적이고 지속 가능한 방식으로 지역에 기회를 창출한다는 목표 아래 사업을 운영해야 한다.

동시에 우리가 추구하는 영원불변한 가치 안에서 흔들리지 않고 자리를 지켜야 한다. 마이크로소프트는 미국에서 탄생한 기업이다. 우리가 받은 유산이 우리가 추구하는 가치를 빚었다. 우리는 아메리칸 드림을 믿는다. 고용인이 되어 아메리칸 드림을 실천하고 다른 사람이 같은 길을 걷도록 돕는다. 우리는 지속적인 가치, 즉 프라이버시, 보안, 언론의 자유, 기회, 다양성, 포용성에 헌신한다. 우리가 헌신하는 가치가 우리를 살게 한다. 우리는 세계 어디에서든 가치가 시험대에 오르면 가치를 지키기 위해 싸울 것이다.

새로운 기술을 창조하는 다국적기업은 기술이 차세대 물결을 일으키는 동안 경제적 기회를 창출하기 위해 거대한 장애물과 맞서 싸운다. 앞으로 다가올 산업혁명, 즉 소프트웨어에서 힘을 얻고 유비쿼터스 컴퓨팅과 생활환경 지능을 향해 나아가는 산업혁명은 과거에 일어났던 어떤 산업혁명보다 커다란 영향을 경제에 미칠 것이다. 내가 차세대 물결의 향방을 결정할 설계 원칙을 발전시킨 것도 그래서였다. 나는 미래 사회의 도덕적 원리를 마련하기 위한 피드백이나 논쟁, 궁극적으로는 헌신을 환영한다.

과거 세계는 매년 4퍼센트씩 성장했다. 하지만 이제는 대략 2퍼센트씩 성장 중이다. 20세기의 성장 유형을 되찾기 위해서는 새로운 기술적 돌파구가 필요하다. 혼합현실과 인공지능, 양자 컴퓨팅이 결과나 판도를 바꾸는 게임 체인저로서 새로운 경제적 잉여를 창출할 것이다. 하지만 노동자들을 혼란에 빠뜨리고 현재 우리가 당연하게 생각하는 일상적 업무를 없앨 것이다. 어떤 사람들은 로봇이 인간의 일자리를 모조리 빼앗을 것이라고 주장한다. 하지만 '노동량 불변의 오류lump of labor fallacy(가용할 수 있는 일자리 개수가 정해져 있다는 생각 – 옮긴이)'라 불리는 이 주장은 잘못됐음이 입증됐다. 인간에게는 그저 다른 형태의 일자리가 필요해질 뿐이다. 인간은 기계가 하지 못하는 부분에서 가치를 덧붙일 것이다. 우리가 인공지능과 더 많이 마주칠수록 진짜 지능과 진짜 공감, 진짜 양식은 드물어질 것이다. 새로운 일자리는 기계와의 협력에 바탕을 두지만 인간만의 독특한 속성에도 바탕을 둔다.

앞으로 다가올 수많은 변화에 대비해 더욱 공평한 방법으로 경제적 잉여를 낳고 경제적 기회를 창출하기 위한 새로운 사회계약이 필요하다. 새로운 사회계약을 얻기 위한 새로운 노동운동은 어떻게 전개될 것인가? 현재 보편적 기본 소득Universal Basic Income에 관한 논의가 이어지고 있다. 우리가 어떤 식으로 노동자(최고의 지식을 갖춘 노동자뿐만 아니라 숙련도가 낮거나 중간인 노동자)에게 새로운 기술을 가르치고 새로운 훈련을 제공할 것인가? 서비스 부문이 전통적인 제조업이나 농업 부문에서 밀려난 사람들에게 새로운 일자리를 공급할 것인가?

마지막으로 리더로서 우리가 맡은 역할은 무엇인가? 하루가 끝날 무렵 모든 기업의 리더가 사업을 확장하고 소비자에게 영감을 불어넣는 등 혁신의 능력으로 평가받는다. CEO로서 우리는 주주들에게 가장 큰 이익을 안겨야 할 책임이 있다. 하지만 나는 기업의 규모가 커질수록 기업의 리더가 세상과 사람들과 장기적인 기회에 대해 더 많이 생각해야 한다는 말에도 동의한다. 리더가 세계 곳곳에서 커져가는 불평등에 대해 생각하지 않는다면, 그리고 모두를 위해 상황을 개선한다는 리더의 본분을 다하지 않는다면 사업을 안정적으로 운영하기 어려울 것이다.

우리는 다양한 전략과 소비자층에 초점을 맞추고, 핵심 사업을 통해 사회에 긍정적 영향을 미치고 개인의 생산성을 높이고, 지속 가능성과 접근 가능성과 프라이버시와 보안에 투자하고, 자선 활동으로 기업의 사회적 책임을 다함으로써 목표에 도달할 수 있다. 마이크로소프트 필란트로피즈Microsoft Philanthropies는 코딩이나 컴퓨터 과학 같은 디지털 기술을 가르치고, 적당한 비용으로 인터넷 접속 기회를 제공하고, 인도적 지원 사업을 펼치는 등 다양한 대의를 위해 10억 달러 이상의 기부금으로 운영되는 세계 최대의 자선 단체다. 그리고 우리는 'Cloud for Global Good'이라는 문구를 내세우고 모든 사람을 위한 경제적 기회를 창출하겠다는 목표를 향해 나아간다. 실제로 이 책의 모든 수익금은 필란트로피즈에 기부될 예정이다.

앞부분에서 CEO의 'C'가 문화를 담당하는 큐레이터를 나타낸다고 썼다. 결국 문화는 사람들 사이로 흘러 들어간다. 문화는 매일 수많은 사람이 내리는 수백만 가지 결정의 집합체다. 문화는 마이크로소프트 직원들이 개인적 사명을 해내도록 돕는 것과 관련 있다. 마이크로소프트는 더 이상 사람을 고용하지 않는다. 사람들이 마이크로소프트를 고용한다. 10만 명 이상의 사람들이 고용인이 아닌 고용주 입장에서 생각하게 된다면 어떤 일이 벌어질까? 우리는 오로지 다른 사람의 일에 도움이 되기 위해 애쓴다. 우리가 전 세계의 수많은 기업과 조직에 제공하는 서비스는 그 무엇으로도 대체되지 못한다. 마이크로소프트 직원이라면 누구나 우리의 자산을 보고 가능성을 꿈꾸며 지역과 종류에 상관없이 문제에 집중할 수 있다. 우리는 소기업에서든, 학교에서든, 병원에서든 혹은 수백만 명에게 일자리와 기회를 창출해주는 거대 기업에서든 오래 살아남을 결과물을 만들도록 자원을 제공한다.

이런 문화는 우리가 기업 밖에서 만들려고 하는 세계의 축소판이 돼야 한다. 짓고 만들고 창조하는 사람들이 거대한 목표를 달성하는 공간 말이다. 하지만 이곳은 모든 개인이 최고가 되는 공간이다. 또한 다양한 인종, 성별, 종교, 성적 정체성이 이해받고 축하받는 공간이기도 하다. 나는 어떤 동료가 공감 어린 통찰을 드러냈을 때 혹은 제품과 관련된 돌파구가 마이크로소프트 사용자에게서 나왔을 때 우리가 올바른 방향으로 나아가고 있음을 깨닫는다.

새로고침을 한다는 것은 어떤 의미인가? 스스로 답을 찾기를 바란다. 우선 자신의 조직 안에서 대화를 나누는 것으로 시작해보자. 자신의 공동체 안에서 대화를 나누는 것으로 시작해보자. 그리고 부탁하건대 당신이 배운 교훈을 나와 공유해주시길. 나도 내가 배운 교훈을 계속 공유할 것이다.

마치는 글

(페이퍼백 에디션)*

1

《히트 리프레시^{Hit Refresh}》가 처음 출간된 2017년(한국어판은
2018년에 출간되었다) 가을 이후 기술 변화가 끊임없이 가속되었
다. 새로 맞이한 기회와 위기에 사회가 대응하는 속도 역시 마찬
가지였다. 마이크로소프트 또한 쉬지 않고 변화했다. 이 책의 제
목은 '새로 고침'이 반드시 필요하며 건강한 행위임을 의미한다.
그리고 개인과 조직, 사회가 앞을 향해 나아가는 노력이 지극히
중요하다고 이야기한다. 페이퍼백 판본에 추가된 이 글은 마이
크로소프트의 문화와 사업 영역에 관한 최신 소식과 기술이 사

• 이 원고는《히트 리프레시》가 출간되고 난 후 2019년에 페이퍼백 판본이 발간되
면서 사티아 나델라가 추가로 작성한 글이다. 〈개정증보판〉을 발행하면서 저자
의 요청으로 수록하게 되었음을 안내 드린다.

회와 경제에 미친 영향, 그리고 마지막으로 나와 내 가족에 대한 몇 가지 짧은 기록을 담고 있다.

2018년 추수감사절이 끝난 뒤 '미국에서 가장 가치 있는 기업'이라는 지위에서 밀려난 지 18년 만에 마이크로소프트 임직원과 협력사, 주주들이 다시 한 번 그 명예로운 이름을 되찾았다. 이후 새해로 이어지는 몇 주 동안 워싱턴 주 레드먼드에 자리 잡은 마이크로소프트 캠퍼스 복도를 걸을 때 나는 실속 없이 거들먹거리거나 축하하는 모습을 전혀 보지 못했다. 자부심은 어느 정도 느낄 수 있었다. 하지만 우리에게는 소비자를 대신해 끊임없이 적절하고 유용한 혁신을 추구하는 행동이 무엇보다 중요할지도 모른다는 현실을 더 깊이 이해하는 분위기가 존재했다. 소비자는 더 많은 것을 요구한다. 그리고 우리가 그들의 요구를 충족시키지 못하면 우리 경쟁자가 우리의 자리를 대신할 것이다.

우리는 마이크로소프트에서 근무하는 모든 사람이 일상생활에서 겪는 경험이 우리가 옹호하는 가치에 더욱 다가가도록 노력하면서 끊임없이 마이크로소프트의 문화를 발전시키고 있다. 내가 처음 《히트 리프레시》에서 언급한 문화 쇄신은 한 번도 멈춘 적이 없으며 결코 끝나지 않았다. 우리는 지금도 자신이 고정된 사고에 갇히지 않았는지, 성장하는 사고를 유지하고 있는지 자문하는 지적 정직성intellectual honesty을 바탕으로 하루를 시작한다. 이 책의 제목은 '고정된 사고와 맞서다Confronting the Fixed Mindset'가

될 수도 있었다. 고정된 사고에 맞서는 행위는 성장하는 사고를 찬미하는 태도보다 훨씬 중요할지도 모른다. 최악의 오해는, 슬프게도 이미 목격했는데, 누군가가 성장하는 사고를 무기로 삼을 때 발생한다. 그들은 이렇게 말할 것이다. "사티야, 마이크로소프트에서 성장하는 사고를 갖추지 못한 사람을 열 명 봤어." 분명히 말하지만 요점은 그것이 아니다. 자신만의 성장하는 사고를 받아들이는 자세다. 아는 것은 힘이다. 아는 것은 성장이자 누적되는 힘이다. 자신에 대해 아는 것은 가장 많이 누적되는 힘이다. 자신에 대해 더 많이 알수록 끊임없이 변화하는 까다로운 세상에 맞설 힘을 더 많이 키울 수 있을 것이기 때문이다.

2018년 가을, 나는 마이크로소프트 개발 본부Microsoft's Developer Division가 자리 잡은 건물 두 곳을 방문했다. 마이크로소프트의 역사만큼이나 오래되고 유명한 소프트웨어 개발자가 모인 공간이다. 소비자에게 더 집중하기 위해 개발자들이 제품 개발 과정을 재배열하는 모습, 즉 우리 기술과 서비스를 구매하고 사용하는 사람들과 협력해 가설을 분석하고 테스트를 거치면서 옳고 그름을 검증하는 모습을 바라보는 경험은 매우 신선하다.

나는 문화 쇄신을 위한 헌신적인 노력을 보여주는 책과 포스트잇이 벽을 따라 줄지어 놓이고 붙은 방에 들어갔다. 한 개발자가 나에게 이렇게 말했다. "우리는 제일 먼저 말을 바꾸는 방법으로 문화를 난도질했습니다." 가능성 앞에 자신들을 드러내기 위해 언어를 바꾼다는 논리였다. 개발자들은 첫 번째 방법으로 해마다 수많은 소비자와 양방향으로 의사소통하며 자신이 떠올린 아이디어를 테스트하고 개선하는 방법을 선택했다. 소비자가 제품을 조사하고 배우는 행위는 구매 후 한 번으로 끝나지 않고 계속해서 이어진다. 100일차 제품이 1일차 제품보다 더 나아야 한다. 원격으로 데이터를 수집하고 측정하는 기술인 텔레메트리telemetry와 소비자가 제공하는 피드백은 우리가 추구하는 혁신 주기의 일환이자 우리가 소비자의 요구를 충족시키도록 돕는 힘이다.

나는 옆에 붙은 공간으로 걸어갔다. 우리 제품을 사용하면서 개발자와 프로그램 매니저가 묻는 질문에 대답하는 소비자로 가득한, 세 구역으로 나뉜 공간이었다. 그중 한 구역에 브라운 대학교Brown University와 워싱턴 대학교University of Washington에서 온 학생들이 웹사이트와 애플리케이션을 개발할 때 사용하는 프로그램인 비주얼 스튜디오Visual Studio를 사용하고 있었다. 개발자들은 소비자의 반응을 관찰하면서 어떤 부분이 효과적인지, 어떤 부분이 소비자에게 더 다가갈 수 있는지를 배웠다. 연구해야 할 자료는 많이 있지만 소비자의 반응을 가까이에서 살펴보는 과정은 우리 제품을 구입하고 사용하는 소비자의 불명확하고 한 번도 충족된 적 없는 요구사항을 눈으로 보고, 귀로 듣고, 충분히 파악하도록 돕는다. 마이크로소프트의 기술팀과 비기술팀 모두 소비자의 목소리에 귀를 기울이기 위해 소비자에게 더욱 다가가고 있다. 그

것이 우리가 소비자의 입장에 공감하는 방법이기 때문이다. 팀원들은 내게 소비자의 피드백을 바탕으로 결정을 내리고 실험을 진행하는 권한을 부여 받은 느낌이라고 말한다. 나 또한 우리가 더 잘할 수 있음을 안다.

프로그래밍 언어인 파이썬Python을 위한 소프트웨어 개발 도구를 제작하는 팀을 만나기 위해 회의실로 걸어가는 동안 밖이 어둑어둑해졌다. 파이썬 같은 프로그래밍 언어용 개발 도구는 비주류 사업 부문이 아니다. 초창기부터 마이크로소프트는 프로그래밍 언어와 개발 도구를 제작하고 판매하는 회사였으며, 클라우드와 AI 기술이 대세를 이루는 지금 프로그래밍 언어와 개발 도구는 한층 더 중요해졌다. 나는 파이썬이든 자바스크립트JavaScript든, 다른 언어든, 종류와 상관없이 모든 언어에게 마이크로소프트 애저 클라우드Microsoft Azure Cloud가 가장 매력적인 종착지가 되기를 바란다.

내가 목격한 비주얼 스튜디오를 사용하던 학생과 같은 청년 개발자가 파이썬을 이용해 프로그램을 개발하는 사례가 늘어나는 추세다. 원래 하던 일을 계속하면서 지속적으로 소비자의 목소리에 귀를 기울이고 새로운 가능성 앞에 문을 엶으로써 우리는 유의미한 위치에 남았고 이제 개발자 공동체에게 서비스를 제공하는 가장 뛰어난 파이썬 개발자들이 모여드는 공간으로 자리 잡았다.

오늘날 전 세계에는 전문 개발자가 수천만 명 존재한다. 하지만 우리는 앞으로 개발자 수가 수억 명으로 늘어날 것이라고 예견할 수 있다. 미래에는 모든 비즈니스와 모든 경제 분야가 디지털 기술로 인해 완전히 바뀌면서 모든 조직이 소프트웨어 조직으로 변화할 것이기 때문이다. 나는 소프트웨어 개발이 지금 우리가 문서 작성 도구를 사용하는 수준만큼이나 보편화되는 미래를 상상할 수 있다. 우리는 마이크로소프트 워드Microsoft Word를 보급해 어디에서나 문서 작성 도구가 사용되게 했다. 프로그래밍도 똑같은 위치에 서도록 만들 필요가 있다. 우리는 프로그래밍이 보편화되는 현상을 대중화democratization라고 부른다. 일부 사람만이 누리던 코딩 능력을 모든 사람에게 나누어주는 흐름이기 때문이다.

우리 문화를 쇄신하기 위해서는 마이크로소프트가 더 다양하고 포괄적인 문화를 추구할 수 있도록 끊임없이 장애물을 제거해야 한다. 마이크로소프트 안팎에서 여성과 유색 인종, 그리고 다른 소외 집단이 자신이 겪은 생생한 경험담과 이에 대한 의견을 소리 내어 말하는 모습을 지켜보는 과정은 매우 중요하다. 2019년 봄, 나는 모든 임직원에게 이메일을 보내면서 자신의 이야기를 공유한 소외 집단에게 감사를 표시했다. "나는 우리가 탄생시키기 위해 그토록 노력하는 다양성과 포괄성을 추구하는 문화에 미치지 못하는 행위가 사업장에서 벌어진다는 이야기를 듣고 실망했습니다. 하지만 나는 사람들이 목소리를 높이고 변화를 요구할 수 있는 권한이 있다고 느낀다는 사실에서 힘을 얻었습니다." 비즈니스나 제품과 관련해 거둔 어떠한 성공도 인간의 존엄성이나 상대방을 대할 때 기본적으로 갖춰야 하는 예의를 대신하지 못한다. 우리가 누구인지, 출신지가 어디인지, 함께 일하는 동안 서로에게 어떤 느낌을 주는지 등을 바탕으로 서로를 이해하기 위해 우리가 길러야 하는 공감 능력은 우리가 가장 소중하게 여기고 기억해야 하는 힘이다.

기준에 미치지 못하면 우리는 더욱 정직해지고 더욱 많은 책임감을 느껴야 할 것이다. 포괄적인 문화를 창조해야 한다는 책임은 이제 목표 달성을 향해 나아가는 행동이 마이크로소프트의 이익과 직결되는 위치에 있는 나에서부터 시작해 1만 6,000명에 달하는 마이크로소프트 관리자 모두의 머릿속에 자리 잡고 있다. 어떤 통솔 방식이 특권인지 이해해야 하고 포괄적인 문화를 창조할 책임이 있는 사람들이다. 이와 마찬가지로 모든 직원은 회의와 직원 고용, 홍보 전략 결정 같은 회사에서 일상적으로 일어나는 행위에 책임과 기회가 따라온다는 생각을 머릿속 깊이 새겨야 한다.

2

첨단 기술 기업의 CEO로서 내가 자주 받는 질문이 우리가 전개하는 비즈니스가 차세대 물결을 따라잡는가, 따라잡지 못하는가이다. 우리는 충분히 혁신적인가? 차세대 물결에 관한 생각이 널리 퍼지기 훨씬 전에 우리는 새로운 분야에 투자하고 집중할 필요가 있다. 이러한 노력이 첨단 기술 산업에서 성공을 결정하는 요인이다. 우리에게는 이 말이 각 업계에서 선두를 차지하는 기업이 경쟁력을 키우고 성장하기 위한 자신만의 디지털 역량을 키우기 위해 우리와 손을 잡는다는 의미다. 우리가 일하는 공간은 물론 일상생활 속 모든 측면에서 컴퓨터가 일부분으로 자리 잡았다. 가정과 사무실, 공장, 경기장 등 모든 공간에 컴퓨터가 존재한다. 석유 산업에서 시작해 소매업과 농업을 지나 금융 서비스업에 이르기까지 모든 업계에서 컴퓨터를 찾아볼 수 있다. 커넥티드 카connected car(자동차와 각종 IT 기술을 융합하여 사용자에게 안전성과 편의성을 제공하는 자동차)부터 스마트 가전, 스마트 수술 도구와 스마트 커피 머신까지 모든 기기에서 컴퓨터 기술이 활용된다. 이제 지능형 클라우드Intelligent Cloud와 지능형 에지Intelligent Edge의 시대다.

우리는 애저 클라우드의 인프라스트럭처 레이어infrastructure layer에서 엄청난 혁신과 성장이 진행되는 모습을 목격하고 있다. 이로 인해 업계와 지역을 막론하고 인공 지능 기술이 탑재된 소프트웨어와 서비스 사용이 가능해질 것이다. 우리는 반드시 발전해야 하며 그 속도는 아찔할 정도로 빨라야 한다.

- 2018년 여름, 우리는 75억 달러에 깃허브^{GitHub}를 인수한다고 발표했다. GitHub는 3,600만 명이 넘는 개발자가 활동하는 공간이었다. 개발자는 전 세계가 안고 있는 가장 시급한 문제를 해결하는 과정에서 중심적인 역할을 수행할 것이다. 진정한 힘은 모든 개발자가 함께 개발하고, 협력하고, 소스 코드를 공유하고 다른 개발자가 내놓은 결과물을 바탕으로 한층 발전할 수 있을 때 생긴다.

- 시민 개발자$^{citizen\ developer}$(비전공자로서 대중화된 기술을 이용해 전문 개발자와 비슷한 업무를 수행하는 사람)와 비즈니스 프로세스 애플리케이션 및 분석 프로그램에 대한 요구를 해결하기 위해 우리는 코딩 경험이 전혀 없는 사람을 포함해 조직 내 모든 이가 어떤 기반도 존재하지 않는 곳에서 손쉽게 지능형 애플리케이션을 제작하거나 워크플로^{workflow}를 생성할 수 있게 하는 새로운 파워 플랫폼$^{Power\ Platform}$을 출시했다.

- 인공 지능과 관련된 또 다른 분야는 혼합 현실이다. 홀로렌즈 2$^{HoloLens\ 2}$는 전형적인 인공 지능 기기다. 홀로렌즈 2와 애저 혼합 현실 서비스$^{Azure\ mixed\ reality\ service}$를 조합하는 시도는 사람들이 일하는 방식을 바꾸는 새로운 시대로 우리를 안내한다. 더욱 더 많은 회사가 애저 혼합 현실 서비스를 이용해 물리적인 공간과 의사소통 방식에 디지털 기술을 접목하고, 규정된 비즈니스 프로세스 안에서 적절한 시간에 정확한 정보를 제공해

일선에 있는 근무자에게 자율권을 부여하고 있다.

- 우리는 마인크래프트 어스Minecraft Earth를 등장시켜 우리 기술력을 적용해 실제 현실과 가상 현실 사이를 연결하고 어디에서든 게이머가 마법 같은 시간을 경험할 수 있는 공간을 창조했다.
- 우리는 마이크로소프트 팀즈Microsoft Teams를 출시했다. 사람들이 대화를 나누고, 모여서 의논하고, 함께 일하고, 비즈니스 프로세스에 맞춰 작업을 진행하는 방식을 근본적으로 바꾸기 위해 시작된 생산성 및 협력을 위한 플랫폼이다.

대체적으로 컴퓨터 기술의 미래는 세 가지 거대한 변화를 원동력으로 삼는다. 첫째로 컴퓨터 기술은 더는 기기에, 심지어 데이터센터에 국한되지 않는다. 특정 영역에 얽매이지 않고 클라우드 컴퓨팅에서부터 에지 컴퓨팅에 이르기까지 어디에서나 광범위하게 사용되며, 데이터가 생성되는 장소에 더 가깝게 다가가고, 터치든, 음성이든, 시선이든, 손짓이나 몸짓이든 종류에 상관없이 다양한 입력 방식에 적응하는 능력을 갖췄다. 지능형 에지 컴퓨팅을 이렇게 생각해 보자. 들판에 서 있는 농부는 클라우드의 끝edge에 존재한다. 공장에서 일하는 노동자는 클라우드의 끝에 존재한다. 우주 비행 관제 센터와 협력하는 우주 비행사는 클라우드의 끝에 존재한다. 이들에게는 대역폭과 상관없이 자신이 있는 자리에서 클라우드 컴퓨팅이 발휘하는 거대한 능력과 인공 지능 기술이 기반이 되는 통찰력이 필요하다. 나는 이 분야에서 우리가 내놓은 결과물이 가장 혁신적이라고 생각한다. 유명한 제록스 팔로알토 연구 센터Xerox PARK에서 수석 기술자로 재직했던 마크 와이저Mark Weiser 박사는 차세대 컴퓨터 기술을 정의하기 위해 유비쿼터스 컴퓨팅ubiquitous computing이라는 용어를 처음 언급하던 당시 컴퓨터 기술이 제약에서 벗어난 미래를 예측했다. 와이저 박사는 이렇게 말했다. "가장 심오한 기술은 눈에 보이지 않는 기술이다. 이러한 기술은 다른 것과 구별되지 않을 때까지 일상생활이라는 옷감 속으로 자신을 짜 넣는다."

　두 번째 변화는 인공 지능이다. 우리는 최근 몇 년 간 엄청난 발전을 지켜보았다. 객체 인식object recognition과 음성 인식speech recognition, 기계 독해machine readingm(인공 지능 알고리즘이 스스로 문제를 분석하고 가장 적합한 답을 찾는 기술), 번역 부문에서 인공 지능 기술이 인간과 동등한 수준에 올라섰다. 그러나 이러한 돌파구는 단지 실험실 안에만 머무르지 않는다. 오히려 인공 지능은 우리가 겪는 모든 경험 속으로 스며들어 인간의 상호 작용에 영향을 미치고 우리를 둘러싼 모든 것에서 지식을 추출한다. 훌륭한 사용자 경험user experience이나 사용자 인터페이스user interface와 마찬가지로 우리에게는 훌륭하고 책임감 있는 인공 지능이 필요하다. 우리는 우리가 내린 선택이 미래를 위해 훌륭한 선택이 되도록 인공 지능을 최고의 공학 기술로 만들어야 한다. 우리는 소프트웨어 시스템용으로 데이터시트^{data sheet}를 사용해 왔다. 우리에게는 언제나 이해하기 쉬우면서 입출력이 구체적으로 명시된 데이터 시트가 있었기 때문에 믿음을 갖고 소프트웨어 시스템을 사용할 수 있었다. 우리는 인공 지능에서 사용되는 데이터에 대해 동일한 수준으로 이해할 수 있는 수단을 요구한다. 그렇지 않다면 우리가 달리 어떤 방법으로 데이터의 출처를 알 수 있겠는가? 인공 지능을 탄생시킨 데이터와 알고리즘은 투명해야 한다. 인공 지능 기술이 자신을 둘러싼 세상을 어떻게 분석하고 바라보는지에 대한 정보는 대중에게 제공되어야 한다. 그래야 인공 지능이 어떤 방식으로 동작하고 어떤 규칙으로 운영되는지 사람들이 알 수 있을 것이다. 인공 지능 기술은 인텔리전트 프라이버시^{intelligent privacy} 기능을 지원하도록 설계되어야 한다. 개인 정보와 집단 정보는 사용자들에게 신뢰를 주기 위해 안전하게 보호될 필요가 있다. 인공 지능 기술은 알고리즘 책임^{algorithm accountability} 기능을 갖춰야 한다. 이렇게 하면 인간이 의도치 않게 해를 끼쳤을 때 이를 되돌릴 수 있는 일종의 비상 버튼이 생길 것이다. 그리고 인공 지능은 편견이 생기지 않도록 조심해야 한다. 목표는 잘못된 데이터나 휴리스틱^{heuristic}(경험과 상식에 바탕을 둔 직관적이고 즉흥적인 판단)이 차별을 위해 사용되지 못하게 막는 것이다.

세 번째는 기기를 중심에 두는 사고에서 사람을 중심에 두는 사고로 전환하는 움직임이다. 오랫동안 우리는 대상이 되는 기기에 적합하게 어플리케이션을 제작하고 사용자 경험을 설계했다. 그러나 컴퓨터와 컴퓨터 기술을 위해 우리가 추구하는 상호작용 모델은 더는 기기를 우선으로 하지 않으며, 그 대신 인간을 우선으로 하고 일상생활에서 접하는 모든 기기를 포함한다. 사용자가 휴대전화나 컴퓨터, 태블릿, 게임기, 콘솔 또는 다른 모든 기기와 상호작용하는 방식이 더욱 자연스러워질 것이며 음성이나 시선, 터치, 잉크 등 사용자가 어떤 입력 방식을 사용하고자 하든 상관없이 기술은 일관되게 신호를 감지할 것이다. 우리는 어느 한 가지 감각 정보나 기기 종류에 국한되지 않고 동시에 모든 기기와 모든 감각을 아우르는 애플리케이션을 상상한다.

세 가지 발전이 한데 모여 혁신에 관한 다음 장을 구성하고 과거에는 상상하지 못했던 경험과 불가능할 것이라 생각되었던 기술적 돌파구를 가능하게 한다. 이것이 우리 앞에 펼쳐진 세상이다. 인공 지능이든, 클라우드든, 양자 컴퓨터든, 혼합 현실이든, 우리 시대를 규정하는 기술은 몇몇 사람이나 몇몇 회사 또는 몇몇 나라에만 국한되는 배타적인 영역이 되지 못한다. 기술은 사람들에게 널리 퍼져 친숙해져야 하며 따라서 누구나 혜택을 누릴 수 있다.

3
전 세계 곳곳에서 민주주의와 자본주의의 미래에 관한 논쟁이

다시 한 번 달아오르고 있다. 아주 오래전부터 시작된 논쟁이다.

250년 전에 시작된 산업 혁명Industrial Revolution은 놀랄 만한 성장과 엄청난 기회를 이끌어냈다. 특히 서양 세계는 새로운 기술과 시장 경제, 자유 민주주의가 낳은 선순환을 경험했다. 18세기 중반 이전에는 왕족으로 태어나지 못한 사람들은 고된 일로 가득 찬 삶을 살았다. 산업 혁명 이후 많은 사람에게 경제 성장과 기회라는 혜택이 돌아갔으나 모든 사람에게 제공되지는 못했다. 오늘날 우리 앞에 펼쳐진 기회는 동서와 남북을 불문하고 모든 국가가 평등하게 경제적인 이득을 취하는 세상을 꿈꾸게 한다.

4차 산업 혁명 시대에 진입하면서 우리는 갈림길에 직면했다. 이번 차세대 혁명은 우리에게 더 큰 경제적 평등과 기회를 가져다 줄 것인가, 그렇지 않을 것인가? 프랑스 경제학자 토마 피케티Thomas Piketty는 자신의 저서 《21세기 자본Capital in the Twenty-First Century》에서 자본 수익률이 경제 성장률보다 높은 경우 불평등은 지속적으로 악화될 것이라고 말했다. 다시 말해서 자본 수익률이 경제 성장률을 앞지르면 부유한 사람은 더욱 부유해지고 가난한 사람은 더욱 가난해진다. 이와 같은 결과를 막기 위해 경제 성장 결과는 더욱 공평하게 분배되어야 한다.

나는 차세대 산업 혁명이 달성할 성과에 대해 낙관적인 자세를 취한다. 나는 앞으로 진행될 산업 혁명이 이전 산업 혁명을 능가할 수 있을 것이라고 생각한다. 소프트웨어는 지금까지 등장한 그 어떤 것보다 가장 유연한 생산 요소이기 때문이다. 모든 회사와 국가가 성장을 위한 동력을 공급하고 모든 사람에게 풍요로운 세상을 제공할 수 있는 마법 같은 해결책을 탄생시키기 위해 소프트웨어를 사용할 수 있다.

하지만 소프트웨어와 기술이 존재하는 것만으로는 충분하지 않다. 전 세계 모든 지역에서 자신만의 비교 우위comparative advantage를 지렛대 삼아, 그리고 내가 '테크 인텐시티tech intensity'라고 부르는 요소를 수용함으로써 번영을 누릴 것이다. 비교 우위는 두 가지 서로 다른 제품을 생산할 능력이 있는 두 나라가 자유 무역 시장에 참여하는 경우 한 나라는 자신이 비교 우위를 점하는 제품을 수출하고 다른 나라가 비교 우위를 점하는 제품을 수입할 것이라는, 단순하지만 직관적이지 않은 개념이다. 애덤 스미스Adam Smith의 뒤를 이어 고전 경제학의 이론 체계를 완성한 영국 정치 경제학자 데이비드 리카도David Recardo가 처음으로 비교 우위 이론을 명확히 정립하고 무역이 제로섬 게임이 전혀 아님을 보여주었다. 오늘날 비교 우위 이론은 하나의 원칙으로 남아 있다.

나는 이 책을 쓰기 위해 자료를 조사하는 동안 처음으로 기술 응집력이라는 개념에 대해 탐구하기 시작했다. 다트머스 대학교 교수이자 경제학자인 디에고 코민Diego Comin은 수세기에 걸쳐 기술 보급 방식이 일으킨 장기적인 변화를 연구하면서 새로운 기술을 빨리 수용하는 단계에서 그치지 않고 집중적으로 사용한 국가, 즉 새로운 기술을 사용하는 숙련된 기술자 집단을 탄생시킨 국가가 규모 면에서 더욱 큰 경제 성장을 이룩했음을 확인했다. 코민 교수의 연구를 더욱 면밀하게 검토하는 동안 나는 모든 지역 사회와 국가가 기술을 소비하는 수동적인 위치에서 벗어나 기술을 생산하는 능동적인 위치로 이동할 필요가 있음을 확신하게 되었다. 이들은 최고 수준의 도구와 플랫폼을 채택해야만 하며 이후 자신만의 독특한 제품과 서비스를 탄생시켜야 한다. 하지만 그렇게 할 수 있는 숙련된 기술자가 있어야만 자체 기술 산업을 구축할 수 있다. 우리가 링크드인^{LinkedIn}을 분석해 만든 자료는 비율적으로 비기술 기업에 고용된 기술 인력이 기술 기업에 고용된 인력보다 많다는 사실을 보여 준다. 지역 경제와 국가 경제가 자신만의 디지털 역량을 구축하면 더는 마이크로소프트 같은 전 세계적인 기술 기업에 의존하지 않게 되며 오히려 독립성을 얻을 수 있다. 클레이튼 크리스텐슨^{Clayton Christensen}은 마지막으로 발표한 책 《번영의 역설^{The Prosperity Paradox}》에서 "상의하달식 노력인 경우가 많은 일반적인 경제 개발 모델의 한계를 확인하고 기업가 정신과 시장 창조형 혁신^{market-creating innovation}에 기반을 둔 경제 성장을 위한 새로운 틀을 제시한다." 나는 만약 우리가 실패한다면 무언가 다른 위험, 즉 자본주의와 자유 민주주의가 낳은, 갈수록 커지는 기회의 고리와 결합된 기술이라는 꿈이 무너질 위험에 처할까 두렵다.

성장하는 동시에 자본을 기반으로 엄청난 이익을 거둘 것임은 분명하다. 성공적으로 테크 인텐시티를 창조한다면 우리는 성장할 것이다. 우리는 자본 수익과 경제 성장을 모두 이룩할 것이다. 남은 과제는 공평한 성장이다. 나는 정책적으로 적절한 해결법을 이끌어내기 위해 더 깊은 분석과 논의가 필요한 몇 가지 전략을 구상하고 있다.

- 새로운 디지털 경제 안에서 사람들에게 자신의 데이터에 대한 통제권을 부여하려면, 심지어 자신이 생성한 데이터에 대한 공정한 수익을 누리는 기회를 제공하려면 추가적인 단계가 필요하다. 사람들은 무료로 데이터를 교환하기를 원할지도 모른다. 그렇지만 선택권은 제공되어야 한다. 머릿속에 떠다니는 생각 중 하나가 "노동형 데이터data as labor", 즉 디지털 기술을 활용하여 작업한 결과로 얻은 데이터에 대해 대가가 지불되어야 한다는 개념이다.
- 우리는 "노동 총량 불변의 오류lumb of labor fallacy", 즉 시장에 존재하는 일자리의 수가 정해져 있어서 노동자가 늘어나면 일자리를 얻을 기회가 줄어든다는 개념을 정확히 이해하는 한편 모든 분야에서 공격적으로 직원을 훈련시키고 새로운 기술을 가르쳐 이러한 결과가 생기지 않도록 막아야 한다. 앞선 산업 혁명에서 그러했듯이 우리는 노동권에 대해 다시 논의하고 급여

와 근무 환경을 개선할 수 있다. 영국의 경제 및 시사 주간지 《이코노미스트Economist》는 전 세계가 전례를 찾기 어려울 정도로 일자리가 갑작스럽게 늘어나는 즐거움을 누리고 있다고 말한다. 보고서는 제조업이나 다른 기계 집약적인 산업에서 사람들이 예견했던 일자리 부족이라는 대재앙은 어디에서도 관찰되지 않았다고 설명한다.

- 시간이 흐를수록 데이터와 인공 지능이 건강과 교육, 기후 변화, 그리고 다루기가 매우 힘들 것처럼 보이던 다른 문제에 대한 비용 곡선을 꺾을 것이다. 제대로 된 보호 장치를 갖춘 확실한 데이터에서 얻은 통찰력을 발휘한다면 비용을 낮추고 효과를 키울 수 있다.

- 네트워크 효과Network effect는 마이크로소프트 같은 플랫폼 회사와 우리 경쟁사와 같은 애그리게이터aggregator(경쟁력은 있으나 자금이 부족한 중소 브랜드나 기업을 발굴하고 인수해 성장시키는 회사) 모두에게 현실로 다가온다. 우리는 모든 소비자를 위해 계속해서 치열한 경쟁을 벌여야 한다. 오늘날 목격되는 광고와 상거래 채널에 과도하게 집중되는 현상은 소비자의 선택을 제한하기 때문에 건강하지 않다.

결론적으로 나는 세계화의 다음 단계에서는 지역 사회에 성장 기회를 제공할 때 훨씬 더 조심스럽게 접근해야 한다고 생각한다. 거듭해서 선거를 치르다 보면 유권자가 자신이 소속된 국가와 지역 공동체에 어떤 가치를 부여하는지가 보인다. 국경은 우리가 받아들여야 하는 현실이며 모든 국가가 자신의 이익을 우선으로 한다. 그래야 하기 때문이다. 따라서 우리는 다국적 기업으로서 우리가 사업을 전개하는 모든 지역 공동체와 국가에서 기회를 창출한다는 사실에 존재 가치를 두어야 한다. 또한 결과적으로 모든 지역 공동체와 국가가 더욱 번영을 누리게 할 글로벌 연결성을 키워야 한다. 농촌 경제는 도시 경제와 더욱 밀접하게 연결되어야 한다. 이와 마찬가지로 도시 경제는 지역 경제와, 국내 경제는 국제 경제와 더욱 밀접하게 연결되어야 한다. 지역 내에서 구성원에게 기회를 제공하기 위해 벌이는 활동은 전 세계적으로 경제 성장과 경제적 평등을 최대한 이끌어내기까지 꾸준히 전개될 것이다.

마지막으로 아누와 나는 아이들로 인해 끊임없이 커다란 기쁨을 느끼고 있다. 딸아이 하나는 곧 대학에 진학할 예정이고 다른 딸아이는 학업을 계속하고 있다. 자인은 몇 차례 추가 수술을 받았고 여전히 음악을 좋아한다. 아누는 뇌성마비 환자의 권익을 증대하기 위해 더 많은 시간과 열정을 쏟고 있다. 뇌성마비 환자의 삶의 질을 개선할 수 있는 치료법과 약물은 무엇인가? 아무리 사회적으로 특별한 사람이라도 누구든 자신의 가족에 대해 일상적으로 불안을 느낀다. 우리는 혼자가 아니다.

감사의 글

가장 훌륭한 컴퓨터 코드는 시와 비슷하다. 시인은 그토록 많은 생각과 느낌을 한두 줄에 압축하여 완벽하게 전달하기 위해 치열하게 노력한다. 내 글이 시에는 미치지 못하지만, 그래도 집필 과정은 진지하고 치열했으며 결과는 보람 있었다. 그래서 고마운 사람이 너무나 많다.

글을 쓰는 동안 나는 두 가족에게 너무나 많은 은혜를 입었다. 첫 번째 가족인 아누와 예쁜 세 아이, 그리고 멀리 인도에 계신 가족에게 고마움을 전한다.

마이크로소프트는 20년 이상 나의 또 다른 가족이 되어주었다. 빌 게이츠와 폴 앨런, 그리고 스티브 발머에게 크나큰 신세를 졌다. 세 사람은 마이크로소프트에 근무하는 모든 사람에게 혁신하고 성장할 기회를 주었다. 덕분에 우리는 전 세계 사용자를 도울 기회를 누릴 수 있었다. 마이크로소프트에서 일하는 동안 나는 언제나 그들을 존경했고 그들에게서 가르침을 얻었다. 마이크로소프트 SLT는 지속적인 변신 과정에서 나의 파트너가 되어주었다. 나는 저드슨 앨서프, 크리스 카포셀라, 장 필리프 쿠르투아, 커트 델빈, 스콧 구스리, 캐슬린 호건, 에이미 후드, 라제시 자, 페기 존슨, 테리 마이어슨, 케빈 스콧, 해리 셤, 브래드 스미스, 제프 와이너에게 가장 진실한 마음을 담아 감사드린다. 마이크로소프트에서 일하는 모든 직원과 파트너가 자신의 재능과 창의성을 발휘하지 않았다면 우리는 어떤 일도 이루지 못했을 것이다.

마이크로소프트 이사진인 존 톰슨, 리드 호프먼, 테리 L. 리스트 스톨, G. 메이슨 모팻, 찰스 H. 노스키, 헬무트 판케 박사, 샌드라 E. 페터슨, 찰스 W. 샤프, 존 W. 스탠턴, 패드매스리 워리어에게도 이 자리를 빌려 고맙다고 말하고 싶다.

이 책을 시작할 때부터 끝낼 때까지 나는 출판 경험이 풍부한 전문가에게 수없이 의존했다. 칼 웨버는 아이디어를 발전시키고 이를 원고로 옮기는 모든 과정에서 탁월한 재능을 발휘했다. 내 대리인 역할을 해주었던 짐 러바인은 항상 침착하고 모범적인 태도를 보였다. 하퍼콜린스 출판사의 담당 편집자인 홀리스 하임바우크는 우리가 한 글자도 적지 않았을 때부터 우리에게 용기를 주고, 우리의 아이디어에 기회를 주었으며, 《신곡》에서 단테를 안내한 베르길리우스처럼 어두운 숲속에서 우리를 안내했다.

마이크로소프트 라이브러리 및 아카이브 팀에 소속된 킴벌리 엔절키스, 니콜 파트리지, 에이미 스티븐슨은 귀중한 시간을 할애해 신속하게 원고를 확인하고 책 마지막 부분에 실린 유용한 자료를 제공했다.

더없이 훌륭한 참모진인 제이슨 그라페, 신시아 톰센, 보니타 암스트롱, 케이틀린 맥카베, 콜레트 스톨보머, 차드 드브리스, 메건 그레이, 제프 퓨리를 비롯한 모든 팀원은 그 무엇으로도 감사를 표현하기 힘들 만큼 도움을 주었다.

프랭크 X. 쇼, 밥 비전, 스티브 클레이튼, 더그 도슨, 존 시론과 시론의 팀원을 비롯해 마이크로소프트의 대외 홍보 및 마케팅 전문가들이 원고를 읽고 하퍼콜린스와 협력하고 책에 대해 입소문을 내는 등 대단히 중요한 역할을 했다.

법률 팀의 매튜 페나지크에게도 감사한다. 그리고 처음부터 끝까지 내게 아이디어를 제공한 롤프 함스, 존 틴터, 맷 부티, 앨릭스 키프먼, R. 프레스턴 맥아피, 저스틴 라오, 글렌 웨일, 빅터 하이마이어, 마이크 톨프센, 네이트 존스, 튜리 위드스틴, 치나 봄셰티, 마이클 프리드먼, 크리스타 스보르, 피터 리, 에릭 호르비츠, 케이트 크로퍼드, 다나 보이드, 크리스 비숍, 데브 스탈코프, 존 시토프, 애비게일 셀렌, 라이언 칼로, 프렘 팔라즈라이에게 특별히 감사한 마음을 전한다. 스포츠 저널리스트이자 《위즈

덴 인디아 알마낙》의 편집자인 수레쉬 메논은 2장에 크리켓 이야기를 쓰라고 제안했고 기꺼이 내 집필을 도와주었다.

월터 아이작슨은 일찍이 이 책이 나아갈 방향을 안내했을 뿐만 아니라 아스펜 아이디어 페스티벌Aspen Ideas Festival에서 나를 무대로 불러내 인터뷰까지 했다. 그 자리에서 우리는 이 책에 대해 처음 언급했다. 티나 브라운과 남편인 해럴드 에번스는 친절하게도 뉴욕 시에 있는 멋진 집으로 나와 아누를 초대하여 이 책에 실린 몇 가지 생각을 다른 작가들과 토론할 자리를 마련해주었다. 팀 오라일리는 '무엇이 미래인가What's the Future'라는 제목으로 샌프란시스코에서 개최된 혁신 관련 회의에서 이 책에 실린 주제에 관해 나를 인터뷰했다. 오라일리와 오라일리가 최근 출간한 책에 행운이 있기를 빈다.

마지막으로 그레그 쇼와 질 트레이시 니컬스에게 감사한다. 두 사람은 이 프로젝트에 협력하고 나를 격려했으며 내 작업에 힘을 보탰다. 그들 덕분에 이번 집필이 의미 있는 작업이 되었다.

"어떻게 불러야 하지?"

부끄러운 고백이지만 처음에는 그가 누구인지는 둘째치고, 영어로 쓰인 인도 이름을 우리 말로 어떻게 적어야 하는지가 더 먼저 신경이 쓰였다. 2014년 2월 4일, 스티브 발머가 떠난 마이크로소프트의 새 CEO가 사티아 나델라로 발표되던 순간의 기억이다. 그만큼 사티아 나델라는 테리 마이어슨이나 스티븐 엘롭처럼 잘 알려져 있는 수석 부사장이 아니었고, 차기 CEO 후보로 언급이 되긴 했지만 외부에서는 존재감이 그리 강하지 않았다. 이사회가 변화보다 당장 조직의 안정을 택한 것이라는 우려의 목소리나 빌 게이츠가 다시 경영으로 돌아오기 위한 초석이 아닌가 하는 이야기도 흘러나왔다.

하지만 그 걱정이 기대로 바뀌는 데에는 그리 오랜 시간이 걸리지 않았다. 사티아 나델라는 그 어느 때보다 어려운 시기에 마이크로소프트를 맡았다. 하지만 그는 마치 오래 전부터 회사를 어떻게 이끌겠다는 목표가 있는 것처럼 강력하고 차분하게 마이크로소프트를 바꿔갔다. 그 변화의 결과가 눈에 보이는 데에는 1년이 채 걸리지 않았다. 2015년 개발자 컨퍼런스인 '빌드BUILD'는 그 자체로 흥분이었다. 3일간의 개발자 컨퍼런스가 끝난 뒤에도 모스콘 센터를 떠나지 않았던 개발자들의 모습이 지금도 눈에 선하다. 이때 마이크로소프트의 변화는 놀라웠고 내 스스로에게도 큰 에너지가 됐던 경험으로 아직까지 남아 있다.

사티아 나델라의 마이크로소프트는 놀라게 할 제품의 변화나 새로운 기술보다도 갖고 있는 강점을 되돌아보고 시장이 무엇을 원하는지에 귀를 기울였다. 리눅스와 오픈소스를 끌어안는 것처럼 이전과 반대되는 전략은 너무나 급작스러워서 '쇼'가 아닌가 하는 생각이 들 정도였다. 하지만 급격한 변화에 대해 그가 회사 내부와 외부를 동시에 설득해 나가는 과정은 억지스럽지 않았다. CEO로서 전하는 메시지와 그 결과물에는 분명한 철학이 녹아 있었기 때문이다. 그에 대해 호기심이 생기지 않을 수 없었다.

그의 키노트는 길지 않다. 말을 빠르게, 그리고 많이 하지도 않는다. 글에 담긴 어투에도 그 느낌은 고스란히 담겨 있다. 직관적이지만 동시에 메시지를 함축하는 그만의 에너지가 있다. 그게 바로 이 책을 가득 메운 '공감'이다. 그가 왜 공감에 대해 그렇게 강조하고, 또 공감에 익숙한지를 읽어나가는 것이 이 책, 히트 리프레시^{Hit Refresh}의 가장 즐거운 부분이다. 뒷부분에서 향후 기술이 가야 할 방향성을 읊을 수 있는 에너지 역시 마이크로소프트의 철학에 대해 읽는 이와 공감하는 데에서 나온다. 물론 그만큼 번역이 쉽지 않은 책이기도 하다.

공감은 이 책의 또 다른 제목이다. 마이크로소프트는 가장 앞선 기술 기업 중 하나다. 세계에서 가장 똑똑한 인재들이 모여 들고, 가장 강력한 운영체제와 소프트웨어 플랫폼으로 전 세계에 PC를 깔았다. 하지만 이 회사에 부족한 것은 공감이었다. 소비자가 원하는 것보다 시장을 이끌어야 한다는 강박이 제품을 괴롭혔다. 이는 곧 모바일과 윈도우 8로 닥쳐온 위기로 연결됐다. 가장 심각했던 것은 그 변화에 공감하는 이들이 많지 않았다는 점이다. 어쩔 수 없이 써야 하는 제품이라는 분위기만큼 무서운 게 또 있을까.

사티아 나델라 이후의 마이크로소프트는 개방, 협업, 대화 같은 가치를 내세운다. 윈도우와 오피스가 담긴 디스크를 팔아서 돈을 버는 기업이 아니라 그 제품과 서비스로 만들어내는 부가가치를 파는 기업으로 바뀌었다. 윈도우 10의 인사이더 프리뷰는 지금도 이용자들에게 어떠냐고 묻는다. 클라우드 서비스는 한 번 팔고 끝나는 게 아니라 끊임없이 이용자들에게 새로운 가치를 만들어내도록 등을 떠민다. 도저히 우리 말로 매끄럽게 번

역할 수 없는 '임파워empower'를 파는 기업이 됐다.

파는 것이 물건things에서 가치value로 바뀌면서 시장이 원하던 오픈소스가 녹아들었다. 클라우드와 모바일은 그 자체로 제품이 되기보다 하나의 컴퓨팅 환경으로 바뀌었다. 새 아이패드 발표회 무대에는 마이크로소프트의 오피스 임원이 올라왔고, 윈도우 스토어에는 애플의 '아이튠즈'가 등록됐다. 윈도우 10에는 리눅스 쉘이 들어갔고, 윈도우 서버의 킬러 소프트웨어였던 '마이크로소프트 SQL'은 그 경험 그대로 클라우드와 리눅스를 끌어안았다. 변화는 오래 걸리지 않았다. 혁신의 무게가 '세상에 없던 새로운 것'에 쏠리지 않았기 때문이다. '우리 것'과 '네 것'으로 가르던 냉전식의 가치관 대신 새로운 컴퓨팅 환경을 인정하고 공감하는 것이 제품을, 또 회사를 바꾸어 놓았다.

물론 이 변화가 사티아 나델라 혼자만의 생각과 고집은 아닐 것이다. 다만 사티아 나델라는 그 바뀌는 회사의 방향성을 바탕으로 마이크로소프트의 구성원, 그리고 소비자들과 공감하는 능력을 갖고 있다. 오늘날의 기업들이, 또 기업가들이 갖춰야 하는 덕목은 바로 가치와 의미를 전달하는 것이다. 그런 면에서 그는 탁월한 리더다. 흥분하지 않고, 합리적이고, 모든 행동에는 고개를 끄덕이게 하는 이유가 뒤따른다. 그렇기 때문에 예측할 수 있고, 받아들일 수 있다. 이런 공감대는 하루 아침에 만들어진 게 아닐 것이다. 그건 그의 인생을 관통하고 있는 가치임에 틀림없다.

이 책은 그 동안 잘 알려지지 않은 사티아 나델라 스스로의 이야기다. 하지만 이 책은 자서전이 아니다. '그때 그랬었구나…' 하는 감탄사들이 이어지지만 과거를 돌아보는 역사서도 아니다. 기업 홍보 책자는 더더욱 아니다. 오히려 냉정하고 치열한 기술 시장을 대하는 인문적 지침서에 가깝다. 사티아 나델라 특유의 차분한 목소리로 마이크로소프트가, 그리고 그 소비자인 우리가 겪고 있는 시대의 고민과 기술에 대한 공감대를 만들어가는 것만으로도 이 책은 충분히 즐겁다.

프리랜서 IT 칼럼니스트 최호섭

제1장 하이데라바드에서 레드먼드까지

Cornet, Manu. "Organizational Charts." Bonkers World, June 27, 2011. Accessed December 8, 2016. http://www.bonkersworld.net/organizational-charts/.

Gordon, Robert J. *The Rise and Fall of American Growth: The U.S. Standard of Living since the Civil War*. Princeton, NJ: Princeton University Press, 2016.

Widmer, Ted. "The Immigration Dividend." *New York Times*, October 6, 2015.

제2장 리더로서의 자질을 통찰하다

A Cloud for Global Good. Case study. Redmond, WA: Microsoft, 2016. Accessed December 12, 2016. http://news.microsoft.com/cloudforgood/.

Guha, Ramachandra. *A Corner of a Foreign Field: The Indian History of a British Sport*. Basingstoke, UK: Pan Macmillan, 2003.

Eastaway, Robert. *Cricket Explained*. New York: St. Martin's Griffin,

1993.

Shapshak, Toby. "How Kenya's M-Kopa Brings Prepaid Solar Power To Rural Africa." *Forbes*, January 28, 2016.

Beser, Ari. "How Citizen Science Changed the Way Fukushima Radiation is Reported." *National Geographic*, Fulbright National Geographic Stories, February 13, 2016.

Heikell, Lorence. "UN and Microsoft Aid Disaster Recovery, Economic Development in Nepal." Microsoft Feature Story. Accessed March 10, 2017. https://news.microsoft.com/features/un-and-microsoft-aid-disaster-recovery-economic-development-in-nepal/#sm.00001tf vv5hhqcs610r97vxf4vfiv#hAyXgOep0YzFR1W8.97.

Amazon. "New Version of Alexa Web Search Service Gives Any Developer Tools to Innovate in Search at Web Scale." Amazon Press Release, June 6, 2007. http://phx.corporate-ir.net/phoenix. zhtml?c=176060&p=irol-newsArticle&ID=1012591.

Barr, Allison. "Amazon's Next Billion-dollar Business Eyed." Reuters, July 22, 2011.

Brengel, Kellogg. "ThyssenKrupp Elevator Uses Microsoft Azure IoT for Improved Building Efficiency." OnMicrosoft. Accessed March 10, 2017. https://www.onmsft.com/news/thyssenkrupp-elevator-uses-microsoft-azure-iot-improved-building-efficiency.

제3장 새로운 동력을 품고 새로운 사명으로 향하다

Vance, Ashlee. "CEO Memo Makes 'Productivity' the New Mantra at Microsoft." *Bloomberg*, July 10, 2014.

McGregor, Jen. "Microsoft CEO Satya Nadella's Love of Literary Quotes." *Washington Post*, July 10, 2014.

Wingfield, Nick. "Satya Nadella Says Changes Are Coming to Microsoft." *New York Times*, July 10, 2014.

제4장 문화의 르네상스를 꿈꾸다

Peckham, Matt. " 'Minecraft' Is Now the Second Best-Selling Game of All Time." *Time*, June 2, 2016.

제5장 새로운 파트너십, 경계는 없다

http://spectrum.ieee.org/tech-talk/telecom/internet/popular-internet-of-things-forecast-of-50-billion-devices-by-2020-is-outdated

제6장 클라우드, 그 너머

Linn, Allison. "How Microsoft Computer Scientists and Researchers Are Working to 'Solve' Cancer." Microsoft Story Labs, September 2016. https://news.microsoft.com/stories/computingcancer/.

Dupzyk, Kevin. "I Saw the Future Through Microsoft's HoloLens." *Popular Mechanics*, September 6, 2016, http://www.popularmechanics.com/technology/a22384/hololens-ar-breakthrough-awards/.

Aukstakalnis, Steve. *Practical Augmented Reality. A Guide to the Technologies, Applications, and Human Factors for AR and VR.* Boston: Addison-Wesley, 2016.

Grunwald, Martin. *Human Haptic Perception: Basics and Applications.* Boston: Birkhauser, 2008.

Gartner, Hype Cycle for Emerging Technologies, 2016, G00299893

Aaronson, Scott. *Quantum Computing Since Democritus.* Cambridge: Cambridge University Press, 2013.

Linn, Allison. "Microsoft Doubles Down on Quantum Computing Bet." Next at Microsoft Blog, November 20, 2016. https://blogs.microsoft.com/next/2016/11/20/microsoft-doubles-quantum-computing-bet/.

제7장 신뢰에 관한 방정식

Ignatius, Adi. "They Burned the House Down." *Harvard Business Review* 93, no. 7/8 (2015): 106–13.

Smith, Brad. " 'The Interview' Now Available on Xbox Video." The Official Microsoft Blog, December 24, 2014. http://blogs.microsoft.com/blog/2014/12/24/the-interview-now-available-on-xbox-video/.

Microsoft News Center. "Statement from Microsoft about Response to Government Demands for Customer Data." The Official Microsoft Blog, July 11, 2013. http://news.microsoft.com/2013/07/11/statement-from-microsoft-about-response-to-government-demands-for-customer-data/#sm.001aorusr7vufs511ur2bludrw2u3.

Hesseldahl, Arik. "Microsoft and Google Will Sue U.S. Government Over FISA Order Data." *All Things D*, August 30, 2013. http://allthingsd.com/20130830/microsoft-and-google-will-sue-u-s-government-over-fisa-order-data/#.

Cellan-Jones, Rory. "Technology Firms Seek Government Surveillance Reform." *BBC Technology News*, December 9, 2013. Accessed December 8, 2016. http://www.bbc.com/news/technology-25297044.

Ackerman, Spencer. "Tech Giants Reach White House Deal on NSA Surveillance of Customer Data." *The Guardian*, January 27, 2014. Accessed December 8, 2016. https://www.theguardian.com/world/2014/jan/27/tech-giants-white-house-deal-surveillance-customer-data.

Ellingsen, Nora. "The Microsoft Ireland Case: A Brief Summary," LawFare Blog, July 15, 2016, https://www.lawfareblog.com/microsoft-ireland-case-brief-summary.

Bennet, James, et al. "Adapting Old Laws to New Technologies; Must Microsoft Turn Over Emails on Irish Servers?" *New York Times*, July 27, 2014. http://www.nytimes.com/2014/07/28/opinion/Must-Microsoft-Turn-Over-Emails-on-Irish-Servers.html?_r=0.

Conger, Kate. "The Federal District Court Ruled in Favor of U.S. Prosecutors, but We Appealed the Decision, and the United

States Court of Appeals for the Second Circuit Backed Microsoft's Position." *TechCrunch*, July 14, 2016. https://techcrunch.com/2016/07/14/microsoft-wins-second-circuit-warrant/.

Nakashima, Ellen. "Apple Vows to Resist FBI Demand to Crack iPhone Linked to San Bernardino Attacks." *Washington Post*, February 17, 2016. Accessed December 8, 2016. https://www.washingtonpost.com/world/national-security/us-wants-apple-to-help-unlock-iphone-used-by-san-bernardino-shooter/2016/02/16/69b903ee-d4d9-11e5-9823-02b905009f99_story.html.

Bloomberg, Michael. "The Terrorism Fight Needs Silicon Valley; Tech Executives Are Dangerously Wrong in Resisting the Government's Requests for Their Help." *Wall Street Journal*, June 29, 2016. Accessed December 8, 2016. http://www.wsj.com/articles/the-terrorism-fight-needs-silicon-valley-1467239710.

Hazelwood, Charles. "Trusting the Ensemble." TED Talk, 19:36, filmed July 2011. http://www.ted.com/talks/charles_hazlewood.

Gates, Bill. "Memo from Bill Gates." The Official Microsoft Blog, January 11, 2012. http://news.microsoft.com/2012/01/11/memo-from-bill-gates/#sm.00000196kro2y0ndaxxlau37xidty.

Delgado, Rick. "A Timeline of Big Data Analytics." *CTO Vision*, September 12, 2016. https://ctovision.com/timeline-big-data-analytics/.

Lieberman, Mark. "Zettascale Linguistics." *Language Log*, November 5, 2003. http://itre.cis.upenn.edu/~myl/languagelog/archives/000087.html.

North, Douglass Cecil. *Economic Growth of the United States*, 1790–1860. Englewood Cliffs, NJ: Prentice Hall, 1961.

Adams, John. "John Adams to Abigail Adams, 3 July 1776." Adams Family Papers: An Electronic Archive, Massachusetts Historical Society, Boston. Accessed December 8, 2016. http://www.masshist.

org/digitaladams/archive/doc?id=L17760703jasecond.

Riley v. California, 134 S. Ct. 2473, 189 L. Ed. 2d 430, 2014 U.S. LEXIS 4497, 82 U.S.L.W. 4558, 42 Media L. Rep. 1925, 24 Fla. L. Weekly Fed. S 921, 60 Comm. Reg. (P & F) 1175, 2014 WL 2864483 (U.S. 2014). https://www.supremecourt.gov/opinions/13pdf/13–132_8l9c.pdf.

Rothman, Lily. "10 Questions with Akhil Reed Amar." *Time*, September 5, 2016, 56.

Arun K. Thiruvengadam Scholarly Papers. New York: Social Science esearch Network, 2013–2016. Accessed December 8, 2016. https://papers.ssrn.com/sol3/cf_dev/AbsByAuth.cfm?per_id=411428.

Malden, Mary, and Lee Rainie. "Americans' Attitudes about Privacy, Security and Surveillance." Washington, DC: Pew Research Center, 2015. Accessed December 8, 2016.

http://www.pewinternet.org/files/2015/05/Privacy-and-Security-Attitudes-5.19.15_FINAL.pdf.

Neuborne, Burt. *Madison's Music: On Reading the First Amendment*. New York: The New Press, 2015.

제8장 인간과 기계는 어떤 미래를 향해 가는가

Markoff, John, and Paul Mozur, "For Sympathetic Ear, More Chinese Turn to Smartphone Program." *New York Times*, July 31, 2015.

Tractica. Virtual Digital Assistants. Boulder, CO: Tractica, 2016. Accessed December 8, 2016.

https://www.tractica.com/research/virtual-digital-assistants/.

Executive Office of the President National Science and Technology County Committee on Technology. *Preparing for the Future of Artificial Intelligence*. Washington, DC: National Science and Technology Council, 2016. Accessed December 8, 2016. https://www.whitehouse.gov/sites/default/files/whitehouse_files/microsites/ostp/NSTC/preparing_for_the_future_of_ai.pdf.

Kurzweil, Ray. *The Singularity Is Near: When Humans Transcend Biology.* New York: Penguin Books, 2006.

Markoff, John. *Machines of Loving Grace: The Quest for Common Ground Between Humans and Robots.* New York: Ecco, 2015.

Asimov, Isaac. "Runaround." In *I, Robot.* New York: Gnome Press, 1950.

Gates, Bill. "The Internet Tidal Wave." Memorandum to executive staff, May 26, 1995. https://www.justice.gov/sites/default/files/atr/legacy/2006/03/03/20.pdf.

Breazeal, Cynthia. *Designing Sociable Robots.* London: MIT Press, 2002.

Nadella, Satya. "The Partnership of the Future." *Slate,* June 28, 2016. Accessed December 8, 2016. http://www.slate.com/authors.satya_nadella.html.

Stone, Peter, et al. "Artificial Intelligence and Life in 2030." *One Hundred Year Study on Artificial Intelligence: Report of the 2015–2016 Study Panel.* Stanford, CA: Stanford University, 2016. Accessed: September 6, 2016. https://ai100.stanford.edu/2016-report/preface.

Allen, Colin. "The Future of Moral Machines." *New York Times,* December 25, 2011.

Bostrom, Nick. *Superintelligence: Paths, Dangers, Strategies.* Oxford: Oxford University Press, 2014.

Ford, Martin. *Rise of the Robots: Technology and the Threat of a Jobless Future.* New York: Basic Books, 2015.

Brynjolfsson, Erik, and Andrew McAfee. *The Second Machine Age: Work, Progress, and Prosperity in a Time of Brilliant Technologies.* New York: W. W. Norton, 2014.

McCullough, David. *The Wright Brothers.* New York: Simon & Schuster, 2015.

Krznaric, Roman. *Empathy: Why It Matters, and How to Get It.* New York: TarcherPerigee, 2014.

Schwab, Klaus. *The Fourth Industrial Revolution.* New York: Crown

Business, 2017.

Susskind, Daniel, and Richard Susskind. *The Future of the Professions: How Technology Will Transform the Work of Human Experts.* Oxford: Oxford University Press, 2016.

제9장 모든 이를 위한 더 나은 미래에 대한 상상

Associated Press. "Who's Been Invited to the State of the Union Tonight?" *Boston Globe*, January 12, 2016. Accessed December 9 2016. https://www.bostonglobe.com/news/politics/2016/01/12/ guestsrdp/DR3KzNA90x3nxLYFOFs0nN/story.html.

Obama, Barack. State of the Union Address. White House, January 12, 2016. Accessed December 9, 2016. https://www.whitehouse.gov/ sotu.

Solow, Robert M. "We'd Better Watch Out." Review of *The Myth of the Post-Industrial Economy*, by Stephen S. Cohen and John Zysman. *New York Times*, July 12, 1987. Accessed December 9, 2016. http://www.standupeconomist.com/pdf/misc/solow-computer-productivity.pdf.

Nadella, Satya, Ulrich Spiesshofer, and Andrew McAfee. "Producing Digital Gains at Davos." *BCG Perspectives*, March 9, 2016. Accessed December 9, 2016. https://www.bcgperspectives.com/content/ articles/technology-digital-technology-business-transformation-producing-digital-gains-davos/.

Weightman, Gavin. *The Industrial Revolutionaries: The Making of the Modern World, 1776–1914.* New York: Grove Press, 2010.

Ashton, T. S., and Pat Hudson. *The Industrial Revolution, 1760–1830*, 2nd ed. Oxford: Oxford University Press, 1998.

Republic of Malawi. National ICT Policy. Lilongwe: Malawi, 2013. Accessed December 9, 2016. https://www.malawi.gov.mw/ Publications/Malawi_2013_Malawi_ICT_Policy.pdf.

Republic of Rwanda Ministry of Finance and Economic Planning. Rwanda Vision 2020. Kigali: Rwanda, 2000. Accessed December 9, 2016. http://www.sida.se/globalassets/global/countries-and-regions/africa/rwnda/d402331a.pdf.

Comin, Diego A., and Bart Hobijn. "Historical Cross-Country Technology Adoption (HCCTA) Dataset." The National Bureau of Economic Research. Last modified August 8, 2004. http://www.nber.org/hccta/.

McKenzie, David, and Christopher Woodruff. "What Are We Learning from Business Training and Entrepreneurship Evaluations around the Developing World?" Working Paper WPS6202, The World Bank Development Research Group Finance and Private Sector Development Team. World Bank, 2012.

http://documents.worldbank.org/curated/en/777091468331811120/pdf/wps6202.pdf.

Adesanya, Ireti. "The Genius Behind the Gini Index." Virginia Commonwealth University School of Mass Communications Multimedia Journalism. Last modified December 20, 2013. http://mmj.vcu.edu/2013/12/20/methodology-gini-index-sidebar/.

"Maxima and minima." Wikipedia. Last modified October 9, 2016. https://en.wikipedia.org/wiki/Maxima_and_minima.

Immelt, Jeffrey. "NYU Stern Graduate Convocation 2016: Jeffrey Immelt." Filmed May 20, 2016. YouTube video, 18:27. Posted June 2, 2016. https://www.youtube.com/watch?v=hLMiuN8uSsk.

Erlanger, Steven. " 'Brexit': Explaining Britain's Vote on European Union Membership." New York Times, October 27, 2016. http://www.nytimes.com/interactive/2016/world/europe/britain-european-union-brexit.html?_r=0.

Hardy, Quentin. "Cloud Computing Brings Sprawling Centers, but Few Jobs, to Small Towns." New York Times, August 26, 2016. http://

www.nytimes.com/2016/08/27/technology/cloud-computing-brings-sprawling-centers-but-few-jobs-to-small-towns.html.

Acemoglu, Daron, and Pascual Restrepo. "The Race Between Man and Machine: Implications of Technology for Growth, Factor Shares and Employment." Unpublished manuscript, December 2015. https://pdfs.semanticscholar.org/4159/521bb401c139b440264049ce0af5220 33b5c.pdf?_ga=1.27764476.1700601381.1481243681.

Lemann, Nicholas. "The Network Man: Reid Hoffman's Big Idea." *The New Yorker*, October 12, 2015. http://www.newyorker.com/magazine/2015/10/12/the-network-man.

Romer, Paul. "Interview on Urbanization, Charter Cities and Growth Theory." Paul Romer (blog), April 29, 2015. https://paulromer.net/tag/charter-cities/.

Calmes, Jackie. "Who Hates Free Trade Treaties? Surprisingly, Not Voters." *New York Times*, September 21, 2016. http://www.nytimes.com/2016/09/22/us/politics/who-hates-trade-treaties-surprisingly-not-voters.html.

"Trans-Pacific Partnership." International Trade Administration, Department of Commerce, Washington, DC. Accessed December 9, 2016. http://www.trade.gov/fta/tpp/index.asp.

HIT REFRESH

마이크로소프트의 영혼을 되찾은
사티아 나델라의 위대한 도전

히트 리프레시(개정증보판)

초판 1쇄 발행 2018년 3월 16일
개정 1쇄 발행 2023년 12월 1일

지은이 사티아 나델라
서 문 빌 게이츠
옮긴이 최윤희
펴낸이 유정연

이사 김귀분
책임편집 조현주 **기획편집** 신성식 유리슬아 서옥수 황서연 정유진 **디자인** 안수진 기경란
마케팅 반지영 박중혁 하유정 **제작** 임정호 **경영지원** 박소영

펴낸곳 흐름출판(주) **출판등록** 제313-2003-199호(2003년 5월 28일)
주소 서울시 마포구 월드컵북로5길 48-9
전화 (02)325-4944 **팩스** (02)325-4945 **이메일** book@hbooks.co.kr
홈페이지 http://www.hbooks.co.kr **블로그** blog.naver.com/nextwave7
출력·인쇄·제본 삼광프린팅(주) **용지** 월드페이퍼(주) **후가공** (주)이지앤비(특허 제10-1081185호)

ISBN 978-89-6596-596-1 03320